알렉스 캘리니코스 시사논평

양극화, 극우, 좌파

이 도서의 국립중앙도서관 출판예정도서목록(CIP)은 서지정보유통지원시스템 홈페이지(http://seoji.nl.go.kr)와 국가자료종합목록 구축시스템(http://kolis-net.nl.go.kr)에서 이용하실 수 있습니다. (CIP제어번호 : CIP2020055247)

알렉스 캘리니코스 시사논평

양극화, 극우, 좌파

알렉스 캘리니코스 지음 | 이정구 엮음

책갈피

알렉스 캘리니코스 시사논평
양극화, 극우, 좌파

지은이 | 알렉스 캘리니코스
엮은이 | 이정구

펴낸곳 | 도서출판 책갈피
등록 | 1992년 2월 14일(제2014-000019호)
주소 | 서울 성동구 무학봉15길 12 2층
전화 | 02) 2265-6354
팩스 | 02) 2265-6395
이메일 | bookmarx@naver.com
홈페이지 | http://chaekgalpi.com
페이스북 | http://facebook.com/chaekgalpi
인스타그램 | http://instagram.com/chaekgalpi_books

첫 번째 찍은 날 2021년 1월 8일

값 15,000원

ISBN 978-89-7966-200-9

잘못된 책은 바꿔 드립니다.

차례

2장 유럽의 양극화와 계급투쟁

3장 브렉시트와 영국의 정치 위기

4장 코로나19와 사회 불평등

5장 마르크스주의의 귀환

6장 오늘날의 반자본주의 사상가들

7장 자본주의의 대안

8장 세계 급진 좌파의 현주소와 과제

일러두기

1. 인명과 지명 등의 외래어는 최대한 외래어 표기법에 맞춰 표기했다.

2. 《 》 부호는 책과 잡지를 나타내고 〈 〉 부호는 신문, 주간지, 영화, 노래를 나타낸다. 논문은 " "로 나타냈다.

3. 본문에서 [ ]는 옮긴이가 독자의 이해를 돕거나 문맥을 매끄럽게 하려고 덧붙인 것이다. 인용문에서 지은이가 덧붙인 것은 [— 캘리니코스]로 표기했다.

4. 본문의 각주는 옮긴이나 엮은이가 넣은 것이다.

엮은이 머리말

이 책은 세계적으로 저명한 마르크스주의 석학이자 실천하는 지식인인 알렉스 캘리니코스가 영국의 혁명적 좌파 신문 〈소셜리스트 워커〉에 연재한 시사논평들 중에서 사회·정치 양극화, 극우의 성장, 좌파의 과제와 관련한 글들을 모은 것이다.

이 책을 구상하고 기획한 뒤로 1년밖에 지나지 않았는데도 많은 일이 있었다. 무엇보다 먼저 꼽을 수 있는 것은 코로나19가 초래한 변화다. 코로나19라는 전염병은 침체에 빠진 세계경제를 더 어렵게 만들었고, 방역과 공중보건의 실패로 인해 세계 곳곳에서 불만과 분노가 터져 나왔다. 이 때문에 정치적 갈등도 첨예해졌다. 당연하게도 코로나19는 사회 불평등을 더 심화시켰다. 알렉스 캘리니코스는 4장 "코로나19와 사회 불평등"에서 코로나19가 초래한 변화들을 조목조목 다루고 있다.

또 하나의 중요한 사건은 2020년 미국 대선의 결과다. 1장 "미국 정치의 양극화"는 이미 버락 오바마 정부 때부터 심화된 미국 정치의 양극화, 2016년에 도널드 트럼프가 당선한 이유, 트럼프가 대통령으로 있는 동안 미국 사회에 미친 영향과 그가 남긴 정치적 유산을 다룬다. 캘리니코스는 선거에서 신승辛勝을 거둔 조 바이든이 대중의 불만을 잠재우지 못할 것이라고 전망한다.

지속되고 있는 세계경제 위기와 코로나19로 인해 신자유주의는 타격을 입었고 기성 정치권은 신뢰의 위기를 겪고 있다. 캘리니코스는 2장 "유럽의 양극화와 계급투쟁"과 3장 "브렉시트와 영국의 정치 위기"에서 유럽 전역에서 벌어지고 있는 기성 정치권의 위기와 그로 인한 양극화, 계급투쟁과 좌파의 실험을 다룬다. 그리스 시리자 정부의 등장과 몰락, 브렉시트(영국의 유럽연합 탈퇴), 영국 노동당 좌파인 제러미 코빈의 실험, 멸종 반란, 유대인 혐오 소동, 유럽 각국에서 부상하는 극우의 본질 등을 알고 싶다면 이 장들이 도움이 될 것이다.

6장 "오늘날의 반자본주의 사상가들"에서는 오늘날 자본주의를 비판하고 대안을 모색하는 사람이라면 한 번쯤 접해 봤을 사상가들이 지닌 강점과 약점을 쉽고 명료하게 설명한다. 또 캘리니코스는 정치적·경제적 위기에 빠진 이 세계의 대안을 마르크스주의에서 찾아야 한다고 주장한다. 5장 "마르크스주의의 귀환"에서는 가장 널리 알려진 마르크스의 저작 《공산당 선언》과 《자본론》이 여전히 유효한 이유를 밝히고 '중국 특색의 사회주의'라고 자화자찬하는 중국에서도 마르크스가 지배 이데올로기의 아이콘이 아니라 비판적 사상가로 새롭게 부각되고 있다고 지적한다. 이어서 7장 "자본주의의 대안"에서는 자본주의가 아닌 대안이 있는지, 그 출발점은 무엇이어야 하는지를 다룬다.

8장 "세계 급진 좌파의 현주소와 과제"는 자본주의가 아닌 대안을 현실로 만들려는 급진 좌파의 성장과 그것이 낳고 있는 모순 등을 다룬다. 캘리니코스가 영국 사회주의노동자당SWP의 중앙위원장을 맡아 사회주의 정치 활동을 하고 있는 '현역'이기 때문에 세계 급진 좌파를 다루는 내용은 특히 구체적이고 통찰력이 돋보인다.

이 책은 짧은 시사논평을 묶은 것이기에 읽기에 부담이 없고 관심 있는 주제를 선별해 읽을 수 있는 장점이 있다. 또, 이 책에 수록된 글들은 모두 오늘날의 세계를 이해하는 데 유용한 통찰력을 보여 주고 있다. 한국에서 깊이 알기가 쉽지 않은 미국과 유럽의 정치 위기와 극우파의 부상 그리고 급진 좌파의 내밀한 상황을 다루고 있을 뿐 아니라 기존의 다른 책들과는 차별성 있는 관점을 보여 주고 있다는 점도 장점이다.

이 책은 세계경제와 제국주의에 관한 시사논평을 모아 출판한 《알렉스 캘리니코스의 국제 관계에 대하여》(책갈피, 2020)와 짝을 이루고 있다. 이 책의 내용이 도움이 됐다면 함께 읽어 보기를 강력 추천한다.

각각의 논평이 언제, 어떤 배경에서 쓰인 것인지 알 수 있도록 모든 글의 첫머리에 엮은이 주를 달았다. 독자들의 이해에 도움이 되기를 바란다.

이 책을 조금만 읽어 봐도 알 수 있듯이, 알렉스 캘리니코스의 시사논평들은 현실의 투쟁이 제기하는 물음에 대한 그 나름의 답변이다. 그가 이런 글을 쓰는 이유는 딱 하나, 세계를 바꾸고자 하는 사람들이 세계를 좀 더 잘 이해하기를 바라기 때문일 것이다. 이 책을 통해 세계를 좀 더 잘 이해하고 그래서 자본주의 체제에 대한 도전의 실마리를 찾을 수 있는 독자가 많이 생기기를 바란다.

2020년 11월 10일

이정구

1장

미국 정치의 양극화

오바마, 가난한 사람들의 희망일까?

2012년 11월 6일, 미국 대통령 버락 오바마가 재선에 성공했다. 11월 13일, 캘리니코스는 오바마 승리의 요인과 그것이 미국 자본주의의 미래에 어떤 의미가 있는지를 분석했다.

버락 오바마의 재선은 의심할 여지 없이 미국 자본주의에 최선의 결과다.

뜻밖의 얘기로 들릴지 모르겠다. 어쨌든 소득이 높은 유권자일수록 공화당 후보 밋 롬니를 지지했으니 말이다. 오바마가 승리하자 주가도 떨어졌다. 게다가 〈파이낸셜 타임스〉가 선거 전에 보도했듯이 "할리우드와 첨단 청정에너지 산업에 일부 두드러진 예외가 있기는 하지만, 미국 전역의 부유한 대기업 경영진은 현 대통령의 낙선을 바라고 있다. 현재 골드만삭스, AT&T, 제너럴일렉트릭의 경영진은 선거 기부금을 대부분 롬니에게 몰아주고 있다. 보수적인 코크 형제[*] 같은 산업계 거물들부터 월가와 거대 석유산업 경영진들까지 이들은 대

---

* 코크 형제 2012년 10월에 자사 노동자 4만 5000명에게 오바마가 재선하면 해고하 겠다는 경고를 보낸 거대 에너지 기업의 경영자들.

부분 처음부터 오바마를 결코 지지하지 않았고 롬니 당선을 침체에 빠진 미국 경제를 되살리기 위한 확실한 선택으로 여긴다."

이런 선택은 대부분 탐욕 때문이었다. 월가는 기껏해야 은행에 약간의 규제를 가하는 도드-프랭크법이* 시행되는 것을 막으려 필사적이었다. 그리고 부문을 가릴 것 없이 사장들은 버락 오바마가 선거운동의 기조를 '부자가 세금을 더 많이 내야 한다'로 삼은 것을 좋아하지 않았다. 마르크스가 오래전에 지적했듯, 자본가 개개인은 여물통에 주둥이를 너무 깊이 처박고 있느라 종종 자본가계급 전체의 이익을 생각하지 못한다. 국가의 기능 하나는 이런 자본가들이 집단적으로 행동하게 강제하는 것이다.

그렇다. 롬니가 대통령이 됐다면, 의심할 여지 없이 대기업의 믿음직스러운 손발이 되기 위해 최선을 다했을 것이다. 그 자신이 대기업 최고경영자 출신이니 말이다.

문제는 공화당의 주된 지지 기반이 하층 중간계급 백인 미치광이들이라는 것이다. 이 사람들이 낙태 반대나 진화론 반대 같은 소위 사회적 쟁점에 몰두하면서 문제를 일으켰다. 최근 티파티** 운동은 공화당의 이런 기반을 동원해 국가의 구실을 급격하게 줄이려는 운동을 조직해 왔다. 그 결과, 상·하원 공화당 의원 거의 모두가 증세에 반대표를 찍겠다는 서약서에 서명했다.

---

* 도드-프랭크법 2007~2008년 금융 위기를 계기로 금융 규제를 강화하기 위해 도입됐다. 2018년 5월 오바마의 후임인 트럼프 정부가 법을 개정해 규제를 다시 완화했다. 민주당도 상당수가 찬성했다.
** 티파티 미국 공화당 내의 강경 우파.

이와 대조적으로 오바마는 추락하는 미국 자본주의를 떠받치기 위해 국가권력을 선택적으로 사용하려 했다. 오바마는 [전임 대통령] 조지 W 부시의 월가 구제 정책을 계속 추진했을 뿐 아니라, 자동차 산업을 구제하고 구조조정하기도 했다. 롬니가 맹렬하게 비난한 후자의 정책이 오바마가 여러 중서부 산업 주州에서 승리해 재선하는 데 결정적 구실을 했음이 틀림없다. 또, 그 덕분에 미국은 주요 공업 생산국의 지위를 유지할 수 있었다.

대기업들은 더 유연한 이민자 정책을 원하기도 한다. 롬니는 자신의 미치광이 지지자들을 달래려고 이민자들이 "셀프 추방"되게* 하겠다고 약속했는데, 이 때문에 쿠바계 미국인 유권자조차** 다수가 오바마를 찍었다.

마찬가지로, 자유 시장 광신자 공화당 의원들이 지난 2011년 7월 의회에서 미국을 디폴트 선언 직전까지 내몰았는데, 이것은 미국 자본주의에 전혀 도움이 안 된다. 이른바 '재정 절벽' 문제가 대두되는 지금, 이는 중요한 쟁점이다.

오바마와 의회는, 그들이 정부 부채를 줄이는 방법에 대해 타협점을 찾지 못하면 [전임] 부시 정부의 부자 감세 정책이 끝나는 2012년 말 자동적으로 공공 지출을 대규모로 감축['재정 절벽']하기로 합의했다. 이 합의로 부채 위기는 일단 유예됐다. 미국 의회예산처는 이런

---

* 셀프 추방 미등록 이주민이 미국에서 일자리를 구할 수 없게 만들어 스스로 떠나게 만들자는 제안.

** 1959년 쿠바 혁명 이후 미국 정부는 쿠바 정부를 압박하기 위한 정치적 목적으로 쿠바 출신 이민자가 미국 영토에 들어오기만 하면 모두 정치적 난민으로 인정하는 '특별 대우'를 해 왔다.

조처들이 시행되면 실질 국민소득은 2.9퍼센트가 줄어들 것이고 일자리 340만 개가 사라질 것이라고 계산했다. 미국과 아마도 전 세계가 또 다른 불황에 빠질 것이다. 당연히, 경제가 이 '절벽' 밑으로 떨어지는 것을 막는 게 재선 이후 오바마의 최우선 과제다. 이는 하원을 통제하면서 지금까지 그에게 협력하지 않은 공화당과 오바마가 합의점을 찾아야 한다는 것이다.

오바마는 부유층에 대한 약간의 증세와, 가장 중요한 두 개의 연방정부 복지 프로그램인 사회보장제(연금)와 메디케어에 대한 삭감을 맞바꾸려 들 것이다.* 이런 거래는 미국 대기업의 이익에 대체로 부합하는 것이다. 미국 대기업은 증세는 싫어하지만, 국가가 안정적이고 예측 가능한 환경을 조성해 주기를 바란다. 부채를 둘러싼 끊임없는 불확실성과 워싱턴에서 벌어지는 고질적 정쟁은 이런 환경을 조성하는 데 방해가 된다.

경제 전문가들은 미국의 부채 문제가 실제로 얼마나 심각한지를 두고 논쟁을 벌인다. 확실한 것은 구제금융과 불황 때문에 정부 부채가 늘어났다는 것이다. 2000년대 중반 금융 거품 시기에 은행에 누적된 민간 부채가 공공 부채로 전환되고 있다. 공공 부채 감축의 대가는 대체로 오바마를 찍은 평범한 노동자들이 치르게 될 것이다. 노동자들은 연방정부가 매우 제한적으로 제공하던 복지가 더 줄어들고, 또 주 정부가 자주 대규모 긴축정책을 쓰면서 고통받게 될 것이다.

---

* 실제로 오바마는 재집권하자마자 부유층에 대한 생색내기 증세를 하는 대가로 연금, 메디케어(노년층 의료보험), 메디케이드(빈곤층 의료보험) 예산을 삭감했다.

공화당 무리가 패배하는 것을 보며 기쁘기도 하겠지만, 너무 오래 기뻐해서는 안 된다. 백악관에 복귀한 오바마는 특유의 냉담하고 무심한 방식으로 계속해서 미국 자본주의의 이익을 증진할 것이다.

힐러리 클린턴은 '차악'이 아니다

2016년 7월 26일, 힐러리 클린턴이 미국 민주당 대선 후보로 확정됐다. 그러자 좌파 사이에서 공화당의 도널드 트럼프에 맞서 클린턴을 지지해야 한다는 '차악론'이 고개를 들었다. 2016년 8월 2일, 캘리니코스는 미국 대선에서 '차악'은 존재하지 않는다고 논평했다.

힐러리 클린턴이 미국 민주당의 대선 후보로 확정되면서, 좌파를 클린턴 지원 부대로 동원하기 위한 뻔한 주장들이 나오고 있다. 그중 가장 중요한 레퍼토리는 민주당 후보의 장점보다는 공화당 후보의 단점을 부각하는 것이다. 공화당 후보가 당선하면 전례 없는 우경화가 몰아칠 것이라는 주장은 참으로 오래 쓰여 왔다. 1964년에는 배리 골드워터를 저지하기 위해, 1980년에는 로널드 레이건을 저지하기 위해, 2000년에는 조지 W 부시를 저지하기 위해 민주당에 투표해야 한다는 논리가 동원됐음을 기억할 수 있을 것이다.

물론 [이번 대선을 둘러싸고는] 이런 항변도 있다. 도널드 트럼프는 정말로 전례 없는 우경화를 불러올 상징이라는 것이다. 냉소적인 사람이라면, 트럼프는 [영국의 노동당 우파 같은] 중도 좌파에게 선물과도 같은 존재라고 말할 수도 있겠다. [영국의 중도 좌파 신문] 〈가디언〉의 특히 어리석은 한 칼럼니스트는 [노동당 좌파이자 당 대표인] 제러미 코빈을 트럼프에 빗대며 [둘 다 광신적 집단의 지도자라고] 코빈을 비방했다. 그러나 트럼프의 약진이 미국 공식 정치의 지형이 1960년대 이래 점차 우경화해 왔음을 극명하게 보여 준다는 것만큼은 사실이다.

그래도 클린턴에게 투표하자는 주장이 정당해지는 것은 아니다. 힐러리 클린턴은 제힘으로 성장한 정치인이므로 그녀를 남편[이자 전 대통령인] 빌 클린턴과 동일시하는 것은 잘못일 것이다. 그럼에도 힐러리 클린턴은 빌 클린턴 재임기인 1993~2001년에 이미 중요한 정치인이었다. 빌 클린턴은 미국 민주당이 이른바 '레이건 혁명'을 수용하도록 해서 미국 공식 정치의 지형을 우경화시키는 데 핵심적 구실을 했다. '레이건 혁명'은 미국 국내에서는 신자유주의를 추진하고, 국외에서는 전보다 공세적 정책을 추진하는 것을 뜻했다. 빌 클린턴 정부는 전 세계에서 자유 시장 정책을 독려하고, 복지를 난도질하고, 외교적 수단으로 군사개입을 사용했다. 힐러리 클린턴은 2008~2013년 [버락 오바마 정부의] 국무부 장관을 지내면서 이런 빌 클린턴 정부의 지향을 계승했다. 군사행동을 벌이는 데서 힐러리 클린턴은 버락 오바마보다 더 적극적이었다.

클린턴 부부는 자신들의 정책을 이용해 한몫 챙기는 것을 잊지 않았다. 최근 〈파이낸셜 타임스〉는 다음과 같이 보도했다. "클린턴 부부는 2001년 백악관을 떠난 후 궁핍하게 살았다고 자처하지만, 이들은 주로 강연 수입이나 출판 인세나 자문료 등으로 2억 5000만 달러 가까운 수익을 거뒀다."

이처럼 힐러리 클린턴은, 도널드 트럼프와 버니 샌더스가 이끈 유권자들의 반란에 맞서 기득권층을 대표하기에 안성맞춤인 주자다. 물론 억만장자인 부동산 개발업자 도널드 트럼프 역시 바로 이 기득권층의 일부다. 트럼프는 클린턴 재단에 기부금을 내니 클린턴 부부가 자신의 [세 번째] 결혼식에 참석했다고 주장한다. 그들 모두의 도덕 수준이 어떤지를 한눈에 보여 주는 돈거래라 할 만하다.

그러나 트럼프의 아웃사이더 자처가 완전히 허위 선전인 것은 아니다. 제2차세계대전 이후 미국은 자신의 군사력과 각종 동맹 관계를 기초로 전 세계에 자유무역 경제를 구축하고 주도하며 세계 자본주의를 지배해 왔다. 트럼프는 바로 이 자유 [시장] 제국을 문제 삼으면서 빈곤층 일부에게서 지지를 얻었다(트럼프는 대졸 미만 백인층에서 힐러리를 39퍼센트포인트 차로 앞서고 있다). 트럼프는 보호무역주의 경제정책을 도입하자고 주장한다. 최근 트럼프는 발트해 연안 공화국들이 나토에 대한 재정적 '의무'를 다할 때만 러시아의 공격으로부터 방어해 주겠다고 말했다. 트럼프의 이 발언에 〈이코노미스트〉는 격한 분노를 쏟아 냈다. "사상 최강의 군사동맹을 삐걱거리게 만들었다"는 것이다.

반면 힐러리 클린턴은 이 제국의 충실한 대행자다. 이 때문에 클린턴이 기득권층을 대표하는 후보인 것이다. 그래서 많은 공화당 주류 인사들이 트럼프 지지를 밝히지 않거나 힐러리를 지지하고 나서는 것이다. 그렇다고 해서 트럼프가 역겨운 인종차별주의자이자 성차별주의자라는 사실이 없어지는 것은 아니다. 트럼프는 기회주의자이기도 해서, 일단 당선하면 미국 제국주의의 이해관계에 맞춰 움직일 것이 분명하다. 그가 허풍스레 내놓은 공약들도 미국 사회의 문제를 풀 해결책이 전혀 되지 못한다.

누가 당선하든, 평범한 미국인들 사이에서는 쓰라림과 환멸이 계속 자라날 것이다. 클린턴이든 트럼프든 둘 다, 갈수록 대다수 미국인을 거스르는 권력 기구를 대변하는 인사들이다. 클린턴은 트럼프에 대한 '차악'이 아니다. 클린턴과 트럼프 모두 상대방의 악함을 근거로 자신의 정당함을 주장할 뿐이다.

트럼프 당선, 지배자들도 난처하다

2016년 11월 8일, 도널드 트럼프가 미국 대통령에 당선해, 인종차별과 성차별에 반대하는 많은 사람이 실망했다. 11월 15일, 캘리니코스는 트럼프의 당선은 실망스럽지만 기존 신자유주의 질서의 위기도 보여 준다고 논평했다.

2016년 6월 말 영국의 유럽연합 탈퇴(브렉시트) 결정이 난 데 이어 이번엔 미국에서 트럼프가 대통령으로 당선했다. 이를 보며 좌파는 한 가지 패턴을 읽어 낼 수 있어야 한다. 이번 미국 대선에서 승리한 인물이 인종차별과 성차별에 찌든 부동산 개발업자라는 사실은 두말할 필요도 없이 역겨운 일이다. 그러나 더 큰 변화도 일어나고 있다.

영국과 미국은 선진 자본주의 가운데 신자유주의 개척에 앞장선 곳이다. 이 과정은 1979년 영국에서 마거릿 대처가 총리가 되고, 1980년 미국에서 로널드 레이건이 대통령이 되면서 시작됐다. 지금 우리는 두 나라 모두에서 지난 35년 동안 세계화된 자유 시장 자본주의가 끼친 누적된 영향을 보고 있다. 엎친 데 덮친 격으로 2007~2008년에는 (마르크스주의 경제학자 마이클 로버츠의 표현을 빌리자면) '장기 불황'이 시작됐다. 그 결과, 정치체제가 이전만큼 그 기능을 발휘하지 못하고 있다.

한편으로 완고한 신자유주의자인 기업 엘리트들이 정치권을 지배하게 됐다. 어느 정당이 정권을 잡든 마찬가지였다. 2008년에 당선한 오바마가 이를 가장 잘 보여 줬다. 그의 당선으로 대중은 실질적 변화가 있으리라고 기대했지만, 그는 기존 질서를 전혀 건드리지 않았다.

다른 한편으로, 그리고 앞선 일의 결과로 신자유주의 정책과 경기 침체의 희생자인 보통의 가난한 사람들은 갈수록 주류 정치에서 멀어졌다. 그렇지만 그들의 투표권이 사라진 것은 아니었기 때문에, 그들이 느낀 분노와 비통함은 정치적 폭발력을 가질 수 있다. 아니나 다를까, 트럼프는 유세 기간에 자신의 당선은 미국판 브렉시트일 것이라고 강조했다.

2016년 6월 23일 브렉시트 국민투표 당시 기득권층은 모든 세력을 동원해 유럽연합 잔류를 관철하려 했다. 오늘날 유럽연합은 유럽에서 신자유주의를 추진하는 엔진 구실을 맡고 있고, 그 덕분에 런던 금융가(일명 시티오브런던)는 대처 정부 아래에서 변신해 융성할 수 있었다. 그러나 친유럽연합 대자본들은 투표에서 패배했다. 그래야 마땅했다. 브렉시트 투표에 관한 분석들은 하나같이 가난할수록 탈퇴 투표 성향이 컸다고 지적한다.

이번 미국 대선에서도 대자본 등 기득권층은 일제히 힐러리 클린턴을 지원했다. 그들이 클린턴에게 열광한 것은 아니었지만 그래도 트럼프보다는 낫다고 여겼다. 공화당 지도부는 트럼프를 버렸다. 공화당의 역대 대선 후보 가운데 트럼프를 지지한 사람은 밥 돌뿐이었다. 운 나쁘게도 1996년 대선에서 빌 클린턴과 맞붙었다 참패한 자다.

브렉시트 때와 마찬가지로 이번에도 대자본의 선택은 나름 합리적이었다. 트럼프는 유세 기간에 자유 자본주의적 국제 질서에 어긋나는 연설을 하고 다녔다. 제2차세계대전 이래로 미국 제국주의가 구축해 유지해 온 질서, 미국의 군사력을 바탕으로 한 자유무역과 자본의 자유로운 이동을 반대한 것이다. 트럼프는 각종 무역자유화 협정 때문에 미국의 기초 산업들이 쇠락했다고 비판했다. 트럼프의 이런 주장에 대한 호응이 얼마나 컸던지 클린턴은 견해를 뒤집어 환태평양경제동반자협정TPP에 반대한다고 말해야 했다. 그러고도 중서부의 옛 제조업 지역들(펜실베이니아주, 오하이오주, 미시간주, 위스콘신주)을 트럼프에게 빼앗겼다.

지금 벌어진 일[트럼프의 당선과 브렉시트 결정]은 신자유주의적 자본주의 질서가 빚은 결과에 반발해 유권자들이 일으킨 커다란 반란이다. 방금 나는 이 반란이 "결과"에 반발하는 것이라고 썼다. 신자유주의를 분명하게 겨냥한 것은 아니었기 때문이다.

버니 샌더스 열풍을 돌아보면, 끝내 트럼프에게 투표한 바로 그 유권자들에게도 사회주의를 공공연히 내세우면서 다가갈 수 있음을 알 수 있다. 샌더스는 경선에서 민주당 공식 기구 때문에 제대로 기회를 얻지 못했고, 안타깝게도 경선 패배 후에는 클린턴 지지를 선언했다. 미국 좌파는 이번 선거 재앙을 계기로 민주당이라는 굴레에서 벗어날 수 있을 것인가?

마지막으로 세 가지 질문에 답해 보겠다. 첫째, 이보다 더 나빠질 수 있을까? 물론이다. 프랑스 파시스트 지도자 마린 르펜은 트럼프의 승리를 보며 기뻐하고 있다. 2017년 봄 프랑스 대선에서 자신도

그처럼 승리할 것이라 기대하면서 말이다.[*]

둘째, 트럼프는 실제로 무엇을 바꿀 것인가? 이건 말하기가 쉽지 않다. 트럼프는 신자유주의 시기의 금융 투기로 성공한 인물로 그 질서와 결별하지 않을 것이다. 그러나 유권자들은 그가 내세운, 그러나 대체로 지킬 수 없는 공약들을 이행하길 바랄 것이다. 이것은 트럼프가 이끌 정부에 큰 압박이 될 것이다.

그럼에도 트럼프의 당선으로 자유 자본주의적 국제 질서에 커다란 균열이 생겼다는 점(2016년 들어서만 브렉시트에 이어 두 번째다)은 결코 작게 볼 수 없다. 이제껏 미국은 바로 그 국제 질서의 중심에서 위기를 관리하고 다른 주요 자본주의 국가들을 조율하는 구실을 맡아 왔다. 그랬던 미국이 이제 어디로 튈지 모르게 됐다. 오만하고, 제구실 못 하고, 갈수록 증오의 대상이 되고 있는 유럽연합이 이 공백을 메울 수 있을까? 질문 속에 이미 답이 있다.

더 크게 보면, 미국과 영국에서는 전통적으로 유지돼 온 정치체제와 자본의 밀착 관계가 느슨해지고 있다. 대자본은 브렉시트도, 트럼프도 원치 않았고 망연자실해 있다. 이런 상황은 오래가지 않을 공산이 크고, 국가와 자본은 머지않아 새로운 균형점을 찾을 것이다. 그럼에도 그 전까지는 몹시 커다란 불안정성이 생겨날 것이다.

셋째, 우리는 무엇을 해야 할까? 무엇보다 저항에 나서야 한다. 노골적 인종차별주의자가 최초의 흑인 대통령의 후임자가 된 것은 서구 사회 전체에서 인종차별을 강화할 것이다. 영국에서는 '인종차

---

[*] 마린 르펜은 21.3퍼센트를 득표해 24퍼센트를 얻은 에마뉘엘 마크롱과 결선투표까지 치렀으나 낙선했다.

별에 맞서자Stand Up to Racism** 건설 활동을 배가해서 인종차별 반대 운동을 더 확대하고 단결시켜야 한다. 트럼프가 당선한 미국에서는 흑인, 이주민, 무슬림 지역사회가 지금 포위됐다고 느낄 것이다. '흑인의 목숨도 소중하다Black Lives Matter*** 등의 운동이 전보다 더 중요해졌다.

그러나 저항만으로는 충분치 않다. 우리에게는 전략도 필요하다. 트럼프의 당선을 보면, 신자유주의와 경제 위기의 결과들에 맞선 반란에 우파 포퓰리스트가 올라탈 수 있음을 알 수 있다. 급진 좌파는 더 나은 대안을 어떻게 제시할 것인가? 우리가 앞으로 더 많은 상상력을 발휘하고 또 매진해야 할 대목이다.

---

* 인종차별에 맞서자 노동당 좌파 지도자, 혁명가, 노동조합, 무슬림 단체 등 다양한 단체와 개인이 함께하는 영국의 인종차별 반대 공동전선. 지은이 캘리니코스가 이끄는 사회주의노동자당이 이 단체를 건설하는 데 중요한 구실을 했다.

** 흑인의 목숨도 소중하다 2014년 8월 미국 미주리주 퍼거슨에서 흑인 청년이 경찰에 사살당한 것을 계기로 분출한 인종차별 반대 운동. 2020년 5월 조지 플로이드의 죽음에 항의하는 운동이 벌어지면서 더욱 확산됐다.

트럼프 당선에는 오바마 책임도 있다

버락 오바마의 퇴임과 도널드 트럼프의 취임을 며칠 앞둔 2017년 1월 17일, 캘리니코스는 오바마에 대한 향수를 비판하며 현실을 직시해야 한다고 논평했다.

　　버락 오바마가 쏟아지는 찬사와 아쉬움 속에서 대통령 임기를 끝마쳤다. 그다지 놀라운 일은 아니다. 도널드 트럼프보다 힐러리 클린턴이 더 많은 표를 받기도 했거니와,* 오바마의 기품과 절제력은 후임 대통령 트럼프의 교활하고 거친 언행과 뚜렷이 대조되기 때문이다. 미국처럼 인종차별이 만연한 사회에서 오바마가 백악관 주인이었다는 것은 놀라운 일이다. 2017년 1월 10일 오바마가 시카고에서 고별 연설한 것을 들으면 알 수 있듯, 오바마는 탁월한 연설가이기도 하다.

---

* 　트럼프는 6298만여 표, 클린턴은 6585만여 표를 얻었다. 미국의 선거제도는 독특해서, 각 주가 대통령 선거인단을 뽑고 이 선거인단이 대통령을 뽑기 때문에 미국 전체에서 가장 많은 표를 얻었다고 해서 꼭 승리하라는 법은 없다. 클린턴은 민주당의 오랜 텃밭이던 오대호 연안 옛 제조업 지역(위스콘신주, 미시간주, 인디애나주, 펜실베이니아주, 오하이오주)을 빼앗겨 패배했다.

그러나 실제는 어땠는가? 2017년 1월 10일 〈파이낸셜 타임스〉의 마틴 울프는 "버락 오바마는 어떻게 미국 경제를 구조했는가"라는 제목의 논평을 썼다. 이 논평의 상당 부분은, 오바마가 취임한 2009년 1월이 2008년 가을부터 시작된 금융 붕괴의 여파 속에 있던 시기라는 사실에 기초해 있다. 울프는 대통령 경제자문위원회CEA가 오바마 임기 말에 제출한 보고서에서 다음의 구절을 인용했다. "경제위기 기간에 미국 경제가 총체적 불황에 얼마나 가까웠는지를 간과하기 쉽다."

이 같은 붕괴가 2009년에 멈추고 현재 미국 경제가 다른 선진 자본주의 경제들보다 더 빨리 성장하고 있는 것은 사실이다. 여기에 오바마의 공이 없지 않다. 그러나 오바마는 기본적으로 전임 조지 W 부시 정부가 경제 위기에 대응해 취한 긴급 조처들을 지속했을 뿐이다. 또, 마르크스주의 경제학자 마이클 로버츠가 최근에 지적했듯이, "2009년 대불황 이후 [미국 경제가] '회복'했다지만, 제2차세계대전 이후 가장 부진한 회복이다. 미국의 GDP 대비 투자와 소비는 아직도 대불황 이전 수준을 회복하지 못했다." 더구나 [미국 경제 싱크탱크인] 경제정책연구소EPI의 연구 결과를 보면, 하위 95퍼센트 가정의 2015년 가계소득은 여전히 2007년보다 적다. 이 수치 하나만 보더라도, 왜 도널드 트럼프가 집권 민주당에 맞서 자기편으로 끌어올 수 있는 분노의 저수지가 있었는지를 알 수 있다.

그 분노는 오바마 당선의 원동력이기도 했다. 2009년 3월 오바마는 [구제금융을 받는 와중에도 고액의 상여금을 챙기려 하는] 주요 은행 최고경영자들에게 이렇게 말했다. "여러분과 쇠스랑[성난 대중] 사이에는 제 정부밖에 없습니다." 오바마는 이 경제 위기를 이용해 적어도 신자유주의적 자본주의(은행가들의 배만 불리고 나머지 모두를 빈곤하게 만든 체제)를 개혁해 볼 수 있었을 텐데 그러지 않았다. 오히려 신자유주의적 자본주의를 복구했다.

오바마 지지자들은 미국 정치체제가 가하는 제약이 컸다고 말할 것이다. 그러나 2009년 초는 위기 상황이었다. 게다가 상·하원 모두에서 민주당이 다수당이었다.

오바마는 미국 사회를 진정으로 변화시킬 생각이 전혀 없었다. 이는 오바마 정부가 [파산한] GM과 크라이슬러를 인수해 구제할 때 명백히 드러났다. 자동차 산업 구조조정을 감독한 [재무부 자문 위원] 스티븐 래트너는, 오바마의 첫 백악관 비서실장 람 이매뉴얼(역겨운 사다)의 다음과 같은 유명한 말을 인용했다. "경제 위기라는 기회를 허비해서는 절대 안 됩니다."

래트너는 [자신의 책에서] 이렇게 설명했다. "우리는 점차 심각해지는 경제적 참사를 이용해 다른 상황에서라면 불가능했을 변화를 이루고 희생을 치르게 할 수 있었다." 다시 말해, 파산에 대한 두려움을 이용해 전미자동차노조UAW로 하여금 공장 폐쇄와 임금·복지 삭감을 수용하게 한 것이다. 그 결과 GM과 크라이슬러는 수익성 높은 사기업으로 되살아났다.

대외 정책 면에서도 오바마는 기존 정책을 사소하게만 수정한 채 그대로 유지했다. 오바마는 중동 지역에 파병된 지상군을, 백악관이 지휘하는 체계적 드론 암살 공격으로 대체하고자 했다. 이 정책은 그 자체의 논리로 보더라도 실패했다. 오바마는 이라크와 시리아에 전투부대를 파병할 수밖에 없었고, 아프가니스탄에서 철군하겠다는 약속을 어겼다.

오바마의 당선은 엄청난 희망을 불러일으킨 특별한 사건이었다. 임기 시작부터 오바마는 그 희망을 저버렸다. 얼마 지나지 않아 강경 우파 경향인 티파티 운동이 오바마에 맞서 들고일어났다. 지금 티파티와 유사한 언행을 하는 후보[트럼프]가 오바마의 후임자로 취임하려 한다. 이런 일이 일어난 데는 오바마의 책임도 명백히 있다.

지배자들의 트럼프 '길들이기' 시도

2017년 2월 13일, 트럼프의 국가안보보좌관 마이클 플린이 러시아 정부와 내통했다는 추문에 휩싸여 임명 3주 만에 경질됐다. 2월 21일, 캘리니코스는 이 사건의 배경이 무엇인지 논평했다.

오늘날 정치에서 눈에 띄는 점 하나는 지배계급 내 갈등이 심화하고 있다는 것이다. 서로 거짓말쟁이라고 비난하기도 한다. 영국에서는 거짓말의 제왕 토니 블레어가* [유럽연합] 잔류파의 최후의 보루를 자처하면서 그런 광경이 펼쳐졌다.

미국에서는 대통령 도널드 트럼프와 지배계급 다수 사이의 다툼이 심해지면서 비슷한 현상이 나타나고 있다. 트럼프의 국가안보보좌관 마이클 플린이 임명된 지 얼마 지나지 않아 경질된 것은 국가안보국NSA과 연방수사국FBI의 사찰과 정보 유출의 결과였다는 점에서 의미하는 바가 큰 사건이었다. 플린이 러시아 당국과 내통했다는

---

*　1997~2007년 영국 총리를 지낸 토니 블레어는 이라크 전쟁을 정당화하기 위해 이라크에 대량 살상 무기가 있다고 첩보 자료를 조작하는 등 거짓말을 일삼았음이 진상 조사를 통해 드러났다.

정보를 〈워싱턴 포스트〉에 제공한 정보기관 인사가 최소 9명이었다.

트럼프가 "정보기관"이 자신을 노리고 있다고 한 것은 맞는 말이다. 최근, 기득권층의 충실한 대변자 〈뉴욕 타임스〉와 좌파 언론 〈재커빈〉(자코뱅)이 모두 '심층 국가'를 다룬 기사를 냈다. '심층 국가' 개념은 터키에서 처음 등장했는데, 군부를 중심으로 한 비밀 네트워크가 지난 수십 년 동안 정부를 세우기도 하고 무너뜨리기도 한 것을 묘사하기 위해서였다.

그러나 미국에서 '심층 국가'는 딱히 비밀스러운 것이 아니다. [국제법 교수이자 보수적 지식인] 마이클 글레넌은 최근에 "이중 정부"를 다룬 책을 출판해, 미국 헌정의 주춧돌이라는 대통령(행정부), 의회, 대법원이 "장식물"로 전락했다고 주장했다. 글레넌은 "실제로" 정부 구실을 하는 것은 "공안 세력"이라고* 주장한다. 이 "공안 세력"은 1940년대 말 해리 트루먼 대통령 시절에 설립된 미국 국가 안보 기구들에 똬리를 틀고 있는 집단이다.

글레넌은 국방부와 중앙정보국CIA 등 국가 안보 기구들을 서로 연결하고 그 기구들에 정당성을 부여하는 데서 대통령과 상·하원 의원들이 하는 구실을 과소평가한다. 그러나 대학, 기업, 안보 기구 등 핵심 기관을 돌며 한자리씩 차지하는 핵심 인사들이 존재하는 것은 분명하다. 이처럼 미국 국가의 관리자들이라고 부를 만한 대표적 인물로는 전범인 헨리 키신저, 오랫동안 연방준비제도이사회(연준)의 의장을 역임한 앨런 그린스펀이 있다.

---

* 　원문은 "트루먼주의자 네트워크(Trumanite network)"인데, 이를 '공안 세력'으로 번역했다.

[대선 후보 경선 당시] 공화당 내의 이런 인사들은 트럼프가 공화당 후보가 되는 것에 저항했다. 그들은 오랫동안 미국 제국주의에 봉사해 온 나토 같은 국제기구들을 트럼프가 적대시하는 것에 격분했다. 그들은 트럼프의 보호무역주의(2017년 2월 18일 플로리다 연설 때 "미국산 제품을 사고 미국인을 고용하라"고 한 것)에도 분노한다.

트럼프는 미국 지배자 일반의 승인을 위해 이 핵심 인사들을 내각에 많이 기용하려 노력하는 한편, 인종차별주의와 국수주의에 동조하는 자들의 신뢰도 저버리지 않으려 한다. 후자의 대표 인물은 [백악관 수석 전략가] 스티븐 배넌이다. 배넌은 자유 시장 자본주의 국제 질서를 깨뜨리고자 하는 소망을 공공연히 드러내 왔다. 2017년 2월 14일 특수전사령부 사령관 레이먼드 토머스가 말한 것처럼, 미국 "정부는 여전히 믿기 어려울 만큼 혼란스러운 상황이다."

2017년 2월 18일 부통령 마이크 펜스는 뮌헨안보회의에 참석해 연설하며 미국이 앞으로도 나토를 지원할 것이라고 유럽 지배계급을 안심시켰다. 그러나 바로 몇 시간 후 트럼프는 유럽 국가들이 방위비를 충분히 쓰지 않는다고 기존의 불평을 되풀이했다. "미국은 더는 미국에 도움 될 것 없는 전투를 치르고 있습니다. 싸우는 것은 미국인데, 다른 나라들은 미국의 공로를 공정하게 사 주지 않습니다." 상황이 이러니, '공안 세력'의 트럼프 공격이 마이클 플린 경질로 끝날 것 같지는 않다.

그러면 미국 지배계급 전체가 트럼프에 등을 돌린 것일까? 〈워싱턴 포스트〉는 하버드대학교의 기업사 연구자 낸시 킨이 한 말을 인용했다. "트럼프의 [무슬림] 입국 금지 행정명령에 대한 기업들의 반발은 규모와 속도 면에서 '전례가 없는' 수준이었습니다." 그러나 트럼프가 미국 기업들에 감세와 규제 완화라는 선물 보따리를 안겨 주리라는 기대 때문에 최근 미국의 주가는 매우 높은 수치를 기록했다.

이처럼 트럼프 정부의 운명은 아직 정해지지 않았다. [지배계급이] 새 정부를 길들일 다른 방법을 찾으려 애쓸 것은 분명하다. 그러나 최근에 있었던 일을 보면, 트럼프는 지배계급의 '길들이기' 시도를 따르지 않고 있다.

미국 국가라는 배가 폭풍우 치는 바다에서 표류하고 있다.

샌더스 열풍으로 촉발된 사회주의 논쟁

버니 샌더스 열풍으로 미국인들의 사회주의에 대한 호감이 드러나자, 백악관 경제자문위원회가 사회주의를 비난하는 보고서를 내놓았다. 2018년 10월 30일, 캘리니코스는 이 보고서를 반박하며 진정한 사회주의적 대안이 무엇인지 설명했다.

트럼프 정부는 계속해서 사람들을 놀라게 한다. 최근 백악관 경제자문위원회는 "사회주의의 기회비용"이라는 제목의 72쪽짜리 보고서를 발표했다. 이 보고서에서 가장 흥미로운 구절은 첫 문단이다. "카를 마르크스 탄생 200주년을 맞아 사회주의가 미국 정치 담론에 돌아오고 있다. 사회주의자를 자처하는 사람들이 내놓은 세세한 정책 제안이 의회와 젊은 유권자 사이에서 지지를 얻고 있다." 백악관의 시각에서 볼 때 "사회주의자를 자처하는 사람"의 주요 인물은 물론 버니 샌더스다.

샌더스는 2016년 민주당 대선 후보 경선에 출마했고, 이는 트럼프에게 특별한 위험이었다. 불만에 차서 공화당 지지로 기울고 있던 블루칼라 유권자 다수에게 샌더스가 호소력이 있었기 때문이다. 샌더스의 정책 중에 가장 인기가 좋았던 것은 단일 의료보험 체계 구축이었다. 이는 영국의 국가보건서비스NHS와 닮은 체계다. 버락 오바마와 힐러리 클린턴 같은 민주당 주류 인사들은 이 정책을 외면했다. 그러나 이 정책은 민간 보험회사들이 득세하는 미국 의료 체계의 획기적 개선을 뜻했다.

샌더스는 특별히 급진적인 사회주의자는 아니다. 그보다는 유럽식 사회민주주의자다. 그래서 백악관 경제자문위원회는 영국 노동당과 비슷한 성향의 사회민주주의 정당들이 오랫동안 득세했던 북유럽 사회를 비판하는 데 열을 올린다.

그런데 백악관 경제자문위원회는 소련, 마오쩌둥 시대의 중국, 쿠바 등 스탈린주의 국가도 표적으로 삼는다. 여기에는 두가지 목표가 있다. 첫째, 스탈린 치하 소련의 강제 농업 집산화나 마오쩌둥의 '대약진운동' 같은 커다란 참극을 연상시켜서 샌더스 같은 인물을 중상하려는 것이다. 둘째, 자유 시장 옹호 경제학자들이 오랫동안 주장한 사회주의 비판을 반복하는 것이다. 즉, 계획경제는 시장보다 비효율적일 수밖에 없다고 말하는 것이다.

이 모든 것은 스탈린주의 정권들이 혁명가 카를 마르크스의 사회주의 개념에 대한 철저한 곡해임을 무시한다. 마르크스는 사회주의를 노동계급의 자력 해방으로 봤다.

진정한 사회주의는 마르크스가 말했듯이 "연합한 생산자들"이 민주적이고 집단적으로 운영하는 자주관리 경제가 될 것이다. 그런 사회에서 계획은 스탈린 치하에서 구축된 중앙집권적 지령 체계 같은 것을 기초로 하지 않을 것이다. 생산자 집단들 사이의 민주적 조율과 협상을 기초로 할 것이다.

게다가 백악관 경제자문위원회가 쏜 총알의 상당수는 과녁을 한참 벗어나기도 한다. 백악관 경제자문위원회 보고서는 현재의 중국을 다루지 않는다. 현재 중국에서는 공산당이 세계시장에 긴밀히 연결된 매우 역동적인 국가자본주의 경제를 통솔하고 있다. 세계경제는 신자유주의 옹호자들이 상상하는 순수한 시장경제가 전혀 아니다.

백악관 경제자문위원회는 미국의 1인당 국민소득이 북유럽 나라들보다 약 20퍼센트 높다는 사실을 강조한다. 그러나 GDP에만 기대어 삶의 질을 측정하는 것은 이미 오래전에 신용을 잃었다. 유엔개발계획은 인간개발지수HDI를 고안해 왔다. 인간개발지수는 GDP뿐 아니라 기대 수명과 교육 수준도 고려한다. 2018년 인간개발지수는 노르웨이가 1위, 스웨덴이 7위, 덴마크가 11위를 차지해, 13위인 미국을 모두 앞선다. 이 격차는 스칸디나비아반도의 발전한 복지국가들이 제공하는 의료와 교육의 효과를 반영한다. 이런 집단적 서비스는 개인소득으로 잡히지 않는다.

게다가 자유주의적 미국 경제학자 폴 크루그먼은 이렇게 말한다. "[미국과 북유럽의] 실질 GDP의 차이는 대체로 [복지국가 유지에 들어가는] 비용이 아니라 [공공 정책에서의 확연히 다른] 선택을 보여 줍니다. 북유럽 노동자들은 우리 '휴가 없는 나라'[미국] 노동자들보다 휴가도, 가족과 지내는 시간도, 여가도 훨씬 많습니다."

백악관 경제자문위원회도 인정하듯이, 북유럽 사회는 자본주의와의 타협을 상징한다. 최근 수십 년 동안 그 타협은 경제 위기와 신자유주의 정책의 압박 속에서 모든 곳에서 붕괴해 왔다.

자본주의에 맞서는 진정한 사회주의적 대안에 대한 관심이 커지고 있는 것은 놀라운 일이 아니다.

인종차별 부추겨 정권 유지하려는 트럼프

2020년 5월 26일 경찰의 조지 플로이드 살해에 항의하는 시위가 크게 번져 5월 30일에는
시위대가 백악관을 포위했다. 트럼프는 시위대를 비난하며 강경하게 진압하겠다고 위협했다.
6월 1일, 캘리니코스는 이 시위의 배경이 무엇인지 살피고 적극 옹호했다.

미니애폴리스 경찰의 조지 플로이드 살해를 규탄하는 시위가 전
국적 항쟁으로 성장하고 있다. 물론 처음 있는 일은 아니다. 1960년
대에는 미국 빈민가들에서 위대한 항쟁이 일어났고, 1992년에 로스
앤젤레스 반란이 있었고, 2014년에 '흑인 목숨도 소중하다' 시위가
시작됐다.

아프리카계 미국인 마르크스주의자 오거스트 님츠가 인용했듯
이, 미니애폴리스 전 경찰서장 토니 보우자는 다음과 같이 인정했다.
"미국에서 범죄와 경찰 폭력 문제가 끊이지 않는 것은 특권층과 빈
민층을 나누는 계급 구조가 암묵적으로 용인되고 체계적 인종차별
을 사회 전체가 외면하려 하기 때문이다."

그러나 분명 지금의 항쟁은 새로운 맥락에서 벌어지고 있다. 그것
은 코로나19 대유행이다. 지금까지 코로나19는 미국에서 10만 명이
넘는 사람들의 목숨을 앗아 갔다.

이는 두 가지 면에서 긴장을 심화시키고 있다. 첫째, 〈ABC 뉴스〉가 적나라하게 표현했듯 "세계적으로 유행한 코로나19는 미국에서 흑인, 갈색 인종, 노동계급의 전염병이 됐다." 〈ABC 뉴스〉는 끔찍한 통계 수치를 다음과 같이 요약한다. "수도 워싱턴에서 라틴계는 감염 가능성이 백인의 7배나 된다. … 조지아주 코로나19 입원 환자 80퍼센트가 아프리카계 미국인이다. 뉴욕에서 아프리카계 미국인은 코로나바이러스로 사망할 가능성이 백인의 2배나 된다. 뉴욕주에서는 최근에 코로나19 입원 환자가 생긴 지역 21곳 중 20곳이 흑인·라틴계 거주자가 주州 평균보다 많다." 〈뉴욕 타임스〉의 한 칼럼니스트는 훨씬 더 적나라하게 표현했다. "이번 위기는 미국 민주주의의 계급적 야만성과 미국 민주주의가 늘상 용인하던 경제적 참극을 밝히 드러내고 있다."

전염병 대유행이 노동계급에게 준 공포와 고통이 오래된 긴장을 격화시켰다. 〈타임〉은 이렇게 보도했다. "미니애폴리스시市 자료를 보면, 경찰이 플로이드를 체포한 현장인 파우더혼파크는 미니애폴리스에서 코로나19 피해가 가장 심각하기로 손꼽히는 동네다." 미니애폴리스에서 활동하는 노동운동가 한 명은 "경찰과 인종차별이 공중보건 문제"라고 했다. 플로이드의 죽음은 화약고에 불을 댕긴 격이었다.

둘째, 도널드 트럼프가 있다. 트럼프는 불난 집에 열심히 부채질을 하고 있다. 트럼프는 인종차별주의자였던 마이애미 전 경찰서장 월터 헤들리가 1967년에 한 말을 인용해 트위터에 "약탈이 시작되면 발포가 시작된다"고 썼다. 트럼프는 이렇게 이죽거렸다. 백악관 밖 시위대가 저지선을 돌파[해 백악관에 진입]하면 "내 평생 본 것 중 가장 사나운 개들, 가장 무서운 무기로 맞이할 것이다. 최소한 그쯤은 돼야 사람들이 정말 심하게 다쳤다고 할 수 있을 것이다." 시위를 극좌파 탓으로 돌리려고도 한다. 트럼프는 5월 31일에 트위터에 이렇게 썼다. "미합중국은 안티파ANTIFA를 테러 단체로 지정할 것이다." 어처구니없는 협박이다. '안티파'는 전투적 반反파시즘 활동가들의 느슨한 네트워크이니 말이다.

트럼프가 비이성적인 인종차별주의 얼간이라서 이런 격앙된 발언을 한다고 치부하는 것은 너무 안이하다. 물론 트럼프는 인종차별주의 얼간이가 맞다. 그러나 트럼프는 교활하다.

경제 상황이 비교적 좋은 것에 기대 11월 대선에서 승리하려던 트럼프의 계획은 전염병 대유행 때문에 물거품이 됐다. 그래서 트럼프는 외출제한령을 해제하려 안달인 것이다. 수많은 목숨을 더 대가로 치르더라도 말이다. 주식시장이 다시 살아나고 있긴 하지만 전반적 경제 상황은 암울하다. 미국의 중앙은행 격인 연준의 의장 제롬 파월은 경기회복이 시작돼도 "생산성 증가 수준이 낮고 소득이 정체하는 시기가 오랫동안 이어질 수 있다"고 경고했다.

더구나 〈파이낸셜 타임스〉 칼럼니스트 에드워드 루스에 따르면 트럼프가 코로나19 대처에 처참하게 실패한 것 때문에 65세 이상 유권자 상당수가 민주당 대선 후보 조 바이든 지지로 옮아가고 있다. 현재 바이든은 여론조사에서 트럼프를 10퍼센트포인트나 앞서고 있다.

이에 트럼프는 1968년 대선 때 리처드 닉슨이 처음 성공적으로 써먹은 과거 공화당의 '남부 전략'을 자기 식으로 펼치려 한다. 당시 닉슨은 '블랙파워' 운동이 성장하고 마틴 루서 킹 암살에 항의하는 운동이 일어나자 인종차별적 백인들의 공포를 자극해 대선에서 승리했다.

트럼프의 발언은 인종차별적 경찰과 주방위군이 미쳐 날뛰어도 된다는 청신호를 켜는 것이다. 트럼프는 인종적 양극화를 부추겨 대통령 자리를 부지하려는 것이 분명하다.

트럼프와 지배계급 사이에 균열이 커지다

2020년 6월 1일, 트럼프가 백악관을 둘러싼 인종차별 반대 시위대를 폭력적으로 진압한 뒤 군대를 동원하겠다고 말했으나 군 수뇌부는 공개적으로 반대 의사를 밝혔다. 6월 8일, 캘리 니코스는 이 균열의 의미를 밝히는 논평을 발표했다.

트럼프의 괴팍한 행각은 에밀 디 앤토니오 감독의 오래된 다큐멘터리 〈의사진행발언이요!〉를 떠올리게 한다. 이 다큐멘터리의 소재는 1954년 육군-매카시 청문회다.

미국 상원 의원 조지프 매카시는 미국과 소련의 냉전이 절정에 달한 시기에 반공주의적 마녀사냥을 이끌었다. 그 결과 국가기구, 할리우드, 대중매체, 민간 기업에서 좌파 인사들과 노동조합 활동가들이 대거 쫓겨났다. 그 뒤 매카시는 미국 육군에도 손을 대기 시작했다. 그러나 이는 선을 넘는 일이었다. 군 장성 출신 대통령 아이젠하워가 대표하는 군부는 신성불가침의 영역이었던 것이다. 미국 지배층은 매카시에게서 등을 돌렸다. 디 앤토니오의 다큐멘터리는 매카시의 이런 몰락을 보여 준다.

트럼프도 매카시처럼 군 관련 문제에서 선을 넘은 듯하다. 6월 1일 거센 시위가 한창인 와중에 트럼프는 언론의 집중 조명을 받으며 워싱턴에 있는 세인트존스 교회로 걸어갔다. 경찰은 트럼프가 지나갈 길을 확보하려고 시위대에게 최루액과 최루탄을 퍼부었다. 트럼프는 국방부 장관 마크 에스퍼와 전투복을 차려입은 합동참모본부 의장 마크 밀리와 동행했다. 시위를 끝내기 위해 군대를 투입하겠다는 뜻을 내비친 것이다. 트럼프는 멀리 떨어진 아이다호주와 유타주에서까지 주방위군을 끌어와 3900명을 워싱턴에 배치했다. 그 후 전투 준비를 갖춘 병력 1600명을 수도 외곽에 배치했다.

트럼프의 행보는 상당한 반발을 샀다. 민주당 소속 워싱턴 시장이자 흑인 여성인 뮤리얼 바우저는 "연방 경찰이 아무런 도발도 하지 않은 평화 시위대에게 군 장비를 휘두른 것"은 "부끄러운 짓"이라고 트위터에 썼다.

며칠 후 국방부 장관 에스퍼가 트럼프의 뜻을 정면으로 거슬렀다. 트럼프가 폭동진압법을 발동해 지역 당국의 의사를 무시하고 미국 전역의 도시에 군대를 투입하겠다고 위협하자 에스퍼는 공공연하게 반대 의사를 표했다. 에스퍼는 워싱턴에 배치된 병력을 줄이려 하기도 했다.

장군 출신이자 에스퍼의 전임자인 제임스 매티스(트럼프가 제국을 잘못 운영한다며 항의의 뜻으로 장관직을 내려놓았다)는 한술 더 떠 이렇게 말했다. "나처럼 [헌법을 수호하겠다고 — 캘리니코스] 선서한 군인들이 동료 시민의 헌법적 권리를 짓밟으라는 명령을 받게 되리라고는 꿈에도 생각하지 못했습니다. 선출된 군 최고 통수권자가 군 수뇌부를 끼고 기이한 사진을 찍을 기회를 마련하기 위해 그런 명령을 하리라고는 더더욱 상상조차 못 했습니다."

매티스는 다른 군부 인물들에게 지지를 받았다. 전직 국무부 장관 콜린 파월, 이라크와 아프가니스탄에서 미군을 지휘한 데이비드 퍼트레이어스, 오사마 빈라덴 암살 작전을 주도한 장군 윌리엄 맥레이븐, 트럼프의 비서 실장을 지내다 그만둔 존 켈리 등이 매티스를 지지했다.

이들도 각자 많은 사람의 죽음에 책임이 있다. 그러나 이들은 지배계급 일반이 그렇듯이 미국의 군사력을 미국 제국주의 전체가 아닌 특정 정치인을 위해 동원해서는 안 된다고 본다.

매카시는 자신의 목적, 즉 미국 사회가 냉전 태세를 갖추게 하고 조직 노동계급에게 큰 타격을 주기 위해 마녀사냥을 벌였다. 그러나 군대를 건드린 것은 지배계급에게 도를 넘어서는 일이었다. 트럼프도 이를 깨닫고 있을 것이다.

트럼프는 결코 자본가계급 상층부의 후보였던 적이 없다. 비록 거대 은행과 대기업이 트럼프의 감세와 규제 완화에 환호하기는 했지만 말이다. 트럼프를 지지한 기업들은 내수 중심의 중소 규모 기업들이었다.

미국 지배계급의 많은 수가 이제 트럼프가 감수할 만한 골칫거리인지 의문을 품을 수도 있다. 그들이 맞닥뜨린 전국적 인종차별 반대 운동은 1960년대 이래 가장 규모가 크다.

트럼프는 불난 집에 부채질해 일부 백인들을 공포에 빠뜨리고 반발하게 해서 재선을 꾀하려 한다. 닉슨도 1968년에 이런 전략으로 성공을 거뒀지만, 지금 미국 사회는 그때보다 다양성이 훨씬 크다.

한편, 분노를 잠재우는 데에 나선 쪽은 민주당 주류다. [앞서 언급한 민주당 소속 워싱턴 시장] 바우저는 6월 6일 워싱턴에서 일어난 대규모 시위에서 연설했다.

민주당 대선 후보 조 바이든은 얼간이같다. 그러나 바이든은 민주당 흑인 지도자들의 지지로 버니 샌더스를 누르고 대선 후보가 됐다. 트럼프의 인종차별 카드는 오히려 자신의 몰락을 초래할지도 모른다.

바이든으로 대중의 불만을 잠재울 수 없다

미국 대선을 1주일 앞둔 2020년 10월 26일, 캘리니코스는 미국의 기득권층 다수가 조 바이든을 지지하는 이유를 설명했다.

"문제는 경제야, 바보야!" 이 슬로건은 빌 클린턴의 [대선 선거운동] 보좌관 중 한 명이 만들었다. 그렇지만 도널드 트럼프는 이 슬로건을 앞세워 재선을 노리고 있다.

"트럼프노믹스"는 두 축으로 이뤄졌다. 첫째, 투자가 활성화되길 바라며 기업과 부유층의 세금을 대폭 감면했다. 둘째, 보호무역주의 정책으로 주로 중국을 겨냥했고 정도는 덜하지만 유럽연합도 겨냥했다. 이는 미국의 국제수지 적자를 줄이고 제조업 일자리를 중서부 '러스트 벨트'* 주州들로 되돌리려는('리쇼어링')** 목적에서 고안됐다.

트럼프의 감세 정책을 두고 〈파이낸셜 타임스〉 칼럼니스트 마틴

---

*   러스트 벨트 자동차와 철강 등 미국 제조업의 중심지였으나 제조업 사양으로 불황에 빠진 중서부·북동부 지역을 일컫는 말.
** 리쇼어링 '오프쇼어링'의 반대말로 해외로 이전했던 공장을 다시 국내로 이전하는 것.

울프는 "퇴행적 케인스주의"의 일종이라고 했다. 경제학자 메이너드 케인스는 국가가 세금을 낮추고 지출을 늘려 소비와 투자를 촉진함으로써 완전고용을 달성해야 한다고 여겼다. 그렇지만 (트럼프가 실질 법인세를 거의 반토막 냈는데도) 투자는 크게 늘지 않았다. 기업들은 늘어난 현금을 주로 자기주식 취득에 사용해 주가를 올렸다. 중국과 벌인 무역 전쟁으로도 적자는 크게 줄지 않았고 '리쇼어링'도 거의 일어나지 않았다.

그런데도 2019년 실업률이 1969년 이래 최저치로 떨어졌고 주식시장은 급등했다. 트럼프는 여기에 기대 재선하려 했다. 그때 코로나19가 닥쳤고, 경기가 거의 100년 만에 최악으로 후퇴했다. 2020년 4월에 실업률은 10퍼센트포인트 치솟았다.

마르크스주의 경제학자인 마이클 로버츠는 이렇게 썼다. "트럼프노믹스의 진정한 성격은 케인스주의와 신자유주의의 결합이다." 공화당은 애초에는 경제 붕괴를 막으려고 가구별 지원금 직접 지급을 지지했지만, 그럼에도 2020년을 주름잡은 것은 신자유주의였다. 트럼프는 공화당 의원들과 힘을 합쳐, 연방정부 지출로 일자리와 소득을 유지하자는 민주당의 요구에 반대했다. 그 대신 트럼프는, 대유행 초기에 내렸던 외출제한령을 하루빨리 끝내서 경제를 재가동하는 데 기대를 걸었다. 이는 트럼프에게 심각한 역풍을 몰고 왔다. 10월 23일 미국의 코로나19 일일 신규 확진자는 8만 3010명으로 역대 최고치를 기록했다. 미국 공화당과 영국 보수당의 주장과 달리, 코로나19 방역과 경제 지탱 사이의 '균형'은 존재하지 않는다. 정부가 생명을 지키기 위해 단호하게 대응한 나라들은 경기 수축의 폭이 더 적었다. [세계적 회계 법인] 딜로이트는 2020년 4사분기에 미국 경기가 정체하거나 수축할 것이라고 전망한다.

트럼프와 경합하는 민주당 대선 후보 조 바이든은 코로나19에 진지하게 대응하겠다는 뜻을 밝히고 있다. 또한 그 역시 정부 지출을 늘릴 것이다. 바이든은 지출 규모가 10년간 약 7조 3000억 달러[약 8200조 원]에 이를 공약을 내걸고 있다. 바이든은 알렉산드리아 오카시오코르테스 같은 민주당 내 좌파들이 주장하는 '그린 뉴딜'은 거부하지만, 기후변화 대응에 약 2조 달러[약 2300조 원] 가까이 쓰겠다고 한다.

〈파이낸셜 타임스〉는 "바이든노믹스는 자본주의에 대한 지지를 지킬 수 있다"라는 제목의 사설에서, 이런 정책 때문에 바이든이 클린턴·오바마보다 두드러지게 왼쪽에 자리매김한다고 지적했다. 〈파이낸셜 타임스〉는 [역시 막대한 정부 지출을 약속했던 영국 노동당 전 대표] 제러미 코빈에 대해서는 잘못됐다고 악을 썼던 것과 달리, 바이든에 대해서는 좋은 일이라고 결론지었다. "통제되지 않는 자본주의는 유권자들의 심판에서 살아남지 못할 것이다. 아닌 게 아니라, 2008년 경제 위기 이후 불평등에 대한 분노가 만연한데, 특히 청년층에서 그렇다. 이런 분노는 전면적 체제 변화에 대한 요구로 번질 위험을 여러 차례 보여 왔다. 바이든노믹스가 시행된다면 기업과 고소득층은 부담이 늘어날 것이다. 그러나 이로써 미래의 더 큰 심판을 피할 수 있을지도 모른다." 이는 주류 신자유주의 기득권층이 얼마나 겁에 질렸는지를 보여 주는 흥미로운 서술이다. 이들은 트럼프가 2007~2009년 세계 금융 위기 때문에 자라난 분노에 올라타 집권했음을 깨닫고는, 〈파이낸셜 타임스〉가 "약간 사회민주주의적"이라고 부르는 정책들로 이 불만을 흡수할 수 있으리라 여기는 것이다.

이는 헛된 희망이다. 두 가지 이유에서 그렇다. 첫째, 마이클 로버츠가 보여 주듯 미국은 다른 선진국과 마찬가지로 낮은 이윤율 때문에 계속 악전고투하고 있다. 그래서 투자가 정체하는 것이다. 정부지출을 늘려도 잘해야 단기적 효과만 있을 것이다. 둘째, 미국 대중이 느끼는 쓰라림은 기득권층이 이해하는 것보다 훨씬 더 깊고 광범하다. 억눌렸던 그 분노는 트럼프 정부 아래에서 분출하기 시작했다. 설령 트럼프가 선거에서 지더라도 그 분출을 되돌리기는 어려울 것이다.

트럼프가 일으킨 정치적 지각변동

2020년 11월 3일 미국 대선이 열리고 있는 와중에 쓴 글이다. 캘리니코스는 도널드 트럼프 집권기를 거치며 공화당과 대기업 사이에 균열이 생겨났다고 지적했다.

지금 벌어지고 있는 미국 대선은 불확실한 것 투성이지만, 하나만 큼은 확실하다. 공화당과 그 당의 사회적 기반 사이에 균열이 가고 있다는 것이다.

1861~1865년 남북전쟁 이래 공화당은 대자본의 정당이었다. 20세기 초, 석유 기업 스탠더드오일 창립자인 공화당의 존 D 록펠러는 오늘날의 아마존 창립자 제프 베이조스 같은 사람이었다. 록펠러의 손자 넬슨 록펠러는 대통령이 되겠다는 야망을 이루지 못했지만, 뉴욕주 주지사를 거쳐 [공화당 정부] 부통령 자리에 올랐다.

프랭클린 루스벨트 대통령의 민주당 정부는 1930년대 대공황기에 미국 자본주의를 구했다고 할 수 있다. 그러나 상당수 대기업은 루스벨트의 '뉴딜' 개혁을 극구 반대했다. 민주당은 그때나 지금이나 줄곧 친자본 정당이었다. 1990년대 빌 클린턴 정부와 2009~2017년 버락 오바마 정부 모두 신자유주의 세계화를 강화했다.

그러나 공화당도 기업·부유층 다수와 긴밀한 관계를 유지했다. 마르크스주의 역사가 마이크 데이비스는 텍사스 석유 사업가 출신인 조지 W 부시의 정부를 두고 "미국석유협회API의 정치 담당부"라고 했다.

그러나 지금은 상황이 바뀌고 있다. 〈파이낸셜 타임스〉에 따르면 주가지수 상위권 기업 최고경영자 중 15명이 트럼프를 지지한다. "그렇지만 그것의 갑절이나 되는 대기업 최고경영자들이 조 바이든을 후원했다고 [미국 경제 매체] '마켓워치'는 추산했다. 〈폭스 뉴스〉 회장 루퍼드 머독의 아들 제임스 머독은 민주당의 최대 후원자로 손꼽힌다." 최상위 기업 경영자들을 대상으로 한 조사에서는 77퍼센트가 바이든을 찍겠다고 답했다. 트럼프는 그보다 작은 기업들 사이에서 더 많은 지지를 받는다. 이들은 트럼프가 국제 경쟁에서 자신들을 보호해 주리라 기대한다. 트럼프는 자기가 '슈퍼 부자'라고 과시하고 부풀리지만, 트럼프는 주요 기업가들 사이에서 아웃사이더다. 예일대학교 경영대학원 교수 제프리 소넌펠드는 〈파이낸셜 타임스〉에 이렇게 말했다. "몇 년 전에 우리 최고경영자 모임에 트럼프를 데려오려 했다면, 일류 최고경영자들은 이렇게 말했을 겁니다. '데려오지 마세요. 우리가 보기에 트럼프는 일류 최고경영자가 아닙니다.'"

실제로 트럼프는 자신이 아웃사이더라는 점을 이용해 2016년 대선에서 승리했다. 트럼프는 자신이 기업 중심 세계화의 피해자가 됐다고 느끼는 일부 백인 블루칼라 노동자들의 분노에 호소했고, 거기에 응한 일부는 트럼프에게 유리하게 대선 판도를 바꾸기에 충분했다. 특히 올해 코로나19 대유행과 '흑인 목숨도 소중하다' 운동에서 받는 압력이 커지면서, 트럼프는 이 전술을 더욱 강화했다. 여러 면에서 이는 1968년 대선에서 리처드 닉슨을 당선케 한 '남부 전략'을 극단으로 밀어붙이는 것이다. 당시 닉슨은 흑인 평등권 운동과 흑인들의 도심 항쟁에 대한 인종차별적 반발을 이용해 전통적 민주당 지지층이었던 남부 백인 유권자들의 표를 끌어왔다. 그러면서도 닉슨은 기업주들의 지지를 붙잡아 놓을 수 있었다. 적어도 워터게이트 추문이 터지기 전까지는 말이다. 트럼프는 이런 줄타기에 성공하지 못한 듯하다. 양극화를 부추기는 언사를 하며 '안티파'를 비난하고 극우 무장 집단들에 호소한 덕분에 트럼프는 인종차별적 백인들 사이에서 기반을 다졌을지도 모른다. 그러나 그러면서 대기업들을 겁에 질려 도망치게 했다.

트럼프가 선거에서 패하면 평화적으로 정권을 이양하겠다고 약속하기를 거부하자 이런 공포는 더 커졌다. 10월 27일에 트럼프는 선거일이 지나고도 개표가 계속되는 것은 "완전히 부적절"할 것이라고 말했다. 미국상공회의소, 비즈니스라운드테이블BRT을 비롯한 기업 로비 단체 8곳은 즉각 성명을 발표해, 개표가 지연되더라도 "참을성"을 발휘하라고 호소했다.

다시 말해, 기존의 양당 체제는 미국 자본주의를 유지하는 데에 매우 유용했다. 이 체제를 지키는 것이 트럼프가 기업들에 제공할 그 어떤 떡고물보다 더 중요하다. 바이든이 설령 부자 증세 공약을 이행하더라도 [미국 지배자들의 처지에서는] 바이든이 미국 국가의 운전대를 잡는 게 더 안전하다.

그러나 이번 대선과 그 직후에 무슨 일이 벌어지든, 소넌펠드는 "공화당이 '전문성을 중시하는' 기업 간부들과 '촌구석의 반지성주의적 음모론 지지 집단들'을 앞으로 얼마나 오랫동안 같은 당 안에 묶어 둘 수 있을지 의문"이라고 했다. 공화당이 대자본의 믿을 만한 도구로 기능하는 능력을 약화시킨 것은 어쩌면 트럼프가 남긴 가장 중요한 유산일지도 모른다.

미국 대선이 좌파에게 보여 주는 것

미국에서 대선 결과가 드러나기 시작하고 영국에서 노동당 지도부의 제러미 코빈 축출이 분노를 불러일으키던 2020년 11월 6일에 쓴 논평이다.

도널드 트럼프는 승패와 무관하게 미국 정치를 뒤엎어 버렸다. 트럼프의 2016년 대선 승리를 두고 전 세계의 자유주의 논평가들은 트럼프가 러시아의 개입 덕분에 대통령직을 훔칠 수 있었다고 폄하했다. 2020년 대선은 그런 탈선을 바로잡을 완벽한 기회였다. 몇 주 동안 (타리크 알리가 "극단적 중도"로* 일컬은) 신자유주의적 주류 기득권층은 자신들의 후보, 즉 따분한 민주당 지배 세력 정치인인 조 바이든의 "압승"을 확신했다. 이들은 민주당이 공화당에게서 상원까지 빼앗아 오고 우익 판사로 연방 법원을 채우는 것을 중단시킬 수 있으리라 기대하기도 했다.

그러나 11월 3일 밤에서 4일 아침으로 넘어가는 몇 시간 만에 그

---

* **극단적 중도** 중도 좌파와 중도 우파 주류 정당들이 똑같은 신자유주의 정책을 추구하는 것을 일컫는 용어.

런 희망은 날아가 버렸다. 트럼프는 유권자들을 인종, 일자리 문제, "법질서 확립"으로 집요하게 양극화시키는 전략으로 대중적 지지 기반을 다지고 심지어 확대할 수 있었다. 트럼프는 라틴계 유권자들에게도 적잖은 지지를 얻어 바이든이 플로리다주와 텍사스주를 가져가지 못하게 했다. 이것이 트럼프를 재선시키기에는 모자랐을지도 모른다. 그러나 공화당은 하원에서 민주당과 격차를 좁혔고, 상원에서 다수당을 유지하고 주 의회와 주 정부에서 우세를 굳힐 듯하다. 친민주당 성향 자유주의 경제학자이자 〈뉴욕 타임스〉 칼럼니스트 폴 크루그먼은 이렇게 한탄했다. "이 얼마나 끔찍한 선거인가. … 바이든이 통치를 할 수 있을까? … 바이든은 공화당이 다수인 상원을 상대해야 할 것이고 연방 대법원도 자신에게 불리하게 짜일 것이다. 공화당은 바이든이 하는 일은 무엇이든 무자비하게 훼방 놓을 것이 확실하다. … 미국은 갈수록 실패한 국가처럼 보이게 될 것이다."

게다가 트럼프는 공화당을 바꿔 놓았다. 〈뉴욕 타임스〉는 이를 마지못해 시인했다. "트럼프가 2021년 1월 20일[대통령 취임일]에 백악관에서 방을 빼게 되더라도, 트럼프는 예상보다 더 질긴 사람임이 드러날 것이고, 이후에도 분명 미국인들의 삶에 강력하고 파괴적인 영향을 미칠 것이다. 트럼프는 적어도 6800만 표를 득표했다. 2016년 대선 때보다 500만 표 늘어난 것이다. 전체의 48퍼센트를 득표한 것이고 미국 대중 거의 절반의 지지를 모아 낸 것이다. 추문과 온갖 난관, 탄핵, 23만 3000명 이상을 사망케 한 끔찍한 코로나바이러스 대유행으로 점철된 4년에도 불구하고 말이다."〈파이낸셜 타임스〉 칼럼니스트 에드워드 루스는 이렇게 썼다. "한동안 공화당은 트럼프주의 정당일 것이다. 2024년 대선 출마를 노리는 미주리주 상원 의

원 조시 홀리는 트위터에 이렇게 썼다. '공화당은 이제 노동계급 정당이다. 그것이 [공화당의] 미래다.'"

물론 공화당이 "노동계급 정당"이라는 것은 헛소리다. 보호무역주의와 양극화를 부추기는 트럼프의 언사는 신자유주의 세계화에서 득을 봐 온 대형 은행들과 다국적기업들을 멀어지게 했을지도 모른다. 그러나 트럼프의 계급 기반은 마르크스주의 역사가 마이크 데이비스가 말한 "양아치 억만장자"(아웃사이더 슈퍼 부자들)와 미국 소도시의 유산계급들이다. 트럼프는 자신의 유명세와 아웃사이더 지위를 이용해, 신자유주의 시대에 실패자가 됐다고 여기는 (주로 백인인) 사람들의 불만에 호소했다. 트럼프의 전략은 이번 대선에서도 먹혔다. 출구 조사 결과를 보면, 유권자들이 가장 중요하게 생각한 쟁점은 민주당의 바람과 달리 코로나19 대유행이 아니라 경제였다.

바이든은 2016년 대선에서 힐러리 클린턴이 그랬던 것처럼 '연속성'을 상징하는 후보였다. 민주당은 힐러리와 빌 클린턴이 1990년대에 고안하고 버락 오바마가 이어 간 전략을 고수했다. 그 전략은 신자유주의적 자본주의를 효율적으로, 그러나 좀 더 '인도적'인 것처럼 운영하는 것이었다. 버니 샌더스가 왼쪽에서 제기한 도전은 분쇄됐다.

2016년에 벌어진 두 충격적 사건(브렉시트 국민투표와 트럼프 당선)과 마찬가지로 2020년 미국 대선은 1980년대에 로널드 레이건과 마거릿 대처가 구축한 신자유주의의 이데올로기적·정치적 헤게모니에 균열이 가고 있음을 또다시 보여 준다. 그 헤게모니는 2007~2009년 전 세계 금융 위기와 그 후폭풍 동안 불만을 억제할 수 있을 만큼 강력했다. 그러나 그 대가로 당시 평범한 사람들이 일

자리와 집을 잃고, 소득이 줄고, 공공서비스가 삭감되면서 거대한 분노가 쌓였다. [영국 총리] 보리스 존슨의 브렉시트 추진과 마찬가지로 트럼프와 공화당의 성공은 정치체제를 대자본의 이해관계에서 어긋나게 만들었다. 이것이 바로 미국이 "실패한 국가"가 될지 모른다고 말하는 크루그먼이 진정으로 두려워하는 것이다. 물론 그 두려움은 과장일 수 있다. 누가 다음 대통령이 되든 미국 제국주의는 중국의 부상을 억누르려 할 것이고, 군사·금융에서 미국이 가진 힘을 전 세계에 뽐낼 것이다.

안타깝게도 현재까지 이런 헤게모니 위기의 주된 수혜자는 극우였다. 그러나 당연히 급진 좌파가 배워야 할 교훈도 있다. 영국에서 키어 스타머가 이끄는 영국 노동당은 극단적 중도로 급격히 회귀했다. 즉, 토니 블레어와 고든 브라운이 이끌던 신노동당* 정치로 돌아갔다. [노동당 전 대표] 제러미 코빈의 당원 자격을 정지시킨 패악질이 그런 전환을 상징적으로 보여 준다. 그러나 바이든의 선거운동은 극단적 중도의 리틀빅혼 전투일** 뿐이다. 바이든이 대통령이 된다 해도 이는 공허한 승리일 것이다. 민주당 안에서 이것이 어떤 결과를 낳을지는 두고 봐야 할 것이다. 알렉산드리아 오카시오코르테스로 대표되는 좌파적 여성 하원의원들("스쿼드")이 재선에 성공했으니 말이다. 루스는 이렇게 경고한다. "바이든 정권은 단단히 똬리를 튼 트

---

* **신노동당** 신자유주의를 적극 받아들인 1994~2010년의 영국 노동당을 일컫는 말.

** **리틀빅혼 전투** 1876년 미국 몬태나주 리틀빅혼에서 다코타-샤이엔 원주민 부족 연합이 조지 커스터 중령이 지휘하는 미 육군 제7기병연대를 전멸시킨 사건. 그렇지만 이 전투는 아메리카 원주민이 거둔 최후의 대규모 승전이었고, 이후 원주민은 운디드니에서 대학살을 당하는 등 커다란 패배를 겪어야 했다.

럼프주의 우파와 분노에 찬 민주당 좌파라는 양립할 수 없는 두 세력 사이에 끼일 위험이 있다."

스타머는 이런 난관에서 배울 능력이 없다. 그렇지만 노동당 좌파도 딜레마에 직면해 있다. 노동당 지도부가 코빈을 어떻게 대우했는지(그리고 이에 반발하면 누구든 징계하겠다고 위협하는 것)를 보면, 노동당 내 사회주의자들은 심지어 블레어 대표 시절에 누렸던 만큼의 선전·선동의 여지도 얻지 못할 것이다. "당의 단결"(사실은 생존)이라는 미명 아래 침묵할 것인가? 그러면 코빈 지도부 시기에 노동당에 입당한 수십만 당원을 배신하는 일일 것이다. 아니면 반항을 택할 것인가? 그러면 축출을 감수해야 할 것이다. 과거 노동당 좌파는 이런 딜레마를 피할 수 있었다. 이라크 전쟁에 반대하는 거대한 대중운동이 보호막이 돼 줬기 때문이다. 지금 노동당 좌파에게는 그런 것이 없다. 노동당 좌파는 노동당에서 우격다짐으로 재확립되고 있는 파산한 극단적 중도 정치와 결별하고 새로운 사회주의 정당을 결성해야 할 것이다.

그런 정당은 코빈 시절 노동당뿐 아니라 그리스의 시리자나 스페인의 포데모스 같은 최근 유럽의 "새로운 좌파" 정당들에서도 교훈을 얻어야 할 것이다. 그런 "새로운 좌파" 정당들은 선거 승리를 우선시했고 결국 신자유주의 정책을 제 손으로 펼치게 됐다. 당 대표 시절 코빈은 노동당의 결속을 유지하고 선거에서 승리하려고 노동당 우파에 거듭 타협했다. 마찬가지로 상당수 미국 좌파는 트럼프를 꺾고 의회를 통해 개혁을 성취한다는 희망에 부풀어 바이든의 실속 없는 선거운동을 지지했다. 그리고 이 희망은 공화당이 여전히 의회에서 만만찮은 세력으로 자리 잡게 되면서 가망 없는 일이 돼 버렸다. 새로운 사회주의 정당은 선거 승리보다 투쟁 건설을 우선시해야 할 것이다. 노동자들의 물질적 조건을 개선하고 인종차별에 맞서는 대중투쟁만이 극우의 부상을 저지하고 물리칠 수 있다. 이는 미국과 영국뿐 아니라 유럽 다른 곳에서도 마찬가지다.

이런 광범한 좌파 내에는 더 탄탄히 조직된 혁명적 축이 있어야 한다. 미국과 영국에서 극우가 거둔 성공은 선거 승리로 사회를 바꾼다는 신기루를 좇는 개혁주의 정치의 한계를 드러냈다. 영국의 사회주의노동자당SWP과 같은 정당을 영국과 다른 모든 곳에서 건설해야 한다. 아래로부터의 노동계급 투쟁만이 자본주의와 제국주의, 그리고 그것들로 유지되는 모든 차별과 억압을 끝장낼 수 있음을 이해하는 당 말이다. 혁명적 조직에 가입하는 것은 좌파를 재건하는 데에서 중요한 첫걸음이다.

2장
—

유럽의 양극화와 계급투쟁

새로운 급진화 과정의 현주소

반전·반자본주의 운동은 2000년대 초에 정점을 찍으며 세계적 급진화 물결을 낳았다.
2006년 1월 14일, 캘리니코스가 이 급진화 과정의 궤적을 평가했다.

1999년 11월 시애틀에서 벌어진 대규모 반자본주의 시위 이래로 6년이 지났다. 그리고 2003년 2월 15일 국제적 반전 시위가 벌어진 지 거의 3년이 다 돼 간다. 시애틀에서 뚜렷이 드러난 급진화 과정의 궤적을 전체적으로 평가해 보기에 충분한 시간이 지났다. 이 시기와 1990년대를 비교해 보면 그 차이는 명백하다. 1990년대에 우리가 목격한 것은 냉전의 종식과 스탈린주의 체제의 붕괴였다. 그것은 이미 진행 중이던 신자유주의 공세를 강화했고, 좌파들의 심각한 사기 저하를 불러왔다.

그러나 소련의 붕괴는 결코 반혁명도, 자본주의의 부흥도 아니었다. 그것은 자본주의의 한 형태에서 다른 형태로의 이행이었을 뿐이다. 또 자본주의 체제를 뒷받침하는 토대는 취약하기 짝이 없었다. 체제의 위기와 저항의 촉발을 불러올 심각한 균열이 존재했다. 우리는 이것을 1994년 멕시코 치아파스 봉기와 1995년 프랑스 공공 부문 노동자 파업에서 처음 발견할 수 있었다. 이런 움직임들은 신자유주의와 오늘날 계속되고 있는 제국주의 전쟁에 반대하는 대중적 저항의 물결이 시작되고 있음을 보여 주는 것이었다.

우리는 저항이 벌어지는 세 주요 지역을 확인할 수 있다. 첫째는 라틴아메리카다. 이곳에서 우리는 반신자유주의 투쟁의 가장 앞선 형태들을 목격할 수 있다. 이 저항은 선거에서 일련의 중도 좌파 정부들이 당선하는 것으로 나타났다. 가장 최근의 사례로 볼리비아에서 에보 모랄레스가 승리한 것을 들 수 있을 것이다.

둘째로 투쟁이 벌어지는 지역은 이라크다. 이라크에서 벌어지는 점령 반대 투쟁은 정치적으로 라틴아메리카만큼 발전해 있지는 못하다. 그러나 이 저항은 제국주의에 맞선 투쟁에서 가장 중요한 전선을 형성하고 있다. 이라크인들의 저항은 미국을 결코 승리할 수 없는 전쟁에 묶어 둠으로써 전 세계의 여러 운동이 전진할 수 있도록 절묘하게 공간을 만들어 주고 있다. [예컨대] 베네수엘라의 우고 차베스는 미국과 신자유주의에 맞선 라틴아메리카 저항의 상징을 자처하고 있다. 그가 그렇게 할 수 있는 데는 세 가지 이유가 있다. 첫째, 베네수엘라인들의 대중적 지지가 존재한다는 점, 둘째, 고유가 덕택에 그가 대중에게 실질적 개혁을 제공할 돈을 얻을 수 있다는 점, 마지막이 바로 [베네수엘라 우파에 대한] 미국의 지원이 중단됐다는 사실이다.

셋째 지역은 유럽이다. 2005년 우리는 신자유주의 의제의 심각한 패배를 연이어 목격할 수 있었다. 프랑스와 네덜란드 국민투표에서 신자유주의적 유럽헌법이 부결된 것은 대체로 좌파적인 이유에서였다. 독일 총선에서는 양대 정당(사회민주당SPD과 보수 정당인 기독교민주연합CDU)이 패배했다. 그들은 총선 후 '대연정'을 할 수밖에 없었다. 또한 이 총선에서는 신생 좌파당의 약진이 두드러졌다.

이 운동들은 모두 낙관이 팽배하던 초기 국면을 넘어서고 있다. 그런 초기 국면에서 유력한 사상은 모종의 자율주의였다. 자율주의는 사회운동이 정치에서 독립적이어야 하며, 정당과 거리를 둬야 한다는 사상이다. [그러나] 운동의 요구들을 표현할 수 있는 정치적 대안이 어떤 것으로 나타날지는 매우 중요한 문제다. 정치적 대안으로 여겨지던 세력들 일부는 운동을 사회자유주의와* 주류 정치(예컨대 브라질의 룰라 정부와 아르헨티나의 키르치네르 정부) 쪽으로 되돌리려 한다.

그러나 다른 한편으로, 사회자유주의와 단절하고 대안을 건설하기 위해 노력하는 새로운 급진 좌파 정치조직도 여럿 있다. 포르투갈의 좌파블록, 독일의 좌파당, 브라질의 사회주의해방당PSOL, 영국의 리스펙트 등은 그 중요한 사례들이다. 이 새로운 좌파 조직들의 특징 하나는 조직이 매우 느슨하다는 점이다. 이 조직들의 미래는 전통적으로 사회민주주의 정당을 지지하던 사람들을 설득하는 것에 달려 있다. 이것이 바로 이런 사람들과 함께할 개방적 구조와 조직이 우리에게 필요한 이유다.

이런 개방성은 개혁주의 쪽으로 끌어당기는 힘이 강력할 수 있음을 뜻한다. 따라서 우리가 이런 조직들 안에서 혁명적 조직을 청산하려 해서는 안 된다. 혁명적 사회주의자들은 역동적 급진 좌파가 발전하는 데서 중요한 구실을 했다. 그러나 개혁인가 혁명인가 하는 논쟁은 결코 끝나지 않았다.

---

* 사회자유주의 영국 노동당 같은 주류 사회민주주의 정당들이 시장에 굴복하는 것.

시험대에 오른 유럽의 좌파

1999년 말 반자본주의 운동이 출현한 이래 유럽 전역의 좌파는 새로운 형태의 투쟁과 조직을 발전시키기 위해 고심해야 했다. 2007년 1월 13일, 캘리니코스는 이런 시도가 맞닥뜨리고 있는 여러 난제를 다뤘다.

현 정세의 주요 특징은 신자유주의적 제국주의에 맞선 대중 저항의 발전이다. 이 점은 특히 이라크 전쟁에 반대하는 대규모 시위들에서 가장 두드러진다. 국제적으로 미국 제국주의를 곤경에 빠뜨린 것은 이라크 수렁이다. 대중적 저항 운동도 계속되고 있다. 특히 라틴아메리카의 운동이 가장 두드러진다.

유럽의 상황은 훨씬 불균등하다. 재계·정계·언론계 엘리트들은 신자유주의 경제정책을 한통속으로 지지한다. 이 점은 사회자유주의 현상에서 드러난다. 그럼에도 2006년 3~4월 프랑스 학생 반란은 신자유주의 정책 추진을 물리칠 대중 저항의 가능성을 보여 준다.[*]

---

[*] 2006년 프랑스 정부가 최초고용계약법(CPE)을 제정하려 했다가 학생과 노동자 300만 명이 참가한 점거·동맹휴업·파업에 밀려 철회했다. 이 법은 26세 미만의 청년 노동자를 고용 후 2년 동안 자유롭게 해고할 수 있게 하는 법이었다.

그러나 대중운동은 고정된 현상이 아니다. 그것은 역사의 산물이고, 역사의 흐름을 따라 우여곡절을 겪으며 발전한다. 1999년 11월 [WTO 정상회담에 반대한] 시애틀 시위 이래로 운동이 직면한 가장 큰 문제는 정치 문제다. 운동의 초기 국면에는 저항 운동이 정치나 정당과 거리를 둬야 한다는 믿음이 득세했다(프랑스 마르크스주의자 다니엘 벤사이드는 이것을 '사회적 환상'이라고 불렀다). 이런 입장의 근저에는 국가권력을 향한 투쟁이 모종의 스탈린주의로 귀결될 것이라는 두려움이 놓여 있었다. 많은 활동가들은 [자율주의자] 존 홀러웨이가 제기한 "권력을 잡지 않고 세상을 바꾸자"라는 구호를 받아들였다. 그러나 이것은 터무니없는 믿음이다. 신자유주의와 제국주의에 맞선 국제 저항 운동은 불가피하게 정치의 장場에 들어가기 마련이고 운동의 정치적 대표성 문제를 제기할 수밖에 없다.

우리는 이 점을 라틴아메리카에서 매우 분명히 확인할 수 있다. 그중에서도 투쟁이 가장 발전한 볼리비아와 베네수엘라에서 각각 다른 방식으로 국가권력 문제가 제기됐다. 베네수엘라의 대중운동은 우고 차베스의 개혁주의 정부를 지지하는 것으로 나아갔다. 볼리비아의 대중운동은 에보 모랄레스를 권좌에 올려놓고 그가 석유·천연가스 산업을 국유화하는 프로그램을 추진하도록 강제했다. 당연히 많은 문제가 여전히 풀리지 않은 채 남아 있다. 두 나라의 국가는 모두 여전히 자본주의 국가다. 궁극적으로 운동은 자신의 민

---

* 다니엘 벤사이드는 (보통선거권 같은) 정치적 권리 획득만으로 인간 해방을 이루려 하는 것이 '정치적 환상'이라면, 사회운동만으로 충분하다는 믿음은 '사회적 환상'이라고 비판했다.

중 권력을 발전시켜 자본주의 국가를 대체해야 한다. 그러지 않으면 운동은 패배할 것이다.*

운동이 라틴아메리카만큼 멀리 나아가지 않은 유럽에서 정치 문제는 운동과 정당의 관계 문제로 제기됐다. 몇몇 나라에서는 운동의 요구들을 정치적으로 표현하는 새로운 좌파 단체들이 등장했다. 영국의 리스펙트, 포르투갈의 좌파블록, 독일의 신생 좌파당(디링케)이 대표적이다. 2001~2004년에 운동이 최고조에 이른 이탈리아에서는 기존 정당인 재건공산당이 운동과 완전히 일체감을 나타냈다.

그러나 이제 두 가지 문제가 나타났다. 첫째는 새로운 좌파 정당들의 정치와 관계있다.

이 문제가 가장 분명히 드러난 곳은 이탈리아다. 재건공산당 사무총장 파우스토 베르티노티의 모호한 혁명적 미사여구와 당의 실천 사이에는 늘 간극이 있었다. 재건공산당이 로마노 프로디의 중도 좌파 연립정부에 참가하고 아프가니스탄과 레바논 파병에 찬성하면서 이 간극은 더 두드러지고 있다. 재건공산당이 유럽에서 가장 강력한 [이탈리아] 반전운동에 미친 영향은 재앙에 가까웠다.

라틴아메리카와 마찬가지로 이탈리아의 경험은 '개혁인가 혁명인가'의 문제가 여전히 현실적임을 보여 준다. 그러나 이것은 둘째 문제로 이어진다. 일부 극좌파는 개혁주의자들과 혁명가들의 차이를 이용해 새로운 좌파 정당 건설을 회피하거나 심지어 방해하는 것을 정

---

* 실제로 2019년 두 나라에서 우파 쿠데타가 일어나 모랄레스 정부는 무너졌고 차베스의 후임인 마두로 정부도 위기에 처했다. 다행히 볼리비아는 2020년 10월 대선에서 모랄레스의 계승자가 승리해 정권을 되찾았지만 여전히 불안정한 상황이다.

당화했다.

독일에서 일부 [종파주의] 조직들이 신생 좌파당의 일부가 베를린의 사회자유주의 연립정부에 참가한 것을 빌미 삼아 신생 정당을 유산시키려 한 것은 가장 극단적인 사례. 스타티스 쿠벨라키스가 보여 주듯이, 프랑스는 더 복잡하고 비극적인 사례다. 결국, 급진 좌파의 분열 때문에 2007년 대선은 2명의 우파 포퓰리스트 후보[니콜라 사르코지와 장마리 르펜]가 선거를 주도하게 됐다.

이 두 문제의 배후에 똑같이 놓여 있는 것은 사회자유주의로 후퇴한 광범한 대중정당이냐 아니면 협소한 혁명적 조직이냐 하는 잘못된 선택이다. 시애틀 투쟁 이래로 [내가 속한] 영국 사회주의노동자당의 태도는 이런 사이비 양자택일을 거부하는 것에 바탕을 두고 있다. 우리의 목표는 혁명적 대중정당을 건설하는 것이다. 그러나 이 목표를 이루는 방법은 과거에 노동당이나 그 밖의 사회민주주의 정당을 지지했던 노동 대중 상당수의 마음을 사로잡는 것뿐이다. 현재 상황에서 그럴 수 있는 방법은 사회민주주의에서 떨어져 나온 사람들에게 개방적인 새로운 정치조직을 건설하는 것뿐이다.

그러나 '개혁인가 혁명인가'의 문제는 여전히 유효하다. 그러므로 이 새로운 정치조직들을 적극적으로 건설하는 동시에 그 안에서 독립적인 마르크스주의적 분석과 전략을 위해 분투하는 혁명적 사회주의 조직이 필요하다. 따라서 우리는 '리스펙트인가 사회주의노동자당인가' 하고 묻지 않는다. 우리에게는 둘 다 필요하다. 사회주의노동자당의 성장·강화는 리스펙트의 성장·강화이기도 하다.

떠오르는 유럽 급진 좌파의 정치

2012년 5월 15일, 캘리니코스는 프랑스와 그리스의 선거 결과를 전하며 유럽에서 성장하고 있는 급진 좌파의 정치를 분석했다.

유럽의 정치 지도자들은 파산했다. 최근 스페인에서 벌어진 금융 위기는 그런 파산을 문자 그대로 보여 줬다. 유로존 해체가 계속될 경우 유로존의 위기를 구제할 자금이 부족해질 것이다. 이 파산은 도덕적·지적 파산이기도 하다. 모든 사람이 그 사실을 알고 있고, 이 점이야말로 최근 선거들의 가장 큰 교훈이다.

최근 선거들에는 되풀이되는 뚜렷한 특징들이 있다. 중도파가 선거에서 거푸 패배하고 있다. 이들은 앙겔라 메르켈이 유럽연합의 제도적 구조로 확립하고자 하는 긴축정책을 지지했고 지금 그 역풍을 맞고 있다. 좌파와 우파로의 양극화도 더욱 심해졌다.

매우 소름끼치게도 여러 곳에서 극우가 성공을 거두고 있다. 그리스 총선에서 7퍼센트를 득표한 황금새벽당은 점잖은 척하는 [프랑스 국민전선 류의] 유로파시스트가 아니다. 이들은 길거리 싸움도 마다하지 않는 강경 나치다.

그러나 급진 좌파도 성장하고 있다. 내가 주목하고자 하는 것은 바로 이들이다. 그리스의 시리자(급진좌파연합)야말로 가장 분명한 사례다. 시리자는 이번 그리스 총선에서 16.8퍼센트를 득표했다. 한 여론 조사에 따르면 6월에 재선거를 치를 경우 25퍼센트 이상을 득표할 거라고 한다.

게다가 지난달 프랑스 대선에서는 좌파전선의 장뤼크 멜랑숑이 11.01퍼센트를 득표했다. 다른 사례들도 더 있다. 네덜란드 정부는 유럽연합의 신재정협약 합의에 따른 긴축정책의 부담 탓에 최근 붕괴했다. 그러나 여기에서도 가장 높은 지지를 받고 있는 것은 갑작스레 집권 연정에 대한 지지를 철회한 우파 포퓰리스트 헤이르트 빌더르스가 아니라, 급진 좌파인 사회당이다.

이렇듯 떠오르고 있는 좌파의 정치는 무엇인가? 조금 과하게 단순화하자면, 그것은 본질적으로 이런저런 부류의 좌파 개혁주의라고 할 수 있다. 시리자에 극좌 그룹들도 포함돼 있는 게 사실이지만, 핵심 세력인 시나스피스모스는 그리스 공산주의 운동에서 좀 더 타협적이고 친서방적인 분파에 그 뿌리를 두고 있다. 멜랑숑은 1997~2002년 집권한 재앙적 좌파 연정에서 장관을 지낸 뒤 프랑스 사회당 내의 좌파를 이끌고서 당을 뛰쳐나온 인물이다. 더욱이 그가 속한 좌파전선에서 가장 세력이 강력한 것은 프랑스 공산당이고, 그 당은 지난 수십 년 동안 사회당 꽁무니만 쫓아다녔다.

프랑스 대선의 두드러진 특징 하나는 혁명적 좌파들이 거둔 저조한 성적이다. 혁명적공산주의자동맹LCR 후보였던 올리비에 브장스노는 2002년과 2007년 대선에서 공산당 후보보다 더 많은 표를 얻었다. 노동자투쟁LO도 아를레트 라기예가 대선 후보로 나선 시절에는 대중의 큰 주목을 받았다. 그러나 이번 대선에서 브장스노가 속한 반자본주의신당NPA 후보와 노동자투쟁의 후보 모두 멜랑숑에 가려서 빛을 잃었다.

좌파 개혁주의 정당들이 긴축 반대에 앞장서는 것은 그리 놀라운 일이 아니다. 좌파 개혁주의자들은 주류 사회민주주의가 우경화하면서 생긴 공백을 메우고 있다. 영국 노동당과 프랑스 사회당은 신자유주의를 수용한 탓에 지금은 "사회자유주의자들"로 불리고 있다. 멜랑숑, 시리자의 대표인 알렉시스 치프라스, 영국의 조지 갤러웨이 같은 인물들은 전통적인 사회민주주의 유권자들의 분노를 친숙한 개혁주의 언어로 또렷하게 표현함으로써 표를 얻고 있다. [영국 노동당 대표] 에드 밀리밴드와 [프랑스의 사회당 정부를 이끄는] 프랑수아 올랑드도 당의 메시지를 바꿔서 이런 분노에 호응하려 들지만, 사회자유주의와 단절하지 않으려 하므로 자기 왼편에 거대한 공백을 만들고 있다.

아무튼 긴축에 맞선 저항 덕택에 주류 사회민주주의 정당이든 그보다 더 급진적인 경쟁자들이든 둘 가운데 하나가 집권할 테지만, 양쪽 모두 독일 정부와 금융시장과 협조하라는 커다란 압력을 받을 것이다. 그리스 총선이 끝난 뒤 치프라스는 "야만적"인 긴축 프로그램의 폐기를 요구하는 멋진 연설을 했다. 그러나 그 뒤 곧바로 유럽연합 집행위원장과 유럽의회 의장 앞으로 훨씬 덜 공격적인 내용의 편지를 써서 보냈다.

이런 모순적 성격은 모든 개혁주의에 고유한 것이다. 개혁주의는 자본주의에 대한 노동자들의 저항을 표현하려 하지만 동시에 그런 저항이 체제의 테두리를 벗어나지 못하게 제약하려 든다. 그러나 그런 모순이야말로 혁명적 좌파를 건설해야 할 뚜렷한 이유이기도 하다. 혁명적 좌파는 지금 이처럼 유럽을 휩쓸고 있는 거대한 운동의 일부여야 하지만 자신의 정치적 독자성도 유지해야 한다.

그리스, 진짜 전투는 선거 후에 벌어질 것이다

———

2012년 5월 6일 그리스 총선에서 시리자가 16.8퍼센트를 득표해 의석수가 4배로 늘었다. 우파인 신민주당이 정부 구성에 실패해 열리게 된 6월 17일 재선거가 중요해졌다. 5월 29일, 캘리니코스는 시리자를 비롯한 여러 그리스 좌파 세력의 특징을 분석하며 선거 후에 결정적 전투가 벌어질 것이라고 예측했다.

전 세계의 이목이 그리스에 집중돼 있다. 상투적 표현이긴 해도 그것이 진실이다. 부르주아 경제학자, 혁명적 마르크스주의자 할 것 없이 다들 시시각각 바뀌는 그리스 여론조사 결과에 촉각을 곤두세우고 있다. 그 이유는 간단하다. 그리스 대중이 자국 정부와 유럽연합·IMF 간에 체결된 양해각서에 따라 자신들에게 강요되는 긴축 프로그램을 거부한다는 사실이 5월 6일 선거 결과로 드러났기 때문이다.

그리스 대중의 거부 의사는 주로 시리자를 통해 표출됐다. 시리자의 대표인 알렉시스 치프라스는 긴축 프로그램을 "야만적"이라고 비난했고 유럽연합·IMF 양해각서에 찬성하는 정당과의 연립정부 수립을 거부했다. 그 결과 그리스는 6월 17일에 다시 선거를 치르게 됐다.

여론조사 결과를 보면 시리자는 주요 우파 정당인 신민주당과 박

빙의 승부를 벌이고 있다. 이번 승부에는 엄청난 판돈이 걸려 있다. 만약 시리자가 양해각서에 반대하는 연립정부를 구성하게 된다면 유럽중앙은행은 그리스 은행에 자금 지원을 중단할 수도 있는데, 그렇게 되면 그리스의 전면적 디폴트(채무불이행)와 유로존 탈퇴를 촉발할 수 있다.

그러나 급진 좌파 진영에는 시리자만 있는 것이 아니다. 아직까지 남아 있는 스탈린주의 조직 가운데 가장 큰 축에 드는 그리스공산당KKE은 조직 노동계급에 깊이 뿌리내리고 있다. 그리스공산당은 또한 대단히 종파적이다. 공산당 사무총장 알레카 파파리가는 지난 선거 이후 시리자와의 회동을 거부하는 등 종파적 행보로 지지율 하락을 자초하고 있다.

그 밖에 안타르시아(그리스반자본주의좌파연합)도 있다. 안타르시아는 마오쩌둥주의나 트로츠키주의 배경을 지닌 극좌파 조직들의 연합체인데, 그 안에서는 공산당에서 분열해 나온 신좌파경향NAR과 영국 사회주의노동자당의 자매 조직인 그리스 사회주의노동자당 SEK의 비중이 가장 크다. 안타르시아는 그리스의 디폴트와 은행 국유화, 노동시간 단축, 유로존 탈퇴를 요구하는 차별화된 강령을 내세운다. 이는 그리스 공산주의 운동 내에서 유럽연합에 친화적인 편인 시나스피스모스가 주도하는 시리자와는 극명히 대비되는 부분이다. 안타르시아는 지난 총선에서 1.2퍼센트를 득표했다. 이전보다는 올랐지만 의회에 진출하기에는 부족한 득표율이다. 안타르시아는 6월 17일 선거에도 나온다. 그러나 안타르시아의 불출마를 요구하는 목소리들이 그리스 안팎에서 터져 나오고 있다.

불출마론자(그 가운데는 안타르시아의 유로존 탈퇴 요구를 지지하는 사람들도 있다)들은 일단 시리자가 집권하면 더 좌경화해서 유럽연합에 맞서 싸울 것이라 한다. 어쩌면 그럴지도 모른다. 그렇지만 거기에 믿음을 걸어야 할 이유를 나는 모르겠다. 치프라스는 5월 24일에 방영된 뉴스 인터뷰에서 시리자가 집권하면 독일과 그 동맹 세력들도 한발 물러설 것이라고 말했다. 그러나 IMF 총재 크리스틴 라가르드의 메시지는 이와 사뭇 다르다. 그는 최근 〈가디언〉에 실린 인터뷰에서 이제 그리스가 "대가를 치를 때"라고 냉혹하게 말했다.

이 논의들은 대부분 선거적 관점에서만 이뤄지고 있다. 2008년 12월 이래 그리스는 유럽에서 한 세대 만에 가장 치열한 사회적 투쟁이 불타오른 곳이다. 긴축정책 때문에 총파업이 17번 벌어졌고 그 밖에 더 많은 전국적·지역적 수준의 파업과 점거가 일어났다. 그리스를 좌경화시킨 것은 바로 이런 투쟁들이다. 시리자는 선거를 통해 반사이익을 얻기는 했지만 긴축 반대 운동을 이끌지는 않았다. 노동조합들은 전통적으로 주류 사회민주주의 정당인 그리스 사회당 PASOK의 통제 아래 있었는데, 이제 사회당의 통제력은 와해됐다. 그래서 현장에서는 공산당과 안타르시아 활동가들이 훨씬 중요한 구실을 해 왔다.

나는 안타르시아가 많은 표를 얻을 것으로 기대하지는 않는다. 그렇지만 안타르시아가 선거에 나온다면 진짜 투쟁을 이끌고 있는 사람들의 목소리 일부를 정치적으로 대변할 수 있을 것이다(이제 이 '진짜 투쟁'에는 파시스트 정당인 황금새벽당에 맞선 대대적 공세도 포함돼야 할 것이다). 안타르시아는 또한 시리자를 지지하는 사람들과도 협력하고 대화할 의지가 있으며, 또 그렇게 해 왔음을 분명히 밝혔다. 안타르시아의 목소리가 클수록 시리자도 그리스에 영원한 긴축을 강요하려는 세력들에 맞서 굳건히 싸워야 한다는 압력을 더욱 강하게 받을 것이다. 결정적 전투는 선거가 끝나고 벌어질 텐데, 여기서 안타르시아는 실로 중요한 구실을 수행하게 될 것이다.

유럽연합 집행위원장 임명을 둘러싼 소동

2014년 5월 유럽의회 선거가 끝난 뒤, 유럽연합 집행위원장에 장클로드 융커를 임명하는 문제를 놓고 유럽 지배자들 사이에서 소동이 일어났다. 좌파 일각에서도 유럽의회 선거 결과를 반영해 융커를 임명하는 것이 민주적이라는 주장이 나오자 6월 10일, 캘리니코스가 반박 논평을 내놓았다.

유럽연합 집행위원장에 장클로드 융커가 되든 말든 대관절 무슨 상관인가? 이 거만하고 별 능력도 없는 인물은 18년 동안 룩셈부르크 총리였다. 조세 도피처로 유명한 룩셈부르크의 수장이었다는 것은 그가 유럽연합 내 강대국들의 말을 얼마나 고분고분 따를지 보여 준다. 그래서 그는 2005~2013년에 유로그룹(유로화를 사용하는 나라들의 모임) 의장을 지낼 수 있었다. 그는 의장으로서 2010년 이후 유로존 곳곳에 긴축을 강요하는 데 일조했다.

2013년 룩셈부르크 유권자들이 그를 총리 자리에서 쫓아내자, 융커는 더 화려한 경력을 추구했다. 2014년 5월 유럽의회 선거에서 그는 [유럽의회 내 각국 보수당 연합인] 유럽국민당그룹EPP의 집행위원장 후보로 공천받았다. 유럽국민당그룹은 유럽의회 내 가장 큰 세력이지만, 이번 선거에서 자신들보다 더한 우파들에게 표와 의석을 빼앗겼다.[*] 그런데도 유럽국민당그룹은 자신들이 선거에서 승리했고 유럽연합 정상들이 융커를 집행위원장으로 임명해야 한다고 주장한다.

[영국의 보수당 총리] 데이비드 캐머런은 왜 융커를 임명하는 것에 반대하는가? 융커는 유럽연합을 연방 국가로 바꾸려 한다. 따라서 융커에 반대하면 유럽연합을 싫어하는 당내 평의원들과 언론의 환심을 살 수 있다. 캐머런의 처지에서는 자신이 유럽에 영향력을 행사한다는 것을 과시하는 게 절박하다. 유럽연합의 실권자인 독일 총리 앙겔라 메르켈은 캐머런을 돕고 싶어 한다. 그러나 메르켈은 국내에서 격렬한 반대에 부딪히고 있다. 독일의 주요 정당들은 융커 임명을 지지한다. 독일의 유력지 〈슈피겔〉은 심지어 영국에게 "게임의 규칙을 따르기 싫으면 떠나라"고까지 했다.

이제 철학자 위르겐 하버마스, 신노동당 사회학자 앤서니 기든스를 포함한 한 무리의 중도 좌파 지식인들이 융커 옹호 진영에 가세했다. 6월 초 〈가디언〉 등에 기고한 공개 편지에서 이 사람들은 2007년 리스본 조약의 정당성을 들먹이며, 융커를 임명하는 것이 "유럽 시민들에게 주권을 돌려주는 것"이고 이번 유럽의회 선거는 "유럽연합에서 민주주의 정치의 탄생을 알렸다"고 주장했다.

이것은 여러모로 말도 안 되는 소리다. 이 유명한 지식인들께서는 "유럽 시민" 대부분이 융커가 누군지도 모른다는 사실은 애써 눈감는다. 그리고 유럽의회 선거에서 많은 "유럽 시민"은 정도의 차이는

---

[*] 프랑스에서 파시스트인 국민전선이 1위를 했고, 중도 좌파인 사회당은 3위로 밀려났다. 그리스에서도 급진 좌파 정당 시리자가 1위를 했고, 중도 우파 신민주당은 2위로 밀려났으며, 나치 조직인 황금새벽당이 10퍼센트가량 득표했다. 이 선거는 중도파의 몰락과 정치적 양극화를 극명하게 드러냈다.

있지만 유럽연합에 적대적인 정당들에 표를 던졌다.

리스본 조약에 대해서도 한마디해야겠다. 그 조약은 2005년 프랑스와 네덜란드 국민투표에서 큰 표 차이로 부결됐던 유럽헌법을 다시 포장해서 내놓은 것이다. 리스본 조약을 놓고 딱 한 곳에서만 국민투표를 실시했는데 아일랜드였다. [다른 나라들은 국민투표를 피하려고 국회 비준으로 대신했다.] 그러나 2008년에 그 또한 부결됐다. 융커와 유럽연합의 엘리트들은 한 번 더 국민투표를 해야 한다고 주장했다. 그리고 두 번째 국민투표 때에는 유로존 경제 위기를 이용해 아일랜드 유권자들에게 찬성표를 찍으라고 협박했다. 이런 식으로 깡패 짓을 일삼았기 때문에 오늘날 유럽 전역에 걸쳐 유럽연합에 반대하는 목소리가 커졌다.

어떤 점에서 융커를 둘러싼 이번 소동은 별로 실질적이지도 않다. 유럽의회는 별다른 권한이 없고, 유로존 위기를 거치면서 유럽연합 집행위원장 조제 마누엘 바호주는 메르켈과 다른 유럽 강대국 지도자들의 심부름꾼으로 전락했다.

그러나 그리스 시리자의 대표 알렉시스 치프라스까지 나서서 융커를 옹호하는 것은 정말 놀랍다. 불과 몇 주 전에 융커는 치프라스는 그리스 총리감이 아니라고 말했다. 치프라스는 유럽좌파정당(유럽의회 내 많은 주류 좌파 정당들의 연합체)의 집행위원장 후보이기도 하다.

그러면 왜 지금 치프라스는 오른쪽 뺨에 이어 왼쪽 뺨까지 내밀고 있는 것일까? 융커는 광적으로 그리스에 긴축을 강요했다. 한 정상회담에서는 그리스 아테네 사람들이 유럽연합이 시키는 대로 따르지 않으면 이렇게 될 것이라면서 칼질하는 시늉도 했다.

2011~2012년 위기가 정점에 달했을 때, 시리자는 그리스가 유로존을 떠나야 한다고 주장하기를 거부했다. 그 대신 유럽연합을 개혁해 긴축을 물리칠 수 있다고 주장했다. 이제 치프라스는 유럽연합이라는 정글에 우글대는 맹수들에게 자신은 게임의 룰을 따를 것이라고 안심시키려는 듯하다. 이는 결과적으로 극우파가 유럽연합에 반대하는 목소리를 독점하도록 해 줄 것이다.

시리자의 타협은 긴축을 끝낼 수 없다

2015년 1월 말 그리스 총선에서 시리자가 승리해 마침내 집권했다. 그러자 유럽연합 지배자들은 긴축을 받아들이도록 압력을 넣었고, 시리자 정부는 공약을 어기고 거듭 타협하고 후퇴했다. 4월 28일, 캘리니코스는 이런 타협을 비판했다.

유럽연합 지배자들은 성가신 그리스에 점점 더 심하게 짜증을 내고 있다.

〈파이낸셜 타임스〉에 따르면, 4월 24일 열린 유로존 재무부 장관 협의체인 유로그룹 회의에서 각국 재무부 장관들은 "그리스 재무부 장관이 기존 약속을 뒤집으려 하며 서로의 심각한 견해차를 이해하지도 못한다고 성토했다." 급진 좌파 정당 시리자가 석 달 전 총선에서 압승을 거두며 집권하자 평소에는 그리스에 대해 좀 더 균형 잡힌 보도를 하던 〈파이낸셜 타임스〉가 시리자 정부를 겨냥해 홍수처럼 기사를 쏟아 내고 있다. 그리스 좌파 장관들의 이력을 적대감 넘치는 논조로 다루는 기사도 있었고, 심지어 시리자가 테러리즘에 관대하다는 기사도 있었다.

최악의 기사는 크리스 자일스의 "그리스 같은 문제아를 다루는 방법"이었다. 자일스는 〈파이낸셜 타임스〉에서 긴축 찬성파의 수장

노릇을 하는 듯하다. 2014년 그는 프랑스 경제학자 토마 피케티가 선진 자본주의 세계에서 경제적 불평등이 증가하고 있음을 보이려 사용한 통계 수치들의 신뢰를 떨어뜨리려 어설프게 헐뜯은 적이 있다. 자일스는 4월 17~18일 워싱턴에서 열린 IMF 총회 참석자들의 정서를 이렇게 요약했다. "지난 2월 큰 틀에서 합의한 이후 대화를 피하는 그리스의 행동을 아무도 이해하지 못한다. 참석자들은 그리스의 태도가 유치하다고 했다. 많은 사람들이 개인적으로 이렇게 말했다. '그리스 당국자들은 떼쓰는 어린아이 같아요.'" 이렇게 지독히 오만한 태도를 보고 있으면, 사람들이 긴축을 밀어붙이는 유럽연합과 엘리트들에게 왜 저항하는지 잘 이해할 수 있다.

이런 태도의 논리적인 귀결은 반민주적인데, 〈파이낸셜 타임스〉가 4월 초에 보도한 기사에서 확인할 수 있다. "몇몇 유로존 재무부 장관들을 포함해 많은 유럽연합 관리들은 개인적으로 넌지시 말한다. 그리스 총리 알렉시스 치프라스가 시리자에서 극좌파들을 솎아 내야만 구제금융 협상이 타결에 이를 수 있다고 말이다. 이 생각은 치프라스 씨가 새 연립정부를 구성해야 한다는 뜻이다. 그 대상은 그리스의 전통적 중도 좌파 정당이자 지금 굉장히 궁지에 몰려 있는 사회당PASOK과 신생 중도 좌파 정당으로 1월 총선에 처음 출마한 포타미(그리스어로 '강'이라는 뜻)다."

황당하리만큼 멍청한 소리다. 시리자의 총선 득표율은 3퍼센트에서 36퍼센트로 치솟았는데, 치프라스에게 이런 성과를 모두 내버리고 유럽연합, 독일 정부, 유럽중앙은행의 명령을 따라 낙오자들과 동맹을 맺으라는 말이기 때문이다. 주류 사회민주주의 정당인 사회당은 1월 총선에서 사실상 붕괴해 버렸다.

시리자 정부가 추구하는 전술은 결코 비이성적이지 않다. 2월 20일 그리스 재무부 장관 야니스 바루파키스가 서명한 합의문에 따르면, 시리자 정부는 전임 정부가 맺은 [긴축] 양해각서 내용을 계속 이행해야 한다. 이 합의에서 그리스 정부는 신자유주의적 '개혁'을 추진하고 채무를 이행하기로 했다. 시리자 정부는 그 대가로 그리스로 돈이 계속 유입되기를, 특히 유럽중앙은행이 그리스 은행들에 돈을 계속 공급해 주기를 바랐다. 문제는 이 합의 때문에 긴축을 지속해야 하고, 시리자가 야당 시절에 공약한 진정한 개혁을 내버려야 한다는 것이다.

물론 치프라스와 바루파키스는 이 점을 인정하지 않을 것이다. 바루파키스가 기회 있을 때마다 긴축이 얼마나 어리석은 정책인지 장광설을 늘어놓는 것은 유럽연합 지배자들의 귀에 거슬릴지 몰라도 대중을 속이는 것이다. 그러는 와중에 그리스 정부는 IMF와 유럽중앙은행 등 불한당들에게 갚을 돈을 박박 긁어모으고 있다. 그것도 가뜩이나 예산이 모자란 공공 부문에서 말이다.

시리자가 집권 전에는 중단하겠다고 했던 피레아스 항구 민영화는 지금 진척되고 있다.* 게다가 얼마 전에는 우파적 국방부 장관 파노스 카메노스가 5억 4000만 달러짜리 P-3B 오라이온 해상 초계기 개량 사업을 미국 군수업체 록히드마틴과 계약했다. 이는 2006년 이래 그리스가 맺은 최대 규모의 군수 계약이다. 이로써 그리스 해군은 [지중해를 건너는] '불법 이민자'를 더 효율적으로 단속할 수 있게 됐다.

---

* 2016년 시리자 정부는 중국원양운수(COSCO)에게 지분의 대부분을 매각했다.

시리자가 '기관들'(최근 들어 IMF, 유럽중앙은행, 유럽연합 집행위원회를 부르는 말)의 요구를 수행할 수 있음을 입증하겠다는 치프라스의 의지는 확고하다. 바루파키스가 희생될지도 모른다는 소문도 돈다. 분명히 치프라스는 그 대가로 긴축을 완화할 재량권이 자신에게 하사되기를 바랄 것이다. 그러나 이 전략은 그리스 서민의 고통이 계속되는 것을 뜻한다.

---

* 　바루파키스는 이 글이 발표될 무렵 구제금융 협상단 대표 자리에서 경질됐고 7월에 장관직에서도 물러났다.

시리자 좌파는 합의안에 반대해 싸워야 한다

2015년 7월 5일 그리스 국민투표에서 유럽연합 지배자들이 구제금융의 조건으로 내건 긴축안이 부결됐다. 그러나 며칠 뒤 시리자 정부는 더 가혹한 긴축안을 받아들였다. 이 배신에 많은 사람이 실망했으며 당내 좌파도 반발했다. 8월 4일, 캘리니코스는 시리자 좌파가 당 바깥의 좌파와 단결해 합의안 반대 투쟁을 해야 한다고 주장했다.

그리스 총리 알렉시스 치프라스가 7월에 유럽연합에 굴복했으니 그리스 위기가 끝날 것이라고 보는 사람이 있다면 그는 착각하는 것이다. 안타깝게도 지금의 그리스 위기는 유럽 지배자들이 벌이는 짓 때문에 생겨난 것이지 시리자의 저항 때문이 아니다. 7월 5일에 치러진 국민투표에서 거의 62퍼센트가 긴축을 거부했는데도 시리자 정부는 굴복했다.

시리자의 주된 전략은 유럽연합의 지배적 세력과 합의해 자신들의 강령을 시행하는 것이었는데 이는 공상에 불과했다. 전임 그리스 재무부 장관 야니스 바루파키스가 7월 5일 국민투표 직후 사임한 뒤 쏟아 낸 인터뷰를 보면 시리자는 전술적 오류도 저질렀다. 치프라스와 바루파키스는 순진하게도 그들이 유럽연합과 정치적 수준에서 타협점을 찾으면 구제금융의 구체적 항목은 비교적 수월하게 처리할 수 있을 것이라고 상상했다. 그러나 유럽연합은 이런 식으로 작동하지 않는다. 유로존 재무부 장관들의 협의체인 유로그룹은 '전문가'들의 이른바 '기술적' 논의를 더 우선시한다. 그러고는 그런 '기술적' 논의를 이용해 구제금융 대상자 자신이 예상했던 것보다 더 심한 긴축으로 몰아넣는다.

국제 채권단은 유럽중앙은행, 유럽연합 집행위원회, IMF로 구성된 '트로이카'였는데, 이제는 여기에 유럽안정화기금ESF도 포함됐다. 이 기구들은 최근 그리스에 구제금융(사실은 그리스가 채권단에 갚을 돈을 빌려주는 것) 850억 유로[약 108조 원]를 줄 것인지를 논의하고 있다. [협상차] 그리스 아테네로 온 이 '콰르텟'(4인조)의 대표자들은 더 많은 것을 얻어 내려고 바삐 움직이고 있다. 이 패거리의 내부에 균열이 있는 것은 사실이다. IMF는 이제 채권단이 [그리스] "채무 경감에 동의"할 때까지는 그리스에 대한 3차 구제금융에 참가하지 않겠다고 말한다. 이는 2010년 유로존 위기가 시작된 이래 명확했던 사실, 즉 그리스가 빚을 감당할 수 없다는 사실을 확인해 준다. 그렇지만 독일이 이끄는 유로그룹의 다수파는 "채무 재조정"에 격렬히 반대한다. 2010년에는 [독일 총리] 메르켈이 손수 나서서 유로존 채무국들에 대한 구제금융에 IMF가 참여해야 한다고 주장했었다.

한편, 메르켈이 임명한 독일 재무부 장관 볼프강 쇼이블레는 그리스에 구제금융을 주는 것을 훼방하고 있다. 그는 그리스를 유로존에서 (일시적으로나마) 쫓아낸다는 자신의 구상을 포기하지 않았다. 그는 바루파키스에게 다음과 같이 말했다. '그렉시트'(그리스의 유로존 탈퇴)를 이용해, 유럽연합이 각국의 지출과 차입에 대한 감독권을 강화하는 조처를 프랑스와 이탈리아가 수용하게 만들려 한다고 말이다.

이런 내부적 차이들이 있지만 '콰르텟'은 민영화, 연금 삭감, 부가 가치세 인상 같은 신자유주의 '개혁'을 강화하고 시리자가 시행한 개혁을 뒤집으라고 요구하는 데서는 한목소리다. 긴축 말고는 대안이 없다고 여기게 하기 위해 평범한 그리스인들의 고난이 계속돼야 한다고 보는 데서도 한통속이다.

한편 치프라스는 당내 좌파들의 도전을 물리치는 데 일단은 성공했다. 시리자 중앙위원 200명 가운데 109명이 [7월 13일 시리자 정부와 유럽연합 사이의] 합의안에 반대하는 성명에 서명했었다. 그리고 1월 총선에서 시리자가 승리한 이래 좀처럼 열리지 않았던 중앙위원회가 드디어 7월 30일에 열렸다. 치프라스는 이 회의에 앞서 좌파들을 무책임한 작자들이라고 강하게 비난하며 당내 반대파를 수세적으로 만들었다. 그런 비난 중에는 [7월 15일] 긴축안의 의회 통과에 항의해 국회의사당 앞에서 벌어진 시위에 참가했다가 연행된 외국인 시위대를 공격하는 내용도 포함됐다. 중앙위원회에서 치프라스는 필요하면 당원 총투표라도 시행하겠다며 합의안을 반대하는 것은 지도부 불신임과 다름없다고 으름장질렀다. 그는 이렇게 말했다. "정부나 총리를 바꾸고 싶은 사람이 있으면 말하시오." 중앙위원회는 3차 구제금융 합의안에 일단 서명한 뒤에 특별 당대회를 개최해 그 내용을 논의하기로 거수투표를 통해 결정했다. [당초 시리자 내 좌파연대는 3차 구제금융을 위한 협상 자체에 반대하며 즉각적 특별 당대회 소집을 요구했다.]

좌파연대의 파나요티스 라파자니스와 국회의장 조이 콘스탄토풀루 등 시리자 좌파는 훌륭한 연설을 통해 정부를 분명하게 비판해 왔다. 그렇지만 라파자니스 등 구제금융 합의에 반대하는 좌파 장관들은 [치프라스에 의해 장관직에서] 해임될 때까지 가만히 앉아 기다리기만 했다. 그리스 사회주의노동자당은 이렇게 비판했다. "좌파연대는 '다원주의를 통한 당내 단결'을 목표로 하므로 당내 절차를 넘어서는 수단을 강구하지 않고 '시리자 내 균형을 맞추는 세력' 이상의 구실은 하지 않으려 한다."

7월 5일 국민투표에서 긴축 거부 의사를 밝힌 유권자들을 누가 대표할 것이냐를 두고 치프라스와 좌파들 사이에서 투쟁이 벌어지고 있다. 좌파연대가 구제금융 합의에 반대해 그리스 사회주의노동자당 등 안타르시아 소속 단체들과 단결해야만 좌파가 승리할 수 있다.* 핵심 전장은 거리와 작업장이 될 것이다.

---

* 좌파연대는 결국 시리자를 탈당했으나 안타르시아와 별개로 2015년 8월 민중연합이라는 독자 정당을 결성했다. 창당 초기에는 상당한 기대를 모았으나 갈수록 종파적이고 배타적인 태도를 보이며 지지를 많이 잃었다.

카탈루냐 독립 갈등이 보여 주는 것

2017년 10월 1일, 스페인 카탈루냐 자치 정부가 분리 독립 여부를 묻는 주민투표를 실시했다. 스페인 중앙정부는 무장 병력을 투입해 탄압했고, 카탈루냐 노동자들은 총파업으로 맞섰다. 10월 9일, 캘리니코스는 스페인 정부의 카탈루냐 독립운동 탄압의 배후에 유럽연합을 지탱하려는 지배자들의 노력이 있다고 주장했다.

"치안수비대 입대는 내란 선포 행위다." 스페인 내전이 벌어진 1936년에 스페인 소설가 라몬 센데르는 이렇게 썼다. [당시] 준 군사 조직이었던 치안수비대는 부패한 부르봉 왕가가 19세기에 창설한 억압 기구였다. 치안수비대는, 내전에서 승리한 후 1939~1975년에 스페인을 지배한 프란시스코 프랑코 독재 정권의 상징이 됐다.

10월 1일 카탈루냐 분리 독립 투표를 중단시키려 치안수비대를 파견한 스페인 현 총리 마리아노 라호이가 치안수비대의 상징성을 몰랐을 리 없다. 어쨌든 라호이가 속한 국민당은 프랑코 내각에서 장관이었던 마누엘 프라가가 설립한 정당인 것이다.

물론 국민당 지지자들은 국민당이 자유민주주의 정당이며 악랄한 프랑코 독재와는 아무 연관도 없다고 재빨리 주장할 것이다. 이는 부분적으로만 진실이다. 국민당은 [프랑코 독재 이전으로까지 거슬러 올

라가는] 18~19세기 부르봉 왕가 치하에 뿌리내린 카스티야* 중심주의
를 옹호한다. 이 카스티야 중심주의는 카스티야 외의 지역, 특히 카
탈루냐와 바스크의 [자주적] 권리를 억압하는 것이기도 했다. [이전 세
기에 횡행했던] 이런 억압이 20세기 초 마드리드에서 다시 만연했다.
카탈루냐와 바스크는 [스페인 다른 지방보다] 경제적으로 발전하면서 점
점 자치권이나 독립을 요구하게 됐다. 이는 스페인 국가의 위기를 더
욱 심화시켰고, 결국 내전이 발발했다. 프랑코는 바스크와 카탈루냐
의 민족주의를 특히 혹심하게 탄압했다.

　최근 카탈루냐 탄압을 정당화하는 근거로 현재 스페인 의회 민주
주의의 근간이 된 1978년 헌법이 제시된다. 그런데 이 1978년 헌법
은 "스페인 국가의 불가분의 통합"과 "스페인을 구성하는 민족·지역
들의 자치권"을 모두 선언하는, 매우 모순적인 법이다. 이 헌법은 프
랑코 시대와 "협상을 통해 단절"하면서 스페인 국가와 스페인 자본
주의의 골간을 그대로 유지하려 노력한 특정 상황에서 도출된 산물
이었다. 이 헌법 제정을 둘러싸고 머리를 맞댄 것은 세 부류의 매우
비민주적인 자들이었다. 첫째 부류는 프랑코주의 정치 운동을 현대
적으로 펼치려는 자들로 전 총리 아돌포 수아레스가 이들을 대변했
다. 둘째 부류는 군부였으며, 셋째 부류는 당시에 가장 강력한 좌파
정당이었던 스페인공산당이었다. 바스크와 카탈루냐의 민족주의 운
동이 프랑코 독재에 맞서 투쟁했기 때문에, 스페인 국가는 두 민족
에게 자치권을 보장해야 했다. 그러나 스페인의 "[카탈루냐와 바스크 지

---

*　카스티야왕국 11세기에 세워진 왕국. 오늘날 스페인의 수도 마드리드를 포함하는
　중부 지역에 존재했고 이후 다른 왕국을 통합해 스페인 통일을 주도했다.

방을 포함한] 온전한 영토를 수호"할 임무는 계속 군부에 맡겨졌다.

바스크 지방에서 이 타협에 맞서 오랫동안 게릴라 투쟁이 벌어졌음에도 이런 타협은 결국 굳어졌다. 스페인은 유럽연합의 중추적 국가가 됐다. 그러나 스페인과 유럽연합 정치인들이 [공히] 과시했던 스페인과 유럽의 [끈끈한] 연계가 외려 [유럽연합의] 패착이 될 수도 있다.

카탈루냐는 스페인 전체에서 경제적으로 가장 중요한 지역으로, 국민소득의 20퍼센트가 이곳에서 나온다. 그러나 스페인 다른 지역과 마찬가지로 카탈루냐 역시 라호이가 집행한 혹독한 긴축정책에 시달려 왔다. 라호이는 총리가 된 2011년 이래로 유럽연합 집행위원회와 유럽중앙은행의 지침을 매우 충실히 이행해 왔다. 또 [야당일 때부터] 라호이와 국민당은 [중도 좌파 정당인] 사회당이 이끌던 전 정부가 카탈루냐·바스크와 벌인 협상으로 더 많은 자치권이 보장될 것이라며 맹렬히 반발해 왔다. 그래서 카탈루냐인들은, 긴축정책을 부과하면서 동시에 자결권 인정을 거부하는 고집스러운 우파 정부와 계속 충돌해 왔다.

라호이에게는 유럽연합의 지지를 얻는 것이 중요한데, 이는 라호이가 사회당과의 타협 속에서 소수 여당 총리 자리를 부지하고 있기 때문이다. 그리고 유럽연합 집행위원회 수석 부위원장 프란스 티메르만스는 [카탈루냐 분리 독립 운동을 탄압하는 중앙정부의] 진압 부대가 "물리력을 적정 수준으로 사용"하는 것을 지지하고 나섰다. 티메르만스가 이렇게 말한 이유는 분명하다. 10월 6일 〈파이낸셜 타임스〉가 불평했듯 "카탈루냐 위기는 유럽 질서에 위협이 되고 있다. … 유로존의 국가 부채와 은행 위기 때문에 수십 년 동안 유지돼 온 유럽통합의 기틀이 무너질 위기에 처한 것과 꼭 마찬가지로, 카탈루냐 민족주의자들이 독립 요구로 압박하면 … 온갖 문제들이 들어 있는 판도라의 상자가 열릴 위험이 있다."

그러나 라호이의 깡패 전술은 벌써부터 역풍을 낳고 있다. 그리스 사태와 브렉시트에 이어 카탈루냐 분리 독립을 둘러싸고 벌어진 갈등은 부패한 신자유주의적 유럽 '질서'가 얼마나 취약하고 비민주적인지를 보여 주는 최신 사건이다.

유럽연합 vs 영국 어느 쪽도 진보적이지 않다

영국의 유럽연합 탈퇴 조건을 논의할 유럽연합 정상회담을 이틀 앞둔 2017년 10월 17일 발표한 논평이다. 캘리니코스는 유럽연합과 영국의 갈등이 무엇을 보여 주는지 설명하고 어느 한쪽을 지지해서는 안 된다고 주장했다.

10월 19일로 예정된 유럽연합 정상회담 이후에도 브렉시트 협상은 십중팔구 진척이 없을 것이다. 상황은 단순하다. [브렉시트 뒤로도] 유럽연합에 남을 회원국 27곳은 탈퇴 협상의 대가로 영국에게서 돈을 최대한 많이 뜯어내려 한다.

그 돈이 있으면 유럽연합은 (유럽연합 내부의 분열을 초래하는) 재정지출 대폭 감소를 피할 수 있을 것이다. 유럽연합은 영국 총리 테리사 메이가 돈을 토해 내겠다고 한 뒤에야 브렉시트 이후 영국과 유럽의 무역 관계에 대한 논의를 하려 한다. 이는 그 돈을 얻어 내기 위한 의도적 행동이다. 정반대로, 메이는 실질적 무역 협상을 시작하고 나서 돈 얘기를 하고 싶어 한다. 그래야 그 돈을 바라는 유럽연합이 영국에 우호적인 협상안을 내놓을 것이라고 보기 때문이다. 또, 아무 보장도 없이 유럽연합에 돈을 주기로 약속했다고 우파 타블로이드 신문들이 자신을 물어뜯는 상황을 피하고 싶기 때문이기도 하다.

물론 상황은 메이 자신의 약점과 보수당의 분열 때문에 매우 안 좋다. 보수당 소속의 외무부 장관 보리스 존슨과 재무부 장관 필립 해먼드가 지난 몇 주 동안 벌인 일을 보라.* 메이는 자신의 내각에 속한 친親브렉시트파나 반反브렉시트파 모두 통제하지 못하고 있다. 이를 보며 유럽연합이 거칠게 나오는 듯하다. 그러나 메이가 실각하면 그 후임은 [강경 친브렉시트파인] 존슨일 것이므로 유럽연합의 태도가 그리 영리한 것만은 아닌 것 같다.

물론 보수당 내에서 쟁투를 벌이는 모든 세력이 대처리즘 정치와 역겨운 소小영국주의적 민족주의로 뭉쳐 있다. 그렇다고 해서 자유주의 좌파가 그러는 것처럼 무턱대고 유럽연합을 지지해선 안 된다.

유럽연합 집행위원장 장클로드 융커의 말은 힘 있는 자의 오만함이 무엇인지를 여실히 보여 준다. "나는 복수심에 불타고 있는 것이 아니다. 영국을 혐오하는 것도 아니다. 유럽인들은 제2차세계대전과 전후 처리 과정에서 영국이 유럽에 해 준 일에 고마워해야 마땅하다. 그러나 지금 영국은 [브렉시트의] 대가를 치러야 한다."

융커가 카탈루냐 독립에 반대해 스페인 정부를 지지한 유럽연합의 입장을 정당화하면서 한 말도 의미심장했다. "카탈루냐가 독립하면 다른 민족도 독립하려 할 것이다. 좋지 않은 일이다. 앞으로 15년 안에 유로존 소속 국가가 100개로 늘어나는 꼴을 보고 싶지 않다." 융커는 룩셈부르크의 총리였다. 룩셈부르크는 유럽 바깥 나라에 기

---

* 존슨과 해먼드는 유럽단일시장에 접근하기 위해 유럽연합에 탈퇴 합의금을 얼마나 낼지를 두고 공개적으로 설전을 벌였다.

반한 다국적기업의 조세 도피처 구실을 주로 하는 조그만 나라다. 룩셈부르크는 유럽연합 회원국인데 룩셈부르크보다 훨씬 크고 인구도 많은 카탈루냐가 유럽연합 회원국이 되지 못할 이유가 무엇이란 말인가?

이는 유럽연합의 이데올로기가 급격하게 바뀌었음을 보여 준다. 1992년에 마스트리흐트 조약으로 유럽연합이 결성될 당시, 정치적 분권화(유럽연합의 용어로는 "보충성 원리")가 촉진될 것이라는 말이 많았다. 정치학자들은 유럽연합의 "다층적 협치" 덕분에 기존 국민국가에 속한 [자치] 지역들이 자치권을 더 많이 누릴 수 있을 것이라 주장했다. 이런 생각은 스코틀랜드나 카탈루냐 같은 곳의 민족주의 운동이 유럽연합 회원국 지위를 가진 채 독립국이 되려고 추구하는 것을 고무했다.

그러나 유럽연합이 그리스와 카탈루냐를 대하는 방식을 보면, 유럽연합은 제대로 실행될 수 없는 통화동맹을 지탱하는 데에 여념이 없는 제국주의 국가들의 카르텔임을 알 수 있다. 융커가 카탈루냐 독립을 유로화에 대한 위협이라 규정한 것을 보라.

이런 입장에는 나름의 논리가 있다. 프랑스 대통령 에마뉘엘 마크롱은 유로존의 경제적 통합을 강화하기를 바란다. 유럽연합을 지배하는 독일은 유럽연합이 긴축정책을 더 중앙집권적으로 강제하는 것만을 받아들이려 한다.

유럽연합이 감독하는 항구적 긴축 체제에서 "보충성"이 들어설

---

* 보충성 원리 유럽연합의 개입이 불필요한 경우, 소속국의 결정권을 존중해야 한다는 원리.

자리는 없다. 유럽연합 집행위원회, 유럽중앙은행, IMF의 '트로이카' 가 유럽연합 소속 채무국들에 보낸 "연대"의 결과로, 신자유주의적 기술관료(테크노크라트)들이 채무국들에 감 놔라 배 놔라 하는 것을 우리는 똑똑히 봤다. 이런 더 큰 변화에 견주면 브렉시트는 새 발의 피처럼 보인다.

영국은 경제 규모가 세계 5위인 제국주의 열강이다. 영국은 자기 자신을 돌볼 만큼은 강력하고 추잡하다. 브렉시트 협상에서 유럽연합과 대립하는 영국에 공감할 이유는 전혀 없다. 그렇다고 해서 이 추잡한 결별에서 유럽연합이 진보적인 편이라 여기는 것도 자기기만이다.

유럽 중도정치에 균열이 생기고 있다

2017년 12월 19일, 캘리니코스는 독일 총선 결과, 브렉시트 협상 과정, 스페인 카탈루냐 독립 요구를 둘러싼 갈등, 영국 노동당 제러미 코빈의 부상을 살펴보며 유럽에서 사회·정치 양극화와 그에 따른 중도파의 위기가 계속되고 있다고 주장했다.

2017년 초여름에 유럽연합의 지배계급은 집단적으로 안도의 한숨을 내쉬었을 것이다. 네덜란드 총선과 프랑스 대선에서 극우 정당들이 돌파구를 내지 못한 이후 성장세가 한풀 꺾이기 시작한 듯 보였기 때문이다. 게다가 에마뉘엘 마크롱이 프랑스 대통령으로 선출되면서 유로존 위기와 영국의 유럽연합 탈퇴(브렉시트) 국민투표로 타격을 입은 유럽연합에게는 새 출발의 전망이 열린 듯했다. 그리고 거의 10년 동안 수축과 정체를 겪은 유로존 경제도 완만하게 성장하기 시작했다. 유럽연합 집행위원장 장클로드 융커는 재빨리 유럽연합 통합을 강화할 계획들을 선보이기 시작했다. 유럽의 지도자들은 유럽이 역동적이고 단결된 곳(이며 영국의 유럽연합 탈퇴는 착각의 산물)이라는 이미지를 보이기 위해 애썼다. 영국 내 유럽연합 잔류파 언론들이 앵무새처럼 되뇌는 메시지다.

2018년에 접어드는 지금, 유럽의 신자유주의적 중도파들의 사정은 썩 좋아 보이지 않는다. 결정적인 것은 2017년 9월 독일 총선 결과다. 독일 정치를 양분해 온 두 세력, 보수 정당인 기독교민주연합(기민당)/기독교사회연합(기사당) 블록과 사회민주당(사민당)이 1949년 독일연방공화국 건국 이래 최악의 성적을 거둔 반면, 극우 정당인 '독일을 위한 대안AFD'은 최초로 원내에 입성한 데다가 의석수 3위가 됐다.

앙겔라 메르켈 총리의 기민당, 기사당, 녹색당, 초강경 신자유주의 정당인 자유민주당이 벌이던 연정 협상은 정책 차이와 연정 구성에 연관된 복잡한 정치적 셈법 때문에 결렬했다. 도널드 트럼프가 미국 대통령으로 선출된 이후 많은 알랑쇠들이 메르켈이야말로 서방 세계의 진정한 지도자라고 아첨해 왔지만, 사실 메르켈은 총리직 유지를 위해 고군분투해야 하는 처지다. 그리고 자당의 우파와 그보다 더 보수적인 기사당으로부터 점점 더 거센 공격을 받고 있다. 너무 중도로 기울어 '독일을 위한 대안'이 우파 유권자들 사이로 파고들 틈을 줬다는 이유에서다. [메르켈과 기민당 주류에게 가해지고 있는] 이런 비판은 유럽 전역에서 주류 보수 정당들이 극우 정당에 적응해 가는 경향과 조응하는 현상이다. 가장 선명한 사례는 바로 얼마 전에 오스트리아의 중도 우파 정당 국민당이 극우 정당인 자유당과 연정을 구성한 것이다.* 프랑스의 공화당도 2017년 대선에서 수치스럽게 패배한 프랑수아 피용의 뒤를 좇아 나치 정당인 국민전선의** 반동적 정체성 정치를 모방하고 있다.

---

*   2019년 5월, 자유당의 부패로 연립정권이 붕괴했다.

**   2018년에 당명을 국민연합으로 바꿨다.

한편, 마크롱은 친기업 예산과 노동시장 '개혁'을 추진하면서 인기가 곤두박질쳤다. 유럽연합 통합 강화 논의도 좌초할 듯하다. 유럽연합을 "송금 동맹"으로 만들려는 것, 즉 유럽연합 내에서 부를 부유한 국가에서 가난한 국가로 재분배하려는 것에 독일이 일절 반대하는 것이 한 이유다(이는 유럽 통합에 회의적인 '독일을 위한 대안'과 자유민주당이 선거에서 성공해 더 강해졌다). 다른 이유는 유럽연합 집행위원회가 자신의 역량을 과대평가하며 자신이 관장할 유럽통화기금을 제안한 것[과 그것이 부를 역풍]이다.

현재 유럽연합이 실질적으로 성공을 거두고 있는 곳은 영국 테리사 메이 총리가 이끄는 불운한 보수당의 소수파 정부를 상대하는 브렉시트 협상뿐이다. 유럽연합과 영국 사이에는 교섭력의 불균형이 존재한다. 영국은 브렉시트 이후에도 유럽 시장에 접근해야 하는데, 이는 오직 유럽연합이 요구하는 조건을 수용해야 가능한 일이다. 그래서 유럽사법재판소의 관할권을 인정하지 않겠다거나 유럽연합 측이 (법리적으로 근거가 모호함에도) 영국에 가하는 '위자료' 지급 요구를 "단념"시키겠다고 한 메이와 그 내각의 약속은 어디론가 사라져 버렸다. 그 뒤로도 이어진 영국 보수당 정부의 굴복은 확실히 유럽연합 지도자들(과 영국 내 강경 유럽연합 잔류파들)에게 흡족한 일이었을 것이다. 그러나 이런 상황은 영국이 유럽 자본주의와 떼려야 뗄 수 없는 관계를 맺고 있다는 궁극적 현실을 반영하는 것인데, 이는 양날의 검과 같은 것이다. 런던 금융가는 브렉시트 이후에도 여전히 유럽 금융의 중심지일 것이다(비록 프랑크푸르트, 파리, 더블린, 룩셈부르크가 한몫 잡으려고 애쓰고 있지만 말이다). 그리고 독일이 현재 예비 부품 부족으로 잠수함을 한 대도 가동하지 못하는 상황에서 보듯 영국의 군사적 역량 역시 간단히 무시할 수 없다. 유럽연합과 영국 양측의 이해관계를 만족시키는 타협점은 존재할 테고, 잘하면 타협이 이뤄질 수 있을 것이다.

유럽의 추악한 얼굴은 스페인에서 가장 여실히 드러났다. 유럽연합은 카탈루냐 독립운동을 분쇄하고자 한 스페인의 우파 국민당 정부를 지지했다. 카탈루냐의 자결권 투쟁 역사는 스페인 왕정(18세기 초 부르봉 왕조에서 가장 강력했다)이 과거 합스부르크 왕조 시절에는 여러 영토로 나뉘어 있던 스페인을 카스티야 절대주의로 통합하고자 한 때로 거슬러 올라간다. 19세기 말 무렵 카탈루냐와 바스크는 쇠락하는 스페인 제국에서 경제적으로 가장 발전한 지역으로 부상했다. 자유를 향한 이들의 투쟁은 1931년 출범했지만 줄곧 위기에 시달린 제2공화국의 운명과 떼려야 뗄 수 없이 엮이게 됐다. 1936년~1939년 스페인 내전에서 우파가 승리한 뒤 들어선 프란시스코 프랑코 장군의 독재 치하(1939~1975년)에서 카스티야계가 아닌 민족들의 정치적·문화적 권리는 체계적으로 억압받았다.

반대로 1960년대 말과 1970년대 초 프랑코 독재에 맞선 투쟁의 물결이 일기 시작하자, 노동자·학생 운동과 더불어 바스크 민족주의와 카탈루냐 민족주의도 되살아났다. 1976~1978년 구체제와의 "협상을 통한 단절"이 이뤄졌다. 이는 군부, 프랑코주의 운동의 실용주의 분파, 공산당 사이의 합의로 도출된 것이었다. 이 합의로 카스티야계가 아닌 민족들이 자치 정부를 세울 권리를 인정하는 자유민주주의가 수립됐지만, 노동자 운동은 임금 인상 억제 조처와 독재 치하에서 발전한 자본주의의 지속을 수용했다. 비록 바스크 지역에서는 오랫동안 무장투쟁이 이어졌지만, 이 구조는 2010년 이후 유로존 위기가 고조될 때까지 지켜졌다.

[그러나 유로존 위기 이후] 유럽연합이 지시하고 스페인 국민당 중앙정부가 강요한 긴축재정 경험으로 카탈루냐 민족주의는 급진화했다. 여전히 스페인에서 경제 규모가 가장 큰 카탈루냐 지역이 독립한다는 생각은 이 지역 부르주아지 일부에게도 매력적인 것이었지만, 급진 좌파 측에서도 독립 지지 의견이 나왔다. 특히 민중연합CUP이 그랬다. 반면, 프랑코 독재 시절 내각의 일원이었던 마누엘 프라가가 창립한 국민당(긴축정책 추진과 부패 추문으로 평판이 크게 떨어져 있었고, 사회당의 지지 덕분에 정권을 겨우 유지하고 있었다)은 카스티야 중심주의를 재천명했다. 총리 마리아노 라호이는 카탈루냐 독립을 검토해 보는 것도, 주민투표에 부치도록 허용하는 것도 거부했다.

그러므로 카탈루냐 의회에서 다수를 차지한 독립 지지 세력이 10월 1일에 자체 주민투표를 시행하기로 한 결정은 중앙정부와 충돌할 수밖에 없었다. 불행히도 라호이가 카탈루냐의 중도 우파 지도자들보다 훨씬 더 모질다는 것이 드러났다. 라호이는 치안수비대를 파견해 주민투표 시행을 방해했고, 스페인 헌법 155조를 발동해 카탈루냐의 자치권을 중지시켰고, 카탈루냐 정부 인사들을 내란죄 혐의로 재판에 회부했다. 라호이는 카탈루냐 자치 정부 수반 카를레스 푸지데몬이 사실상 허세를 부리고 있음을 간파한 것이다. 주민투표에서 독립 찬성 의견이 더 많았는데도 실제 독립 선언을 미루던 푸지데몬은 중앙정부의 공격에 맞서는 대중적 저항 행동을 조직하지 않고, 체포를 피하려고 벨기에 브뤼셀로 망명해 "유럽"에 지지를 호소했다. 그러나 유럽연합 차원에서든 (영국을 포함한) 주요 국민국가 차원에서든 그 "유럽"은 카탈루냐 독립을 지지하지 않았다. 이 입장은 '법치'에 대한 매우 보수적인 해석으로 정당화됐다. 법치를 자유주의 전통의 '정당한 법 절차'가 아니라, 법에 대한 '단순한 복종'으로 해석한 것이다.

따라서 카탈루냐 사례는 유럽연합이 매우 권위주의적인 버전의 신자유주의로 선회했음을 보여 준다.[1] 그러나 또한, 지금의 사회적·정치적 구조가 얼마나 취약한지, 그리고 (스코틀랜드 독립 투표 사례에서도 그랬듯) 위기가 어떻게 과거의 균열을 심화시켰는지도 잘 보여 줬다. 카탈루냐 위기가 어떻게 전개될지는 라호이의 명령에 따라 시행되는 12월 21일 지방선거 결과에 크게 달려 있을 것이다. 독립 지지 진영이 다시금 과반 의석을 차지한다면, 카탈루냐 독립을 둘러싼 대결은 심화할 수 있다.* 지금의 상황은 스페인 내전과 닮은 구석이 있다(1934년 마드리드의 우파 중앙정부가 카탈루냐 독립을 억누른 것이 내전으로 가는 길을 닦았다). 당시에는 좌파든 우파든 둘 다 상대방을 분쇄해 승리하겠다는 각오가 돼 있었다. 지금은 사정이 조금 달라, 프랑코의 후예인 국민당 측의 권력 의지가 훨씬 강한 듯하지만, 지금까지 심화한 양극화 속에서는 사태가 빠르게 지배계급의 통제에서 벗어날 수도 있다.

카탈루냐 위기에 대한 개혁주의적 좌파의 태도는 그리 바람직하지 못했다. 사회당은 라호이를 지지했다. 심지어 급진 민중주의를 자처하는 정당 포데모스조차 10월 1일 주민투표를 불법이라고 비난했다. 카탈루냐 독립운동 주류의 자유주의적 부르주아 민족주의를 지

---

* 실제로 이 선거에서 독립 지지 진영이 과반 의석을 획득했다.

지하지 않는다고 해서, 스페인 국가가 카탈루냐인들의 자결권을 부인하는 것을 용인해선 안 된다. 자결권은 민주적 기본권이라는 점이 카탈루냐 문제를 다루는 사회주의자들의 출발점이 돼야 한다. 특정 국가 구조를 지지하면서 그것이 [부르주아 민족주의에 반대하는 것이니까] 노동계급 단결을 위한 것이라고 주장하는 것은 대단한 혼동이자 국제주의를 희화화하는 것이다.

유럽의 다른 곳에서도 주류 좌파는 기존 구조를 방어하는 입장을 고수하고 있다. 유럽의회 의장을 역임했고 지금은 독일 사민당의 대표인 마르틴 슐츠의 가망 없는 행보가 그 입장을 가장 잘 보여 준다. 오늘날 유럽 부르주아 정치에 득시글거리는, 그놈이 그놈인 정치인의 전형인 슐츠는 메르켈과 차별성을 드러내는 데 완전히 실패했다. 사민당이 총선에서 참패한 뒤 슐츠는 기민당/기사당 블록과의 대연정에 이번에는 참가하지 않겠다고 선언했다. 야당으로 있으면서 사민당의 지지 기반을 재구축하겠다던 이 분별 있는 결정은 금방 뒤집어졌다. 메르켈이 연정 구성에 실패하면 재선거를 해야 할까 봐 두려워한 사민당 의원들 때문이었다. 그렇지만 슐츠는 새 정부를 구성하는 협상에서 강경하게 나가겠다고 약속했다. 그는 유럽합중국을 세우고 이 연방의 일부가 되기를 바라지 않는 회원국은 추방하도록 유럽연합 헌법 조약을 새로 만들자고 요구했다. 공상임이 명백한 이 제안(기민당이 일언지하에 일축해 버렸다)을 보면, 주류 사회민주주의가 만만찮은 개혁주의로서 시늉조차 하지 않기로 하며 '유럽주의'로 기울었음을 알 수 있다.

중요한 예외 사례는 물론 제러미 코빈과 존 맥도널이 이끄는 영국 노동당이다. 테리사 메이는 브렉시트 협상에서 유럽연합 탈퇴를 다룬 1단계를 (유럽연합 측의 요구대로) 마치고 [2단계인] 무역 협상으로 넘어가기로 유럽연합과 합의하는 데 성공함으로써 보수당 정부의 붕괴는 모면할 수 있었다. 비록 영연방병합당이 막판에 거부권을 행사하고 보수당 평의원들이 반란을 일으켜[보수당 의원 40명이 메이 불신임안에 서명했다] 곤욕을 치렀지만 말이다. 그렇지만 메이 앞에는 난관이 참으로 많다. 특히 [유럽연합과의 강경한 단절, 즉 '하드 브렉시트'를 바라는] 보수당 내 우파들이 '소프트 브렉시트'로의** 방향 전환에 난색을 표한다면 말이다. 제러미 코빈이 총리가 되는 것도 완전히 배제할 수 없다. 대기업들도 이 전망에 주목하기 시작했다.

2017년 12월 초 〈파이낸셜 타임스〉는 다음과 같이 보도했다.

많은 투자자들이 [2017년] 6월 총선 이후에야, 즉 노동당이 의석 30석을 늘리며 테리사 메이의 보수당이 의회 내 다수를 차지하지 못하게 된 후에야 제러미 코빈에게 관심을 보이기 시작했다. 그때 이래로 어떤 투자자들은 수억 파운드어치의 투자를 영국 바깥으로 돌렸다. 어떤 투자자들은 정계에 급격한 변화가 일어날 것을 대비해 자금을 끌어모으는 데 속도를 냈다. 사모펀드 투자자 에디 트루얼은 "제러미 코빈의 부상으로 마음이 편치 않습니다" 하고 말했다. 그는 벌써 2억 5000만 파운드 상당의 가산 전액을 영국에서 빼내 스위스로 옮겼다. "만일 그가

---

* 하드 브렉시트 영국이 유럽연합 탈퇴 후 유럽단일시장과 관세동맹에서도 완전히 탈퇴하는 방안.
** 소프트 브렉시트 영국이 유럽연합 탈퇴 후에도 유럽단일시장과 긴밀하게 협조하는 방안.

집권한다면 저는 망할 겁니다. 정말 재앙적인 일일 거예요." 트루얼은 이렇게 덧붙였다. "저는 다른 투자자들이 '나는 영국에 투자하고 싶지 않아. 브렉시트가 아니라 코빈 때문에 그래' 하고 말하는 것을 들었습니다." 다른 사모펀드 매니저도 이에 동의하면서, 코빈이 집권하면 브렉시트는 "사소한 쟁점"으로 보일 거라고 말했다. 코빈이 총리가 되면 해외 투자자들로부터 돈을 끌어모으기가 어려워질 것이라면서 말이다.[2]

2017년 9월 노동당 당대회에서 존 맥도널은 자신의 팀이 노동당의 선거 승리에 대비해 "전시 상황에 버금가는 가상 시나리오"를 짜고 있다고 말했다. "만일 파운드화 투매 사태가 벌어지면 어떻게 해야 할까요? 만일 그런 식의 자본 유출이 실제로 일어나면 어떻게 해야 할까요? 그런 일이 일어나리라 보진 않지만, 모르는 일입니다."[3] 실천에서 노동당 지도자들은 두 가지 방법을 혼합한 대책을 내놓았다. 하나는 대자본을 공격하는 것이다(예컨대 2017년 12월 초에 한 연설에서 제러미 코빈은 은행가들이 노동당을 "소수를 위해 조종되는 해롭고도 실패한 체제에 대한 위협"으로 옳게 보고 있다고 했다).[4] 다른 하나는 맥도널이 주도하고 있는 대자본 안심시키기다. 〈파이낸셜 타임스〉는 다음과 같이 보도했다.

맥도널 씨는 노동당과 영국 재계의 관계가 개선됐음을 보이려 지난 수개월 동안 피나는 노력을 기울였다. 그런데도 기업들은 노동당의 개입이 강화됐다고 말한다. '소프트 브렉시트'와 사회기반시설 지출 증대를 바라는 공통점에도 불구하고, 기업들은 세금 인상과 더 많은 국가 개입 요구를 여전히 경계하고 있다.[5]

브렉시트 때문에라도 런던 금융가는 안절부절못하고 있는데, 거기에 코빈이 총리가 된다면 영국을 떠나는 자본의 쓰나미가 일어나리라는 것을 쉽사리 예측할 수 있다. 이는 자본 유출이 단지 교과서에만 있는 개념이 아님을 보여 준 과거 사회민주주의 정부들의 경험을 다시 확인시켜 줄 것이다. 이 도전에 더해 코빈은 국가 관료들의 방해, 내각과 노동당 의원들 속에 있는 블레어주의[노동당 우파] 제5열의 방해에도 대처해야 한다. 이 난관을 그는 어떻게 헤쳐 나갈 것인가? 아직 아무도 모르지만, 그 답에 유럽 좌파의 운명이 달려 있다.

주

1 이 주제를 꽤 이론적으로 다루는 두 개의 글로 Ian Bruff, "The Rise of Authoritarian Neoliberalism", *Rethinking Marxism*, volume 26, 2014, issue 1과 Razmig Keucheyan and Cédric Durand, "Bureaucratic Caesarism: A Gramscian Outlook on the Eurozone Crisis", *Historical Materialism*, volume 23, 2015, issue 2를 참조하라.

2 Javier Espinoza and Andy Bounds, "Money Managers Nervous Over Prospect of PM Corbyn", *Financial Times*, 10 December 2017, www.ft.com/content/e514575e-dc12-11e7-a039-c64b1c09b482.

3 Jim Pickard, "Labour Plans for Capital Flight or Run on Pound if Elected", *Financial Times*, 26 September 2017, www.ft.com/content/e06aa3a6-a2c5-11e7-b797-b61809486fe2.

4 https://twitter.com/jeremycorbyn/status/936323979358322689.

5 Jim Pickard and Sarah Gordon, "UK Politics: Can Business Learn to Live with a 'Hard-Left' Labour?", *Financial Times* 7 December 2017, www.ft.com/content/952bce9c-d9b6-11e7-a039-c64b1c09b482.

독일 중도파의 연정 합의는 우파에 이롭다

오랫동안 신자유주의 정책을 펼쳐 온 독일 중도파가 2017년 9월 총선 이후 지지부진한 협상 끝에 또다시 대연정에 합의했고 좌우파 모두의 비판을 받았다. 2018년 2월 13일, 캘리니코스는 세계적 사회·정치 양극화의 흐름에서 독일도 예외가 아니라며 이 합의가 극우파를 이롭게 할 것이라고 주장했다.

총리 앙겔라 메르켈이 이끄는 독일은 유럽 신자유주의 중도파의 보루인 듯 보였다. 영국이 국민투표로 유럽연합 탈퇴를 결정하고, 프랑스 대선에서 나치 국민전선이 2등을 하고, 권위주의적 우파가 중부 유럽에 퍼져 나가는 동안에도, 독일만은 끄떡없을 것 같았다.

그러나 독일 새 정부 구성을 둘러싼 촌극으로 이런 신화는 깨졌다. 2017년 9월 독일 총선 결과는 전임 연립정부에 수치스러운 것이었다. 전임 연립정부는 보수 정당인 기민당·기사당 연합과 사민당의 연정이었다.

이 정치 세력들은 1949년 서독이 수립된 이후로 독일을 지배했다. 그러나 9월 총선에서 이들의 득표율은 2013년의 67퍼센트에서 더욱 떨어져 53.5퍼센트에 불과했다. 극우 정당 '독일을 위한 대안'이 12.6퍼센트를 득표하며 연방의회에 입성했다. 사민당 대표 마르틴 슐츠는 [연정에 참여하지 않고] 야당 구실을 하겠다고 선언했고, 메르켈은 더 작은 정당들과 길고 복잡한 협상에 임해야 했다. 이들과의 협상이 모두 실패했을 때에야 메르켈은 사민당을 다시 협상 테이블로 꾀어낼 수 있었다.

마침내 지난주에 연정 구성 협상이 타결됐다. 사민당은 외교·재무·노동 등 6개 장관직을 가져가 꽤 이득을 본 듯하다. 사민당은 또한 독일이 거의 10년 동안 긴축정책과 수출 호황으로 축적한 520억 유로의 어마어마한 흑자 예산을 어떻게 지출할지에 대해서도 기민당의 양보를 얻어 냈다. 새로 출범할 대연정은 사회당의 바람대로 연금, 교육, 사회기반시설, 고속 인터넷 등과 같은 분야에 정부 투자를 늘리기로 했다.

그러나 이 협상 타결은 모두를 화나게 만들었다. 기사당 같은 보수 우파는 [메르켈이] 사민당에 양보한 것에 분개했다. 그 전부터 많은 우파가 선거 결과를 놓고 메르켈을 비난했는데, 메르켈이 중도에 연연하느라 '독일을 위한 대안'이 오른쪽에서 파고들 공간을 열어 줬다는 것이다. 독일 전경련 회장은 "독일 경제의 미래를 준비하는 대신에 부의 재분배에 치우쳐 있다"고 연정 합의에 항의했다.

사민당 내부의 반발은 훨씬 격렬했다. 그다지 능력도 없으면서 분에 넘치는 직책을 맡았던 슐츠는 이미 맹비난을 받고 있었다. 사민당 청년 조직은 슐츠가 연정에 불참하고 사민당의 기반을 재건하겠다던 약속을 번복한 것을 공격했다. 지난주에 슐츠는 또 하나의 약속을 어겼는데, 그 자신은 정부에 입각하지 않겠다던 말을 뒤집고 외무부 장관을 맡겠다고 발표한 것이다. 전임 외무부 장관이자 사민당 대표였던 지그마어 가브리엘은 [자신이 새 내각에서 배제된 것에 대해] 공공연히 불평했다. "내 공직 활동에 대한 평가가 좋았다는 것을 사민당 새 지도부는 조금치도 신경 쓰지 않았다." 쏟아지는 분노에 밀린 슐츠는 자신은 정부에 불참하겠다고 2월 9일에 최종 선언했다. 슐츠는 앞서 당대표직에서 사임할 것이라고 말한 바 있으니, 이제 그의 정치 생명은 끝난 셈이다. 그러나 사민당은 아직 모든 고비를 넘긴 것이 아니다. 대연정 참여 여부를 결정하는 당원 총투표 결과가 3월 4일 발표될 것이다.* 한편 사민당 지지율은 계속 떨어지고 있다. 지난주 사민당 지지율은 17퍼센트까지 떨어졌다. 반면 '독일을 위한 대안'의 지지율은 15퍼센트까지 올랐다. 유럽 사회민주주의의 역사적 보루가 영국독립당UKIP 류의 인종차별주의자들이 세운 극우 정당(이 안에는 나치도 있다)보다 겨우 2퍼센트 앞섰을 뿐이라니, 끔찍한 일이다.

메르켈 자신도 압력을 받고 있다. 우파 타블로이드 신문 〈빌트〉는 메르켈이 자신의 총리직을 지키려고 "어떤 대가라도" 치를 태세라고 비난했다. 〈쥐트도이체 차이퉁〉 편집자 쿠르트 키스터는 다음과 같이 논평했다. "이 정부에는 '단명할 정부'라고 꼬리표를 달 수 있을 것이다."

그러나 만약 대연정이 오래 버티지 못한다면, 다음은 어떤 정부가 될 것인가? '독일을 위한 대안'이 독일의 정치 스펙트럼 전체를 오른쪽으로 끌어당길 것인가? 좌파당이 저항의 구심점이 될 수 있을 것인가?

그러려면 긴축정책에 군건하게 저항하고 인종차별에 원칙 있게 반대하고 이민자와 연대하는 것이 필요하다. 3월 17일 유럽 전역에서

---

* 투표 결과, 66퍼센트가량의 지지를 얻어 사민당의 대연정 참여가 결정됐다.

벌어질 인종차별 반대 집회는 이 같은 대안을 보여 줄 중요한 시험대가 될 것이다.*

---

* 이날 독일 25개 도시에서 인종차별 반대 집회가 열렸다.

유대인 혐오는 극우 이데올로기다

영국 노동당 우파는 눈엣가시인 당 대표 제러미 코빈을 비방하기 위해 그를 "유대인 혐오자"로 몰아세우는 방법을 고안해 냈다. 그러자 노란 조끼 시위로 궁지에 몰린 프랑스 대통령 마크롱도 이 방법을 사용하기 시작했다. 2019년 2월 25일, 캘리니코스는 유대인 혐오가 누구의 이데올로기이고 중도파의 비방이 무엇을 노리는지 분석했다.

좌파의 유대인 혐오가 큰 문제라는 주장은 신자유주의적 주류 집단 사이에서는 마치 의문의 여지가 없는 사실처럼 돼 있다. 노동당 우파 의원들의 탈당을 다룬 언론 보도들도 그런 주장을 거의 기정사실인 것처럼 다룬다. 그런데 좌파의 유대인 혐오가 문제라는 생각은 최근 프랑스의 우파 저술가 알랭 핑켈크로트가 노란 조끼 시위 현장 근처에서 유대인 차별을 당한 뒤 프랑스 대통령 에마뉘엘 마크롱의 발언에서도 강하게 표현됐다.

좌파가 유대인을 혐오한다는 비난이 순전히 노동당 우파의 주장이라 할지라도 우리가 그런 비방을 간단히 무시할 수 있는 것은 아니다. 좌파에게는 정말로 유대인 혐오라는 문제가 있는가?

이 질문에 답하려면 오늘날의 유대인 혐오 이데올로기를 제대로 이해해야 한다. 오늘날의 온갖 역겨운 인종차별적 편견과 마찬가지로 유대인 혐오는 세상의 모든 문제를 유대인들의 음모의 산물로 돌리는 이론이다. 그 이론은 특히나 국제금융 분야에서 많이 발견되며, 정치·언론·대학 등의 분야에서도 은근히 영향력이 있다.

유대인 혐오 이데올로기를 자세히 들여다보면, 독일의 사회주의자 아우구스트 베벨이 왜 유대인 혐오를 "바보들의 사회주의"라고 불렀는지 이해하게 될 것이다. 유대인 혐오 이데올로기는 자본주의 자체가 아니라 인종적 음모에 의한 왜곡이 문제라는 자본주의에 대한 피상적 비판에 문을 열어 주기 때문이다.

이와 대조적으로 마르크스는 자본주의의 문제는 (노동자나 자본가의 피부색이나 종교와 무관하게) 자본주의의 본질 자체에, 특히 자본의 임금노동 착취에 있다고 주장했다. 《자본론》 1권에서 마르크스는 자본가를 "경제적 범주의 인격화, 특정 계급 관계와 이익의 담지자"로 취급했다.

바로 이 때문에 유대인 혐오는 대체로 극우파의 무기였다. 유대인 혐오 이데올로기 덕분에 극우파는 반자본주의자 행세를 할 수 있다. 체제의 모순을 소수인종의 문제로 대체해 버리면서 말이다. 바로 이 이데올로기를 가지고 나치는 홀로코스트를 자행했다. 오늘날에도 극우파는 자유주의자이자 유대인인 억만장자 조지 소로스 비난에 집착한다.

그렇다면, 넓게 보아 좌파에게는 유대인 혐오 문제가 전혀 없을까? 그렇지는 않다. 좌파적 개인들도, 자본주의를 비인격적 지배 시스템으로 본 마르크스의 개념에서 멀어지고 음모론의 유혹에 굴복할수록 유대인 혐오 사상에 더 개방적이게 될 수 있다. 이 논리를 잘 보여 준 최근 사례는 이스라엘이 9·11 공격을 벌였다는 잘못된 믿음이다.

유대인 혐오에 따른 조야한 비방과 갖가지 음모론은 고개를 늘때마다 반박돼야 한다. 그러나 유대인 혐오 이데올로기는 마르크스주의적 좌파는 물론이고 제러미 코빈의 정치와도 아무 상관이 없다. 코빈은 평생 동안 제국주의와 인종차별에 반대해 왔다.

오늘날 좌파를 유대인 혐오자라고 비방하는 것은 두 가지 효과가 있다. 첫째, 급진 좌파를 수세적 위치로 몰아넣는 것이다. 끔찍한 이민 정책을 시행해 온 노동당 우파들이 이제는 "인종차별 반대자" 행세를 하는 것에서 확인할 수 있다.

둘째 효과는 이스라엘 비판의 정당성을 떨어뜨리고 가능하면 비판을 입막음하는 것이다. 그래서 마크롱은 "시온주의' 반대는 유대인 혐오의 현대적 형태"라고 말했다. 마크롱은 [시온주의 단체] 국제홀로코스트추모동맹IHRA의 유대인 혐오 규정을 받아들이려고 한다. 그 규정에 따르면, 이스라엘 국가를 "인종차별적 노력[의 산물]"이라고 부르는 것은 유대인 혐오가 된다. 이스라엘 국가가 인종차별적 노력의 산물임을 입증하는 역사적 증거가 많은데도, 그리고 이스라엘 정치인들이 아랍인에 대해 끔찍한 인종차별적 언행을 자주 저지르는데도 말이다. 유대인 혐오와 시온주의 반대를 똑같은 것으로 취급하는 것은 이스라엘이 팔레스타인을 체계적으로 억압하는 현실을 가린다. 그런 등식이 더 널리 받아들여지면, 팔레스타인인들의 투쟁에 연대하는 것이 정치적으로 불가능해질 수도 있다.

기이하게도 바로 이 지점에서 신자유주의적 중도파와 우파 "포퓰리스트"가 만난다(마크롱 같은 [중도파] 인사들은 우파 포퓰리스트를

---

* 시온주의 중동에 유대인만의 국가를 건설하겠다는 정치 신조.

혐오한다고 주장하는데 말이다). 오늘날 극우파는 대부분 이스라엘을 지지한다. 그들 자신이 이슬람을 혐오하고, 이스라엘을 서방의 중동 지배의 방벽으로 정확하게 보고 있기 때문이다.

그러나 오늘날 유대인 혐오는 여전히 극우파 이데올로기의 핵심이다. 유대인 혐오 이데올로기 덕분에 체제의 심장을 겨누지 않고도 대기업을 비판할 수 있기 때문이다. 좌파의 유대인 혐오에 초점을 맞추는 것은 진정한 유대인 혐오를 사면해 주는 것이다.

역사의 분수령이 된 멸종 반란

2019년 4월, '멸종 반란' 시위대가 '2025년까지 탄소 배출 제로'를 요구하며 11일간 영국 런던 도심을 봉쇄해 전 세계를 놀라게 했다. 4월 23일, 캘리니코스는 '멸종 반란' 운동의 역사적 의미를 살피고 좌파의 동참을 호소했다.

부활절 주간이었던 지난주 [기후변화 저지 운동인] '멸종 반란' 운동이 런던 도심을 휩쓸었다. 이것이 역사의 분수령이라고 느끼는 사람이 많을 것이다.

무엇보다 규모가 두드러졌다. 중요한 직접행동 운동은 전에도 있었다. 그중 [영국에서] 가장 거대했던 것은 1961~1962년 '100인위원회'가 벌인 반핵운동일 것이다. 그러나 이번 '멸종 반란' 운동처럼 끈기 있었던 사례는 떠오르지 않는다. 4월 15일부터 지금까지 1주일 동안 [매일같이] 수천 명이 런던 도심을 마비시키며 시위를 벌였다. 영국 정부가 허약하고 분열해 있고 다른 데 정신 팔려서 수세에 몰려 있다는 것은 분명하다. 그럼에도 '멸종 반란' 운동이 거둔 성취는 놀랍다.

이 운동의 쟁점도 중요하다. 인류의 행위 때문에 기후가 변화하고 있다는 것은 거의 모두가 안다. 기성 정치권이 지구 온난화 재앙을 멈추는 데에 필요한 방향으로 발도 떼지 않았다는 것도 거의 모두가 안다. 그런데 점점 더 많은 사람들이 우리에게 시간이 거의 또는 전혀 남지 않았다고 생각한다. 컴브리아대학교 교수 젬 벤델은 널리 읽힌 논문에서 다음과 같이 주장했다. 과학적 증거들을 보면, "지금 살아 있는 사람들이 생전에 전 지구적 환경 재앙을 피하기에는 너무 늦었다."

기후변화 때문에 여러 가지 일이 일어나는데, 이런 일들은 서로를 강화할 수 있다. 예컨대 북극이 빠르게 녹고 있는데, 이 때문에 영구 동토층에 묻혀 있던 메탄가스가 대기 중에 배출될 수 있다. 메탄가스의 온실효과는 이산화탄소보다 훨씬 강력하다. 벤델은 이런 연구 결과를 인용했다. "그런 일이 벌어지면 대기 온도가 불과 몇 년 만에 5도 넘게 오를 수 있다."

벤델의 결론은 암울하다. "인류는 파괴적이고 통제 불가능한 기후변화를 맞닥뜨리게 될 운명이다. … 우리 생전에 말이다. 전기가 끊기면 얼마 지나지 않아 수돗물도 끊길 것이다. 입에 풀칠하고 얼마간 온기를 쬐려 해도 이웃의 힘을 빌려야 할 것이다. 영양실조에 걸릴 것이다. [지금 사는 곳에] 계속 살아야 할지 아니면 이주해야 할지 알 수 없을 것이다. 굶어 죽기 전에 잔혹하게 살해당하지 않을지 두려움에 떨어야 할 것이다."

기후변화는 점진적으로 진행되는 것이 아니다. 조그마한 변화가 갑자기 [기후] 체계 전체의 질적 변화를 촉발할 수도 있다. 그러므로 "문명 붕괴"가 가까운 미래에 도래할 피할 수 없는 운명이라는 벤델의 주장이 옳은지 그른지 단정 짓기 어렵다. 그러나 점점 더 많은 사람들이 벤델과 비슷한 두려움을 느끼고 있다. 동맹휴업에 나서는 청소년들과 '멸종 반란' 운동에 동참하는 수많은 사람들도 그런 두려움에 사로잡혀 있다.

이는 좌파에 도전 과제를 제기한다. 기후변화를 비롯한 광범한 환경 파괴가 자본축적 몰이의 결과임을 규명한 훌륭한 마르크스주의 연구가 많다. 이언 앵거스는 훌륭한 블로그 '기후와 자본주의'(climateandcapitalism.com)에 꾸준히 게시글을 올려 이를 설파한다. 그러나 그런 이론적 통찰은 정치적 실천으로 옮겨져야 한다. [영국에서는] 양대 정당들처럼 사회주의자들도 브렉시트 난맥상에 매몰되고 분열해 있다. 이 때문에 조직 좌파들은 대개 '멸종 반란' 운동에 참가하지 않고 있다.

'멸종 반란' 운동의 전략에서 허점을 찾기란 쉽다. 《이콜로지스트》가 썼듯이, 한편으로 "멸종 반란'은 자본주의, 신자유주의, 채취 산업에 맞선 국제적 연대 네트워크를 구축하고 있다." 〈파이낸셜 타임스〉가 썼듯이, 다른 한편으로 '멸종 반란' 운동의 주도적 인물 중 한 명인 게일 브래드브룩은 "런던의 헤지펀드 사장과 만나 기부를 호소하랴, '멸종 반란' 자원 활동가들을 모집하기 위해 모임에 참가하랴 정신없이 뛰어다닌다." 헤지펀드 사장이라고? [영국 빈곤 퇴치 자선단체] '빈곤과의 투쟁'은 2016년 보고서에서, [헤지펀드 등이 포함된] 런던증권거래소 상장 기업들이 아프리카에서만 2160억 달러 규모 탄광업을 관장하고 아프리카 국가 27곳에서 석유를 시추하고 있다는 점을 지적했다.

그러나 이 같은 모순을 새로운 기후변화 저지 운동에 참가하지 않는 핑계로 삼는 것이야말로 지극히 범죄적인 일일 것이다. 모든 새로운 투쟁은 때로 양립 불가능한 사상들을 뒤죽박죽으로 받아들이는 수많은 사람을 끌어들이기 마련이다. 지금까지 문제는 기후 재앙이 야기하는 지극히 심대한 위협 때문에 대개 수동성과 절망에 빠져드는 것이었다. 이제 바로 그 기류가 바뀌고 있다. 좋은 일이다. 우리도 그 일부가 돼야 한다.

3장

브렉시트와 영국의 정치 위기

영국의 계급 불평등이 소요로 폭발하다

─────

2011년 8월 4일 런던 토트넘에서 흑인 청년 마크 더건이 경찰에게 살해당하자 8월 6~11일 런던을 포함한 영국 전역에서 분노한 청년들이 소요를 일으켰다. 8월 16일, 캘리니코스는 정부와 언론의 비난에 맞서 청년들을 방어했다.

19세기 영국 휘그당[자유당의 전신]의 역사가 토머스 매콜리는 이렇게 말했다. "어느 잡지에서 그러듯이 영국 대중을 도덕적으로 묘사하는 것만큼 웃기는 것은 없다." 글쎄, 나는 [하원 의원 세비 남용 사건, 불법 도청 사건 등] 최근 스캔들로 망신살이 뻗친 엘리트(정치인, 언론인, 런던 경찰청)들이 미친 듯이 도덕 설교를 늘어놓는 것이야말로 황당하다고 생각한다.

단연 압권은 총리 데이비드 캐머런의 말이다. "소요는 빈곤과 상관이 없다. 문화 때문이다." 이것은 자기 책임을 회피하려는 가장 유치한 수작이다.

먼저, 이런 종류의 말들은 경찰이 마크 더건을 쏜 것이 이번 소요를 일으킨 계기였다는 점을 지적하지 않는다. '독립 기구'인 경찰민원조사위원회는, 더건이 경찰에게 총을 쏘지 않았는데도 경찰이 언론 브리핑에서 그가 총을 쐈다고 말했음을 인정했다. 그런데 언론들은 이 사실을 거의 보도하지 않았다.

근본적으로 이번 소요는 도심 지역에 사는 가난한 노동계급 청년들의 분노가 갑작스레 폭발한 것이다. 특히 경찰에 대한 증오심은 다양한 불만이 폭발하도록 불을 붙이는 불쏘시개 구실을 했다. 자칭 좌파를 포함해 이번 소요에 관해 어처구니없는 논평을 하는 사람들 일부는 1980년대 소요와 이번 소요가 다르다고 말한다. 그러나 1980년대 소요 때에도 지배층은 지금과 마찬가지로 약탈을 부각하고 가정교육 부족 등을 탓했다. 1980년대 영국 소요뿐 아니라 1960년대 미국 빈민가 반란과 1992년 로스앤젤레스 항쟁 때도 비슷한 말들이 난무했다.

물론, 이들 사이에 차이가 없다는 말은 아니다. 먼저, 30년 전과 비교해 정치적 소외가 더 커졌다. 이것은 부분적으로는 신노동당이 사람들을 크게 실망시켰기 때문이다. 이것은 흑인 민족주의와 강경 노동당 좌파의 영향력이 쇠퇴한 것과도 연관이 있다. 이 둘은 1980년대의 현상들과 적극적으로 영향을 주고받았다.

그러나 온갖 정치 경향의 바보들이 툭하면 말하듯이 이번 소요를 탈정치화된 '범죄행위'로 규정하는 것은 옳지 않다. 꽤 많은 소요 참가자들이 지난해 겨울에는 대학생 신분으로 학생 시위에 참가했던 것이 분명하다.*

8월 13일 〈가디언〉은 이렇게 보도했다. "인터뷰한 청년들은 등록금 폭등과 교육 보조금 폐지로 자기 미래가 불확실해지는 것에 큰

---

* 2010년 11월 10일 학생과 청년 5만여 명이 등록금 인상과 교육 시장화 정책에 반대해 런던 도심을 행진하고 보수당 당사를 점거했다.

충격을 받고 분노했다고 말했다. 그들은 설사 종합대학이나 전문대학을 졸업해도, 일자리 하나를 놓고 83명이 경쟁해야 하고 청년 실업자 수가 100만 명에 육박하는 상황에서 일자리를 얻을 가능성이 거의 없다는 것도 알고 있다."

스스로 소비품을 구하는 한 방법인 약탈은 30년 전보다 더 두드러진 특징이 됐다. 이것은 신자유주의 시대에 욕망의 상품화가 심화된 것과 연관이 있을 것이다. 그렇다고 약탈자들이 상품 물신주의에 사로잡혀 아무 생각이 없는 것은 아니다. 다만, 그들의 반란이 기존 사회 가치에 영향받을 수밖에 없음을 보여 줄 뿐이다.

더 흥미로운 것은 런던 경제지리의 변화가 미친 영향이다. 런던은 빈부 격차가 극심하다. 런던은 선진국에서 가장 불평등한 도시다. 그런데 젠트리피케이션이 진행되면서 클래펌 같은 곳에서는 부자와 빈자가 함께 살게 됐다. 데이비드 캐머런의 보좌관을 지낸 대니 크루거는 소요에 충격을 받아 〈파이낸셜 타임스〉에 이렇게 말했다. "군중이 노팅힐 최고급 레스토랑인 레드베리를 공격했어요." 1980년대 초에는 이렇게 부자와 빈자가 한곳에 공존하는 경우가 훨씬 드물었다. 이런 이유로 클래펌과 일링에서 상류층 청년들이 빗자루를 들고 [소요로 더러워진 거리를 청소하겠다고] 나서는 장면에서 우리는 빈민에 대한 계급적 적대감을 느낄 수 있다.

이런 소요들은 의식적 정치 운동은 아니다. 그러나 우리 삶을 모든 측면에서 갈수록 강력하게 규정하는 계급 적대에 기초를 두고 정치적으로 분석할 때만 이 소요들을 제대로 이해할 수 있다. 미래 투쟁에 대비하는 혁명적 좌파라면 주류 언론과 정치인이 벌이는 도덕적 소동을 거부하고 소요 참가자들을 비난하지 말아야 한다. 소요 참가자들이 새로운 정치적 전위여서가 아니다. 지금 벌어지는 일의 책임이 불평등, 빈곤, 인종차별과 경찰 폭력을 방조하고 육성한 자들에게 있기 때문이다.

마거릿 대처, 잔혹한 지배계급의 전사

2013년 4월 8일 영국의 전 총리 마거릿 대처가 죽자 많은 노동자들은 기뻐한 반면, 한국의 자유주의 언론을 포함한 세계의 주류 언론은 대처가 "영국병을 치유했다"고 칭송했다. 이날 캘리니코스는 대처 집권기를 돌아보며 진정으로 배워야 할 교훈이 무엇인지 설명했다.

　　마거릿 대처의 죽음을 맞이해 주류 언론 등은 대처의 "정치력"을 찬미하고 있다. 그러나 대처가 광원들과 여러 노동계급 지역사회에 한 짓을 기억하는 사람들은 영원히 그를 살인자로 기억할 것이다. 시인 셸리가 1819년 피털루 학살* 뒤 보수당 정치인 캐슬레이 경을 살인자라고 지목했듯이 말이다. "나는 가는 길에 살인자를 보았네 / 살인자는 캐슬레이 가면을 쓰고 있었지."

　　살인죄야말로 대처가 한 일에 걸맞은 죄목이었다. 때로 살인은 비유였다. 대처는 산업과 지역사회를 박살 냈고, 이는 지금까지도 사람들의 삶을 망치고 있다. 때로 살인은 현실이었다. 대처는 아일랜드에서 더러운 전쟁을 계속했다. 아일랜드공화국군 수감자들이 양심수

---

* 　피털루 학살 1819년 8월 16일 맨체스터에서 의회 제도 개혁을 요구하는 수만 명의 시위대에게 기마병을 투입해 학살한 사건.

지위 인정을 요구하며 단식투쟁을 벌였을 때, 대처는 양보하기는커녕 그들이 굶어 죽도록 내버려 두면서 자신의 냉혹함을 보여 줬다. 대처가 기형적 식민지를 무력으로 되찾겠다고 터무니없는 결정을 하지 않았더라면, 1982년 포클랜드 전쟁에서 아르헨티나 병사와 영국 병사 907명이 목숨을 잃지 않았을 것이다. 이때의 유산으로 영국이 말비나스 제도(포클랜드 제도의 아르헨티나 명칭)를 영유하는 탓에 양국 관계는 아직도 험악하다. 대처는 전쟁이라면 사족을 못 썼다. 1990년 11월 마침내 자신의 내각에 의해 총리 자리에서 쫓겨나게 됐을 때조차, 사담 후세인의 이라크를 상대로 벌인 전쟁이 끝날 때까지 총리를 할 수 있게 해 달라고 애원했다.

대처는 도덕적으로는 경멸받을 만한 인물이지만, 십중팔구 세계 역사에 이름을 남긴 마지막 영국 정치인일 것이다.

대처가 총리가 된 1979년 5월은 역사적으로 중요한 시점이었다. 세계경제는 1970년대 들어 두 번째 대불황으로 진입하고 있었다. 1950년대와 1960년대의 장기 호황이 완전히 끝났다는 증거였다. 경제 위기의 밑바탕에는 지난 호황기에 견줘 자본의 이윤율이 현저하게 떨어진 문제가 있었다. 수익성을 회복하려면 노동 착취율을 끌어올려야 했다. 그러나 특히 영국에서 지배계급은 망치와 모루 사이에 긴 꼴이었다. 영국 지배계급은 호황기에 강력한 현장조합원 조직을 건설한, 잘 조직되고 전투적인 노동계급을 상대해야 했다. 광원과 항만 노동자가 앞장선 영국 노동자 운동은 1972~1974년에 보수당 에드워드 히스 정부의 공격 시도를 좌절시켰다. 1978~1979년의 위대한 임금 투쟁(이른바 '불만의 겨울')으로, 히스 실각 후 노동당 정부가 도입한 사회협약을 파기시킴으로써, 영국 노동자 운동은 여전히 강력함을 보여 줬다.

대처는 이미 1979년 총선에서 승리하기 전에도 "철의 여인"을 자칭하고 다녔다. 이 말은 지배계급의 정치를 호황기 때보다 훨씬 더 무자비하고 전투적으로 바꿔 놓겠다는 뜻이었다. 대처는 1930년대의 대공황과 함께 매장됐던 자유 시장주의 정설을 다시 끄집어냈다. 대처는 나중에 '신자유주의'라고 알려진 것을 개척한 인물이다. 그는 오래지 않아 미국의 우파 공화당 대통령 로널드 레이건이라는 엄청나게 막강한 동맹을 얻었다. 그러나 레이건은 대처보다는 덜 강력한 노동자 운동을 상대했고, 1981년 1월 대통령에 취임했을 때는 미국 연준 의장인 폴 볼커가 1979년 10월에 [강력한 고금리 정책을 통해] 야기한 혹독한 불황의 덕을 볼 수 있었다.

대처와 그 추종자들은 대처의 용기를 칭송하길 좋아했다. 그러나 사실 대처는, 특히 집권 초에는 노동계급의 강력한 대응을 유발할 수 있는 때 이른 대립을 이래저래 회피하려 했다. 대처는 전임 총리인 노동당의 헤럴드 윌슨과 제임스 캘러헌이 물려준 커다란 이점을 한 가지 누렸다. 노동당 정부가 추진한 사회협약은 결국 실패했지만, 점점 더 관료화하던 선임 현장위원들은* 사회협약을 계기로 사측과 국가에 협력하게 됐다. 기업주들은 이 덕분에 자동차 대기업 브리티시레일랜드처럼 현장위원들이 아주 강력한 곳에서도 노동자들을 공격할 수 있었다. 버밍엄의 브리티시레일랜드 롱브리지 공장 현장위원

---

* 현장위원(shop steward) 직장위원, 작업장위원으로도 번역되는 영국 노동조합의 현장 대표자. 보통 조합원 50명당 1명꼴로 직접 선출되며 자기 작업장의 교섭에 참여하는 경우도 많다. 소집자와 선임 현장위원은 현장위원회의 의장 구실을 한다.

회 소집자이던 데릭 로빈슨은 현장에서 고립됐고, 결국 해고당했다. 또한 이런 분위기에서는 흔히 부문주의가 연대 정신을 압도했다. 그 덕분에 대처는 1984~1985년의 영웅적 광원 파업을 더 쉽게 고립시킬 수 있었다.

그러나 대처는 운이 좋기도 했다. 아르헨티나 군수업체들이 폭탄만 제대로 만들었어도 영국 함대는 대부분 남대서양에 수장됐을 것이고, 대처는 수치스럽게 사임해야 했을 것이다. 국내 정적들 또한 대처에게 행운이었다. 특히 노동당 정치인이 그랬다. 맨 처음 상대한 마이클 풋과 그 뒤를 이은 닐 키넉은 빈 수레가 더 요란하다는 말이 딱 어울렸다. 무엇보다 노조 지도자들의 무능력이야말로 대처에게 큰 행운이었다. 노조 지도자들은 탄광촌 주민들이 1년 내내 고립돼 싸우도록 방치했다. 이는 노동자 운동 역사에 길이 남을 수치스런 일이었다. 중무장한 경찰기동대가 탄광촌을 점령했고 대처 패거리는 파업 파괴자 조직을 만들었다. 절망과 궁핍에 광원들의 투쟁 의지는 꺾여 나갔다.

그럼에도 대처를 물리칠 수 있는 기회는 있었다. 무엇보다 1984년 7월 파업 파괴 행위에 대응해 항만 노동자들이 전국적 파업을 일으켰을 때와 그해 가을 탄광의 직·반장들이 조업 중단에 나서려 했던 때가 그런 기회였다. 두 경우 모두 노조 관료들은 대처를 구하려 나섰다.

대처는 이런 전투들에서 승리한 뒤로 시장의 논리를 극단으로 밀어붙였다. 1980년대 말 대처는 재무부 장관 나이절 로슨과 함께 신자유주의 시대 최초의 금융 거품 호황을 부추겼다.

그러나 결국 대처는 과욕을 부리다 실패했다. 자신감에 가득 찬 대처는 1989~1990년에 주민세를 도입했다. 주민세는 지방정부 재정을 벌충할 요량으로 백만장자와 빈민에게 세금을 똑같이 부과하는 세제였다. 사회적 불만이 갑자기 솟구쳤다. 런던에서는 1930년대 이래 가장 큰 소요가 벌어졌고 1400만 명이 주민세 납부를 거부했다. 결국 보수당은 자신을 보호하려면 대처를 내쫓고 주민세를 폐기할 수밖에 없었다.

이것이야말로 대처 집권기에서 끌어낼 가장 중요한 교훈이다. 공교롭게도 대처는 자신이 시작한 것보다 훨씬 더 큰 규모로 복지국가가 공격받는 때에 죽었다. 더욱 거대한 사회운동을 건설해 보수당과 자유민주당의 연정을 무너뜨리고 대처가 상징하는 모든 것을 그의 관보다 더 깊이 묻어 버리는 것이야말로 노동계급이 대처에게 복수하는 가장 좋은 방법이다.

코빈이 타협하면 좌파 전체가 타격을 입는다

2015년 9월 12일, 노동당 좌파인 제러미 코빈이 당 대표가 되자 노동당 우파는 크게 반발했다. 특히 11월 13일 파리에서 테러가 일어나자 영국군의 시리아 폭격 참가를 지지할지를 두고 논쟁이 격화됐다. 코빈이 우파와 타협할 조짐을 보이자, 11월 24일 캘리니코스가 이를 비판했다.

제러미 코빈이 노동당 대표가 된 후 노동당에 대한 애정과 혐오의 흐름 둘 모두가 커지고 있다.

한편으로, 신입 당원이 계속 몰려들고 있다. 현재 당원은 38만 명에 이르는데, 이는 최근 노동당 역사에서 당원 수가 정점을 찍은 1997년의 40만 명에 비견될 만한 숫자다. 더구나, 노동당 밖의 급진 좌파들도 노동당에 대한 입장을 재고하고 있다. 좌파연합Left Unity은 2013년 노동당의 왼쪽 대안으로 자리매김하고자 만들어졌다. 11월 21~22일, 좌파연합은 당대회를 열어, 독자적 조직은 유지하겠지만 코빈이 노동당 대표로 있는 동안에는 총선에서 노동당 출마 지역구에 후보를 내지 않기로 결정했다. 11월 27일에는 소방관노조가 노동당에 다시 가맹할지를 결정할 것이다.

다른 한편으로, 신노동당 이래 노동당 지도층이었던 당내 우파들의 반발은 점점 심해지고 있다. 기업가 후원인, 만평가, 칼럼니스트가 계속해서 조금씩 지지를 철회하고 있고 언론은 이를 크게 보도한다. 그렇지만 예비내각과 의원단을 장악하고 있는 노동당 우파가 조직하는 공격이 훨씬 심각한 문제다. 노동당 국회의원 일부가 당 대표에 반기를 들지 않고 넘어가는 날이 없을 지경이다. 토니 블레어와 고든 브라운 [대표] 시절 같으면 곧바로 견책당하거나 심지어 당에서 제명됐을 텐데 말이다.

파리 참사는 코빈에 대한 공격이 더욱 흉포해지는 전기가 됐다. 확실히 요즘 노동당 우파는 피 냄새를 맡은 상어 같다. 당내 우파들은 파리 참사를, (보수당의 지원을 받아) 코빈을 박살 낼 수 있는 쟁점으로 여긴다. 블레어파派는 징글맞게 굴고 있다. 데이비드 블렁킷, 찰스 클라크, 존 리드 같은 늙은 괴물들이 점점 소굴에서 기어 나오기 시작했다. 이번 파리 공격이 이라크 침공의 직접적이고 예견됐던 결과이고, 블레어 내각의 각료들로서 그들 자신도 이번 참사에 책임이 있다고 누가 한마디 해 줘야 한다. 코빈 자신도 이와 비슷한 말을 한다. 11월 22일에 브리스틀에서 코빈은 이렇게 말했다. "지난 14년 동안 끔찍한 전쟁이 잇달아 일어나 중동 권역에 재앙을 불러온 데에 영국이 핵심적 구실을 했습니다. 그 때문에 영국 안보에 대한 위협이 줄기는커녕 늘었습니다."

그러나 코빈의 대응은 전반적으로 너무 모호했다. 테러 진압 명분으로 군경에 즉시 사살 권한을 부여하는 문제를 코빈이 회피한 것만 봐도 확실히 그렇다[코빈은 그런 권한 부여에 부정적 입장을 냈다가 노동당 의원들의 반발로 "예외적 상황에선 인정할 수 있다"고 후퇴했다]. 더 근본적인 문제는 코빈이 파리 공격에 대한 "어떤 종류의 군사적 대응"도 "단순한 합의가 아니라 국제사회의 지지, 특히 핵심적으로는 유엔의 승인 아래 적법하게" 이뤄져야 한다고 말한 것이다. 1991년 걸프 전쟁 때 코빈 자신을 비롯해 토니 벤,[*] 핵군축운동CND, 사회주의노동자당이 취한 입장은 이런 것이 아니었다. 1990년 11월에 채택된 유엔 안보리 678 결의안이 군사행동을 승인했어도 우리는 모두 군사행동에 반대했다. 영국의 반전운동은 유엔이 '승인'한다고 나쁜 전쟁이 좋은 전쟁이 되는 것이 아니라고 일관되게 주장해 왔다. 우리는 군사적 침공과 테러 행위가 끊이지 않고 악순환을 거듭하며 점점 더 심각한 재앙만 낳는 것을 거부한다. 11월 20일 유엔 안보리는 회원국들이 ISIS에 대해 "필요한 조처를 모두 취할 것"을 호소하는 결의안을 채택했다. 코빈은 아주 곤란한 처지가 됐다.

이와 같은 코빈의 혼란상은 코빈이 우파와 타협하면 좌파 전체가 타격을 입을 위험이 있음을 시사한다. 물론 우리는 모두 노동당을 바꾸고자 하는 코빈의 투쟁을 지지하고 싶다. 짐작건대 좌파연합이 당대회 결정을 그렇게 내린 것도 같은 이유 때문이었을 것이다. 그렇다고 우리가 코빈의 우유부단함까지 옹호할 수는 없다.

여전히 코빈의 최대 강점은 그에 대한 대중적 지지다. [영국의 정치 주간지] 〈뉴 스테이츠먼〉은 다음과 같이 인정할 수밖에 없었다. 블레어파의 사임 때문에 "당 대표 선거 이래로 노동당이 좌경화했다. 많은 사람들은 코빈이 도전을 이겨 내고 당 대표 자리를 지키면 더 큰 승리도 이룰 수 있을 것이라 믿는다." 코빈은 절대 만족시킬 수 없는 우파들의 요구에 부응하려 할 것이 아니라 강경하게 대응해야 한다.

---

* 토니 벤 1970년대 말과 1980년대 초 노동당 좌파 운동을 이끌었고 제러미 코빈에게 큰 영향을 끼쳤다.

지금 코빈이 취하는 전략은 남아 있는 블레어파의 동의를 얻어 노동당을 사회주의 정당으로 바꾸려는 것인 듯하다. 이는 지배계급의 동의를 얻어 사회를 바꾸려는 개혁주의 전략의 당내 버전이다. 그런 전략은 전체 사회에서든 노동당 안에서든 통하지 않는다.

브렉시트: 세계사적 전환

영국인들이 국민투표를 통해 유럽연합에서 탈퇴하기로 결정한 직후인 2016년 6월 27일 캘리니코스가 쓴 "Brexit: a world-historic turn", *International Socialism* 151을 편역한 것이다. 더 자세한 편역은 《브렉시트와 유럽연합》(책갈피, 2020)의 1장에 실렸다.

6월 23일 영국인들은 국민투표를 통해 유럽연합에서 탈퇴하기로 결정했다. 미국을 비롯한 서방 제국주의에 이 결과는 큰 타격이었다. 지배력을 행사하려고 세계적으로 구축해 놓은 각종 동맹 관계를 헝클어뜨리기 때문이다. 〈파이낸셜 타임스〉의 논설가 볼프강 뮌차우는 오는 10월 이탈리아 개헌 국민투표에서 총리 마테오 렌치가 패배하면 이탈리아도 영국의 뒤를 따를 수 있다고 우려한다.

영국 국민투표 결과는 세계경제가 가뜩이나 취약한 상황에서 나온 것이다. 투표 몇 주 전 미국 연준이 금리 인상을 미룬 것도 바로 세계경제의 취약성을 보여 줬다.

지배계급의 관점에서 보면, 브렉시트 국민투표 결과는 커다란 타격이다(게다가 이 때문에 스코틀랜드 독립 문제도 다시금 불거지고 있다). 또, 보수당은 총선에서 뜻밖의 승리를 거둔 지 1년도 안 된 지금 당과 정부가 심각한 내분에 처했고, 데이비드 캐머런은 총리직을 내려놓게 됐다.

2016년 2월 캐머런은 특유의 기회주의적 수완을 발휘해 유럽연합에게서 양보를 받아 냈다. 큰 틀에서 보면, 영국에서 활동하는 자본의 이익을 도모하는 내용이었다. 그중 가장 중요한 것은 유로존의 역외 금융 중심지로서 런던 금융가의 지위를 보장하고, 영국 정부가 유럽연합 출신 이민자들에게 한동안 복지를 제공하지 않아도 되도록 허용한 것이었다. 이 협상 결과는 영국이 유럽연합에서 독특한 지위를 차지한다는 것[핵심 국가이면서도 유로화나 유럽연합 내 국경 검문소 폐쇄 같은 주요 프로젝트에는 참여하지 않는 것]을 반영하는 것이었다.

과거 영국이 다른 유럽 강대국과의 경쟁에서 앞설 수 있었던 것은 영국이 산업 자본주의가 태동한 곳이었다는 점, 그 덕택에 세계 제국을 건설할 수 있었다는 점 덕분이었다. 영국은 제국의 과잉 확장과 식민지 반란 때문에 1947년에 인도를 포기한 뒤에도 유럽으로 통합되기를 거부했다. 윈스턴 처칠은 제2차세계대전을 치르기 전이나 후에도 유럽합중국이라는 구상 자체는 지지하지만 영국은 참여하지 않겠다는 생각이었다. 전후에 들어선 노동당 정부도 같은 노선을 따랐다. 영국은 1951년 유럽석탄철강공동체ECSC 출범으로 막 첫발을 뗀 유럽 통합과 거리를 뒀다. 전임 보수당 정부와 마찬가지로 노동당 정부는 영국 제국주의가 미국과 소련 다음가는 "제3위 세계 열강"이자 미국의 충직한 동반자로서 최상위 결정 과정에 참여하기를 바랐다.

1956년에 벌어진 두 사건이 이 환상을 깨뜨렸다. 첫째, 영국과 프랑스가 가말 압델 나세르의 이집트 민족주의 정권을 전복하려고 한 것을 미국이 가로막았다. 이후 유럽 국가들은 그때까지 남아 있던 식민지도 빠르게 잃었다. 둘째, 유럽석탄철강공동체 회원국 6개국이 유럽경제공동체EEC의 결성 기반이 될 1957년 3월 로마조약의 [초안] 조건에 합의했다. 이를 통해 대륙의 유럽 국가들은 경제적으로 영국을 추월할 발판을 마련했다.

이후 영국 지배자들은 쓰라린 심정으로 유럽 통합 프로젝트에 참여했고, 영국 자본주의는 유럽경제공동체와 그 후신인 유럽연합을 발판으로 삼아 상당히 성공적으로 재건됐다. 유럽 통합 프로젝트에는 서로 다른 2개의 제국주의적 야심이 언제나 깃들어 있었다. 첫째, 미국의 야심이다. 미국은 유라시아 대륙 서부에 안정적이고 부유한 동맹이 있기를 바란다. 둘째, 유럽 열강들의 야심이다. 유럽 제국주의 열강들은 유럽이 통합되면 세계 무대에서 자신의 이익을 추구하는 데 도움이 될 것으로 본다. 이 둘째 야심과 관련해서 영국은 프랑스·독일과는 시각이 조금 다르다. 영국은 혼자서 미국과 유일무이한 관계를 맺은 동반자가 되고자 한다.

이런 영국의 태도에는 물질적 토대가 있다. 오늘날 런던 금융가는 외환 거래, 장외 파생 상품과 국제 채권시장, 은행 간 국제 거래의 압도적 중심지다. 토니 노필드는 런던 금융가가 국제 금융의 중심지가 된 것은 세계의 생산적 자본에 대한 영국의 영향력과도 무관하지 않다고 설명한다. "2013년 영국의 해외직접투자 규모는 1조 8850억 달러로 세계 2위였다. … 이는 미국의 해외직접투자 6조 3500억 달러의 30퍼센트에 불과한 규모이지만, 경제 규모 비례로 보면 영국의 해외직접투자 규모가 더 크다. 〈파이낸셜 타임스〉가 2011년에 발표한 세계 500대 기업을 봐도 비슷한 현상을 알 수 있다. 그중 영국계 기업은 34개로 시장가치는 총 2조 850억 달러였다. 미국(160개

기업, 9조 6020억 달러) 다음가는 2위였다."

영국 자본주의가 차지하는 이런 세계적 위상 때문에 영국은 유럽연합에게 결코 호락호락하지 않은 상대다. 1992년 2월 체결된 마스트리흐트 조약에서 영국이 유로화 적용 예외국 지위를 인정받은 것은 영국이 유럽 통합 프로젝트에서 한발 떨어져 있음을 보여 줬고, 1992년 9월 16일 '검은 수요일'이 닥치자 영국 파운드화는 유럽환율조정장치에서도 탈퇴했다.

영국이 고집스레 파운드화를 고수하고, 그럼으로써 로마조약 이후 가장 중요한 유럽 통합 프로젝트와 거리를 두고 있는데도, 런던 금융가가 유로존 금융의 수도가 됐다. 캐머런이 2월 협상으로 얻어낸 것은 바로 유럽의 금융 수도라는 런던 금융가의 위상을 지켜 냈을 뿐 아니라 영국이 유럽연합 안에서 특별한 지위를 누린다는 점을 공식화했다는 것이다. 그러나 브렉시트라는 결과가 나오자 이 '당근'은 모두 사라졌고, 런던 금융가의 투자은행들은 유럽 시장 밖으로 밀려날 수도 있는 처지에 놓였다.

유럽연합에 잔류하는 것이 영국 자본주의의 이해관계에 부합하는 것이 그토록 확실하다면 어째서 보수당은 그 야단법석을 떨었을까? 그 이유는 '대처리즘'과 '영국독립당'이라는 두 단어로 요약할 수 있다.

보수당 내 대처리즘 분파는 1990년대 보수당 메이저 정부 아래에서도 지도부에 강하게 반기를 들었고, 블레어의 신노동당이 신자유주의와 사회민주주의를 융합하는 것에도 (캐머런이나 [재무부 장관] 조지 오즈번과 달리) 적대적이었다. 이런 대처리즘 분파에게 유럽연합은 그들이 싫어하는 모든 것을 상징했고 자신들을 중앙 무대에서 밀어낸 모든 원흉의 결집체였다. 그들은 영국이 유럽연합에서 '대탈출'을 감행하면 과거의 '주권'을 되찾으리라고 생각한다. 마르크스는 다음과 같이 쓴 바 있다. "지배와 종속의 관계는 직접 생산자한테서 추출하는 무보수 잉여노동의 구체적 형태에 달려 있고 생산 그 자체에서 생겨나지만, 바로 그 관계가 다시금 생산에 영향을 끼친다." 실로 브렉시트 국민투표 결과는 정치라는 상부구조에서 벌어진 갈등이 경제라는 토대에 큰 영향을 끼치는 사례라 할 만하다. 그러므로 브렉시트는 영국 자본주의가 차선책으로 선택한 것이 아니다. 브렉시트 국민투표 실시는 보수당이 변화를 겪으면서 내부에서 유럽연합에 부정적인 입장은 커진 반면, 친유럽연합 입장은 당내 고리타분한 늙은이들이나 옹호하는 것으로 위상이 낮아진 상황이 그 발단이었다.

영국독립당이 성장하는 데는 정치·경제 엘리트들에 대한 평범한 유권자들의 반감도 크게 작용했다. 이 요소는 국민투표 선거운동 기간에 모순된 효과를 냈다. 한편으로 국민투표는 젠체하는 보수당 상류층 인사들 사이의 다툼 정도로 비쳤다. 이는 당연히 평범한 사람들의 투표 의욕을 떨어뜨리는 요인이었을 것이다. 그러나 다른 한편으로 기득권층이 브렉시트 반대 진영에 광범하게 결집했는데, 이는 많은 평범한 사람들이 기득권층에게 한 방 먹이자는 심정으로 탈퇴 표를 던지도록 하는 요인이었을 것이다.

대중 정서와 관련해서 중요하게 봐야 할 게 또 있다. 어느 여론조사를 보든 가난할수록 탈퇴 표를 던질 확률이 높았다는 것이다. 불명예스럽게도, 노동조합 지도자들은 정부가 노동 악법을 아주 조금 완화해 주자 열정적으로 잔류 진영에 뛰어들었다(반면 좌파가 이끄는 노조 3곳 — 철도기관사노조ASLEF, 제과식품노조BFAWU, 철도해운 노조RMT — 은 그런 시류에 합류하지 않음으로써 명예를 지켰다).

코빈이 모호한 입장을 취한 것은, 탈퇴 표를 던지고자 한 많은 노동계급 사람들을 영국독립당의 나이절 패라지나 보수당 탈퇴파 보리스 존슨에게 사실상 떠미는 효과를 냈다. 그럼에도 이번 투표 결과에는 이질적 요소가 많다는 것을 유념해서 봐야 한다. 많은 급진 좌파와 자유주의 좌파는 인종차별적이고 이민자와 난민을 배척하는 사람들이 탈퇴 진영의 주된 동력이고, 탈퇴 진영이 승리하면 보수당 내 대처리즘 분파가 득세할 것이라고 주장했다. 이민자를 배척하는 인종차별 선동의 영향을 받아 탈퇴 표를 던진 사람이 꽤 많으리라는 것은 분명 부정할 수 없는 사실이다. 그러나 이번 국민투표에서는 경제·정치 엘리트에 대한 반감도 인종차별만큼이나 중요하게 작용했다. 지난 40년간의 신자유주의, 10년 가까이 지속되는 경제 위기, 정체되거나 떨어지는 임금, 해결되지 않는 실업 문제, 공공주택은 갈수록 악화되고 복지국가는 나날이 약해지는 현실이 엘리트층에 대한 반감을 낳았다. 유럽연합을 신자유주의 화신이자 민주주의 침해 기구로 비판하는 것은 그런 정서에 완벽하게 부합했다.

유럽의 급진 좌파가 배워야 할 중요한 교훈이 있다. 유럽의 많은 급진 좌파는 코빈이 그랬듯이 여전히 "유럽연합 안에 남아서 개혁하자"는 입장을 고수한다. 2015년 그리스 시리자 정부가 유럽연합 핵심 국가들과 유럽중앙은행에게 굴욕을 당하는 것을 본 뒤에도 여전히 그런다. 이런 입장은 효과가 없을 뿐 아니라 유럽연합 반대 진영을 송두리째 인종차별주의자와 파시스트에게 넘겨주는 것이다.

과연 브렉시트 투표 이후 영국 보수당 정부는 다시금 전열을 가

다듬고 원상 복구될 수 있을 것인가? 분열된 현 정부는 앞으로 서로 충돌할 세 가지 일을 해야 한다. 첫째, 새 총리를 구해야 한다. 이 과정은 보수당 내 갈등을 더욱 악화시킬 공산이 크다. 둘째, 시장을 안정시켜야 한다. 이는 영국 자본주의에 유럽연합이 매우 중요하다는 점을 감안하면 만만한 일이 아니다. '검은 수요일'은 하루로 끝났지만 파운드화와 영국 증시는 한동안 힘든 시기를 겪을 수 있다. 셋째, 의원들이 대부분 브렉시트에 반대하고 지배계급의 핵심부는 국민투표의 의미를 애써 흐리려 하는 가운데, 정부는 모든 전문가들이 험난하고 지난한 과정이 될 것이라고 예상하는 유럽연합과의 탈퇴 협상을 절반이 조금 넘는 의석을 가지고 벌여야 한다.

영국은 유럽공동체에 가입한 지 2년 뒤인 1975년 유럽공동체에 계속 잔류할 것인지를 묻는 국민투표를 시행한 적이 있다. 당시 찬반 진영 모두 인정한 것은 "유럽에 합류하지 않으면 광야에 남게 될 것"이라는 두려움이 투표 결과의 향방을 갈랐다는 것이다. 그런데 이번에는 그런 두려움보다 신자유주의 시대를 거치며 누적된 불만이 더 컸다. 그러나 탈퇴 진영 지도자들이 영국인들에게 확신을 주지 못하고 있다는 점은 똑같다. 그들은 영국 자본주의가 장차 어디로 가야 할지를 놓고 우물쭈물하고 있다.

국민투표를 거치면서 영국 사회에서 인종차별 물결이 더 강화됐다는 점에는 의심의 여지가 없다. 그러나 사태가 온전하게 보수당, 영국독립당, 파시스트의 바람대로 진행되지는 않고 있음을 강조하고 싶다. 2015년 가을 유럽 전역을 휩쓸었던 난민에 대한 연대 물결은 사라지지 않았다. 오히려 영국에서도 난민을 다방면으로 지원하는 기층 네트워크가 많이 생겨났다.

그러나 이처럼 저변에 흐르는 인종차별 반대 정서는 조직돼야 한다. 공동전선 '인종차별에 맞서자'가 결성된 것은 그런 노력이 광범한 호응 속에서 시작되고 있음을 보여 준다. '인종차별에 맞서자'는 2016년 3월 19일 인종차별 반대의 날 국제 행동을 건설했고, 6월 18일에는 정부의 방해를 뚫고 프랑스 칼레의 난민촌에 구호품을 전달하기 위한 운동을 조직했다.

이번 국민투표 과정에서 좌파적이고 국제주의적인 관점으로 유럽연합을 비판한 '렉시트Lexit'('좌파left'와 '탈퇴exit'의 합성어)가 결성된 것도 주요 성과 중 하나다. 렉시트가 중요한 것은 자체적으로 탈퇴 표를 많이 끌어왔기 때문이라기보다는 다양한 스펙트럼의 급진 좌파를 결집했기 때문이다. 계급적 관점에서 유럽연합을 거부하고자 한 노동계급 사람들을 대변해서 렉시트는 작지만 중요한 정치적 목소리를 냈다. 노동당 좌파가 중심이 된 '다른 유럽은 가능하다' 운동 본부 지도자들이 계급 협력적으로 행동한 것과는 다른 대안을 보여 줬다.

영국뿐 아니라 어쩌면 전 세계 자본주의 앞에 험난한 일들이 기다리고 있다. 보수당은 이를 헤쳐 나가려고 노동자들에게 더 많은 공격을 할 것이 확실하다. 당장 시장의 신뢰를 회복하려고 더 많은 긴축을 추진할 수 있다. 당분간 영국 정치에서 스코틀랜드 분리 독립 문제와 유럽연합과의 관계 같은 문제들이 계속해서 블랙홀 구실을 할 것이다.

한편으로는 영국과 유럽연합이 앞으로 맺을 관계를 결정하는 협상이 진행될 것이다. 그 과정에 개입하는 것이 중요한데, 단적으로 이주의 자유를 지키기 위해 투쟁해야 한다. 다른 한편으로는 영국 자체를 쪼갤 수 있는 국민투표가 스코틀랜드뿐 아니라 북아일랜드에서도 치러질 수 있다. 또 당장은 노동당 우파에 맞서 싸워야 한다. 인종차별과 긴축과 전쟁에 맞서고 2015년 코빈의 당선으로 생겨난 정치적 공간을 지키기 위한 단결이 시급하다.

좌파는 왜 코빈을 지지해야 하는가

———

제러미 코빈의 두 번째 노동당 당 대표 경선 도전이 한창이던 2016년 8월 9일, 캘리니코스는 노동당 당권을 둘러싼 갈등의 뿌리를 살펴보며 코빈의 승리가 왜 중요한지를 설명했다.

[2015년 여름에 이어] 올해 여름에도 영국 노동당 당 대표 경선이 치러진다. 그리고 이번에도 제러미 코빈이 선두를 달리고 있다. 그러나 두 경선의 공통점은 이것이 전부다. 2015년과 달리 올해 당 대표 경선은 노동당 의원단이 코빈을 당 대표에서 밀어내려고 격렬하게 공격한 결과로 치러지는 것이다.

코빈에 대한 지지가 훨씬 더 크다는 것도 차이점이다. 2015년 코빈의 선거 유세에 모인 사람들의 규모도 인상적이었지만, 올해는 입이 떡 벌어질 정도다. 잉글랜드 북부 도시 리버풀, 헐, 리즈에서 각각 1만 명, 3000명, 2000명이 모였고, [잉글랜드 남서부] 콘월주의 여러 도시에서도 많은 사람이 모였다. 이를 보면, 런던에 사는 유복한 자유주의자들만 코빈을 지지한다는 말이 틀렸음을 알 수 있다.

노동당 좌파 성향의 저널리스트 오언 존스는 코빈 선거 유세의 의미를 깎아내리려 애썼다. 오언은 이렇게 썼다. "1983년 총선을 앞두고 [1980~1983년 노동당 당 대표] 마이클 풋은 전국에서 대규모 집회를 개최했지만 총선 결과는 노동당에 재앙이었다." 1980~1981년 겨울 실업률 증가에 항의해 리버풀과 글래스고에서 열린 대규모 집회에서 마이클 풋이 연설한 것은 사실이다. 그러나 그는 조직 노동계급이 여전히 강력했던 도시에서 노동당의 대표로서, 그것도 지위가 확고한 당 대표로서 연설했다. 1983년 총선에서 노동당이 큰 낭패를 본 것은 파업이 연이어 패배하고 노동당 우파가 이탈해 나간 결과였다. 노동당 좌파의 지도자로서, 당내 경선에서 맹렬한 공격에 시달리며 의원단의 다수가 등을 돌린 코빈의 선거 유세에 그만한 규모의 사람들이 모인 것은 전례가 없는 일이다.

코빈의 선거 유세에 이렇게 많은 사람들이 참가하고 지난 1년간 노동당 당원이 증가한 것을 보면, 좌파적이면서도 진정으로 대중적인 운동이 코빈 주위로 모이고 있음을 확인할 수 있다. 이는 노동당 의원단이 지지하는 후보 오언 스미스가 당원 구성 변화를 의식해 외견상 좌파적인 강령으로 선거운동을 하는 것에서도 확인할 수 있다. 노동당 우파 성향의 의원 한 명은 〈파이낸셜 타임스〉에 이렇게 말했다. "약간 참담한 심정이지만, 당 대표 후보로 온건 좌파 성향의 인물을 내세워야 한다는 점을 인정합니다." 정말 전례가 없는 일이 지금 일어나고 있는 것이다.

지난 100년 동안 노동당의 권력 구조는 세 가지 기둥을 중심으로 이뤄졌다. 의원단, 노동당 가맹 노동조합 지도자들, 지역위원회의 기층 당원들이 그것이다.

그중 구심 구실을 해 온 것은 여러모로 노동조합들이다. 더 정확히 말해 그 노동조합들을 좌지우지하는 상근 간부층 관료였다. 노동조합 관료의 구실은 자신들이 대표하는 노동자들의 착취 조건을 놓고 자본과 협상을 하는 것이다. 그러므로 노동조합 관료의 목표는 노동자 투쟁을 이끄는 것이 아니라 자본과 타협을 이루는 것이다. 이 때문에 노동조합 관료는 노동당을 포함한 노동운동 내에서 근본적으로 보수적인 세력이다. 지역위원회를 기반으로 한 [노동당] 좌파의 운동이 1920년대, 1930년대, 1950년대, 1970년대 말에 성장했는데, 그때마다 노동조합 지도자들은 당대회에서 블록투표를* 행사해 노동당 좌파들을 패퇴시켰다.

본질적으로 노동당은 의원단과 노동조합 관료의 우파적 동맹에 의해 좌지우지돼 왔다. 그래서 노동당이 진정한 반자본주의 정당이었던 적은 없다. 오히려 노동당은 러시아 혁명가 블라디미르 레닌이 '자본주의적 노동자 정당'이라고 부른 정당으로, 즉 본질적으로는 노동자 투쟁에서 생겨나지만 노동자 투쟁을 기존 체제 안에 묶어 두려 애쓰는 정당으로 보는 것이 옳다.

그러나 이제 이 메커니즘이 망가지고 있다. 얄궂게도 그 이유 하나는 노동당 우파의 지나친 자신감이다. 신노동당 시절(1994~2010년), 노동당 우파는 노동조합과의 연계를 끊어 노동당을 보통의 '중도 좌파' 정당으로 변모시키려 애썼다. 토니 블레어는 이 목표를 성취하지 못했다. 에드 밀리밴드가 2010년에 노동당 대표가 될 수 있었던 것은 어느 정도는 노동조합의 지지 덕분이었다. 부분적으로 그 때문에 에드 밀리밴드는 노동당 우파의 핵심 요구 하나를 수용했다. 이때부터 노동당 대표는 평당원, 노동당에 가맹한 노동조합의 조합

---

* 블록투표 조합원 수에 비례하는 표를 행사할 권한을 노조 지도부에게 주는 것.

원, '명부 등록 지지자'[일정액을 납부하면 될 수 있다]의 1인 1표제로 선출하도록 바뀌었다. 노동조합의 블록투표라는 완충장치가 사라진 덕분에 2015년 당 대표 경선은 영국 사회에 널리 퍼진 정치적 급진화 정서에 더 민감해질 수 있었다.

긴축과 인종차별에 반대하는 운동은 코빈의 출마로 표현됐다. 당시 코빈은 신노동당계 후보들을 압도했고, 이번에도 오언 스미스를 압도할 것으로 보인다. 그러나 코빈이 승리한다면 노동당 내 권력 구조가 재편될 것이다. 평당원의 지지를 받는 당 대표 코빈과 그에게 매우 적대적인 의원단이 맞서는 식으로 말이다. 지금까지는 대다수 노동조합 지도자들이 코빈을 지지해 왔다. 바로 그 덕분에 코빈은 2016년 6월 23일에 치러진 브렉시트 국민투표 이후 노동당 예비내각의 장관들이 줄줄이 사퇴하는 상황에서도 지도권을 유지할 수 있었다.

그러나 노동당 내 갈등이 첨예해지면서 상황이 매우 불안정해졌고, 이를 보며 코빈을 지지하던 사람들 일부가 겁을 집어먹고 있다. 그중 가장 유명한 인물이 [앞서 언급한 저널리스트] 오언 존스다. 오언 존스는 노동당 우파를 편들지 않지만 코빈 진영이 실수를 저지르고 있다고 비판했다. 또, 노동당의 지지율이 "궤멸적"인 상황에 잘 대처하지 못한다고도 비판했다. 이 비판은 좌파들 사이에서 광범한 분노를 불러일으켰다. 이에 오언 존스는 자기 페이스북에 이렇게 답변했다. "나는 침묵하기보다는 그런 말을 했다는 이유로 내게 쏟아지는 비난을 감수하겠다. 반면 좌파들은 이 문제들을 해결하지 않은 채 그냥 절벽 아래로 뛰어내리고 있다." 이 말은 몹시 불쾌한 비유이기도 하지만 틀린 비유이기도 하다. 코빈과 좌파가 절벽 아래로 뛰어

내리고 있는 것이 아니라, 노동당 우파가 그들을 절벽 아래로 떠밀려 애쓰고 있는 형세이기 때문이다. 브렉시트 국민투표 결과로 보수당이 혼란에 빠진 때에 노동당 예비내각에서 사퇴하며 코빈에 대한 적대를 시작한 것은 바로 힐러리 벤, 앤절라 이글 등 노동당 우파였다. 그래도 코빈을 당 대표 자리에서 밀어내지 못하자 그들은 코빈의 대항마로 오언 스미스를 지지하고 나섰다.

지금은 급진 좌파가 모두 코빈을 지지해야 하는 때이고, 사람들이 오언 존스에게 '당신은 어느 편이냐'고 묻는 것은 당연하다. 그래도 오언 존스가 스스로 밝힌 고민은 한 가지 중요한 문제를 지적하고 있다. 바로 노동당이 근본으로는 선거에서 승리하기 위해 존재하는 정당이라는 점이다. 이는 당내 우파든 좌파든 모두 받아들이는 생각이다.

코빈의 스승인 토니 벤은 의회 민주주의 옹호자였다. 토니 벤은 영국을 경제적으로 변모시키고 유럽연합과 나토로부터 독립적으로 만들기 위해 의회 민주주의의 힘이 확대되기를 원했다. 더 간단히 말해, 노동당 좌파는 선거에서 승리해 사회주의를 이루고자 한다. 그러므로 노동당 좌파에게도 선거와 지지율은 중요하다.

현재 노동당 지지율이 여론조사에서 낮게 나타나는 것은 보수당이 테리사 메이를 당 대표로 내세워 단기적 수혜를 입고 있는 것과 [코빈에 대한] 노동당 의원단의 '쿠데타'가 부정적 영향을 미치는 것이 결합된 결과일 수 있다. 그러나 사정이 그럴지라도 다음 몇 달 동안 노동당 지지율을 회복하지 못하면, 코빈은 오언 스미스를 격퇴하고 당 대표가 되더라도 점증하는 압박에 직면할 것이다. 지금까지는 대체로 코빈을 지지했던 노동조합 지도자들이 점점 초조해져서 그에게 당내 우파와 타협하라고 촉구하기 시작할 수 있다.* 이는 노동당 좌파의 구상, 즉 코빈과 존 맥도널이 주장하듯이 노동당을 사회운동으로 탈바꿈시키는 동시에 선거에서도 승리하는 정당으로 만들고 싶어 하는 구상에 내재한 긴장을 보여 준다. 대중투쟁의 리듬이나 필요는 선거의 리듬이나 필요와 달라서, 그 둘은 꽤 어긋날 수도 있고 심지어는 서로 충돌할 수도 있다.

우리 사회주의노동자당이 노동당 바깥에 있는 것은 대중투쟁 건설에 우선순위를 두기 때문이다. 우리가 보기에 선거는 계급투쟁이 일어나는 여러 전선의 하나일 뿐이고, 가장 중요한 전선도 아니다. 우리는 대중운동을 건설하고 그에 대한 지지를 조직한다. 우리는 그런 대중운동을 통해 대중이 스스로 삶을 직접 통제할 수 있게 되기를 바란다. 우리는 코빈 주위에 결집한 운동이 이 목표의 성취에 일조할 것이라고 본다. 그래서 우리는 노동당 우파에 맞서 코빈을 확고히 지지한다. 좌파는 모두 코빈이 오언 스미스를 물리칠 수 있도록 더 넓은 노동운동 안에서 코빈 지지 운동을 벌여야 한다. 코빈이 확실한 승리를 거둔다면, 영국 좌파가 더 투쟁적이고 원칙적인 기초 위에 서도록 할 진정한 기회가 올 것이다. 그러나 이 기회를 붙잡는 과정에서 좌파(노동당 안에 있는 좌파든 바깥에 있는 좌파든)는 모두 쉽지 않은 전략적·전술적 선택의 기로에 설 것이다. 판돈이 매우 크다.

---

* 실제로, 이 글이 작성된 뒤에 영국에서 셋째로 큰 노조 지엠비(GMB) 사무총장은 "현실을 직시하자"며 스미스 지지로 돌아섰다. 그의 행동은 불과 두 달 전 지엠비 대의원 대회가 코빈을 지지하기로 표결한 것에 반하는 것이었다.

비틀거리며 벼랑으로 가는 영국 지배계급

보수당 정부가 내놓은 유럽연합과의 브렉시트 합의안이 세 차례나 의회에서 부결되면서 혼란이 계속되던 2019년 4월 8일 캘리니코스가 쓴 "Shambling towards the precipice", *International Socialism* 162를 편역한 것이다. 전문 번역은 《브렉시트, 무엇이고 왜 세계적 쟁점인가?: 개정증보판》(책갈피, 2019)에 실렸다.

영국의 유럽연합 탈퇴를 둘러싼 영국과 유럽연합의 협상이 애초의 탈퇴 예정일인 3월 29일을 한참 넘긴 지금까지도 영국 의회 내 쟁투 속에서 지지부진하게 계속되고 있다. 불확실성이 매우 크지만, 영국 국가는 점차 '노 딜 브렉시트'로* 비틀거리며 나아가고 있다. 앞일을 정확히 점치기는 매우 어렵지만, 상황이 전개되는 동학을 분석할 수는 있을 것이다.

따로 노는 자본과 국가

영국 자본에게는 영국이 유럽연합에 잔류하는 것이 이익이다. 그 때문에 영국 자본가들은 '하드 브렉시트'를 격렬히 반대하고, 영국이

---

* 노 딜 브렉시트 어떤 종류의 합의도 맺지 못하고 영국이 유럽연합을 탈퇴하게 되는 상황.

유럽단일시장·관세동맹에' 잔류하기를 간절히 바란다. 그러나 영국 정치권은 산산이 분열해 있어서, 자본가들이 원하는 '소프트 브렉시트'를 할 상태가 아니다.

카를 마르크스는 사회를 분석하는 틀을 제시했다. "사회의 경제 구조를 이루는 생산관계의 총체"인 토대와 그 위에 형성되는 "법적·정치적 상부구조"라는 틀이 그것이다. 이 틀에 비춰 말하면, 지금 영국은 상부구조가 토대와 완전히 따로 노는 상황이다.

마르크스는 《자본론》 3권에서 이런 상황을 이해하는 데 도움이 될 통찰을 두 가지 제공했다. 첫째, "특정 국가 형태[는] … 생산 자체에서 직접 도출되면서도 생산에 결정적 요인으로 반작용한다." 즉, 국가는 근본적으로는 자본주의 생산관계의 영향을 받지만, 경제적 토대에서 일어나는 일을 그저 반영만 하는 것은 아니다. 둘째, "같은 경제적 토대가 수많은 상이한 경험적 사정들(예컨대 자연조건, 인종 관계, 외부의 역사적 영향)로 말미암아 현실의 형태에서는 무한한 편차를 나타낼 [수 있으며] … 바로 그 경험적 사정들을 분석해야만 이런 편차를 알 수 있다." 즉, 브렉시트를 둘러싼 총체적 난국을 이해하려면, 자본과 국가에 대한 일반 이론뿐 아니라 영국 자본주의와 영국 국가의 역사를 살펴봐야 한다.

영국 자본주의는 지난 150년 사이에 세계 최강 제국주의에서 열

---

* 유럽단일시장 관세나 제한 없이 재화·서비스·사람의 이동을 허락하는 구역으로, 노르웨이 등은 유럽연합 회원국이 아니지만 유럽단일시장에는 참여하고 있다.

관세동맹 유럽연합 외부에서 들어오는 물품에 붙는 관세에 대한 동맹으로, 회원국 한 곳에서 관세를 물면 동맹 내부에서는 별도의 관세 없이 자유롭게 운송할 수 있다. 터키는 유럽연합 회원국이 아니지만 관세동맹에 속해 있다.

강의 하나로 지위가 하락했다. 한때 "해가 지지 않는 영국 제국" 자본주의가 미국과 유럽연합 사이에서 징검다리 노릇이나 하는 처지가 된 것이다. 반면, 영국 국가의 틀은 영국 자본주의가 세계 최강으로 군림하던 1860~1880년대에 형성된 것에서 크게 달라지지 않았다. 여기서 '국가'는 이탈리아 마르크스주의자 안토니오 그람시가 말한 "통합 국가integral state"를 뜻한다. 즉, 정치기구와 시민사회를 통칭하는 말이다.

영국 국가는 양대 정당이 서로 경합해 의회에서 다수당을 차지한 쪽의 당 대표가 의회 입법 과정과 (더 넓은 지배계급에 기반한) 국가 관료 기구를 통제하는 "총리 정부" 체제다. 이런 체제가 영국 자본의 이해관계와 단단히 얽힐 수 있었던 것은 자본과 정당들이 직접 연계를 맺고, 관료와 군사·보안 기구 수장들이 자본의 이익에 충성하고, 20세기 초부터 대기업이 장악한 대중매체가 정부를 단속한 덕분이었다. 이런 체제는 자유당이 몰락하고 사회민주주의 정당인 노동당이 집권하는 동안에도 유지됐다(노동당은 몇 차례 집권에서 중요한 변모를 겪었다).

그런데 최근 수십 년 동안 이 체제는 갈수록 심각한 긴장 상태에 처했다. 영국뿐 아니라 선진 자본주의 나라 모두에서 부르주아 민주주의가 진전되면서 정당과 시민사회에 대한 시민 참여가 늘었다. 그러나 그런 기구들은 시민 대중이 아니라 소수 관료, 고위 공직자, 군 장성, 기업 로비스트와 교감하는 '정치 공학자'들이 통제한다. 게다가 신자유주의가 대두되면서 중도 우파 정당과 중도 좌파 정당이 똑같이 대중의 이익을 침해하는 자유 시장 정책을 추진했다. 그 결과 영국에서는 양대 주요 정당인 보수당과 노동당에 대한 대중의 지지가 줄었고, 스코틀랜드와 웨일스에서 영국 국가의 정통성을 인정하지 않는 민족주의 정당들이 기회를 얻게 됐다. 2008년 세계경제 위기도 영국 국가의 위기 심화에 한몫했다. 세계경제 위기 속에 재집권한 영국 보수당 정부가 긴축정책을 추진하면서, 기성 정치권 전반에 대한 도전이 분출했다. 영국 자본과 영국 국가를 엮고 있는 복잡한 메커니즘은 혼란에 빠졌다.

유럽연합과의 관계를 두고 날카롭게 분열한 영국 국가

유럽연합과 영국의 관계 문제가 그 혼란의 핵심이다.

영국 자본의 처지에서는 영국 국가가 유럽연합 경제의 일부로 있으면서 금융과 무역의 허브 구실을 하는 것이 유리하다. 그러나 유럽경제통화동맹 [합류] 제안이 마거릿 대처의 실각을 초래한 이래 수십 년 동안 유럽연합 회원 지위는 보수당에 목구멍 속 가시처럼 위험한 쟁점이었다.

마거릿 대처는 "국가, 가족, 의무, 권위, 기준, 자립 등의 전통적 가치와 자유 시장 경제를 절묘하게 혼합"한 통치 방식을 구사했다. 대처는 "전통적 가치"를 무기 삼아 말비나스 전쟁[영국에서는 포클랜드 전쟁이라고 부른다]과 광원 파업 분쇄를 주도했고, "자유 시장 경제"를 추구해 유럽단일시장을 창출하고 런던 금융가를 유럽의 금융 허브로 만들어 영국 자본주의의 국제화를 촉진하려 했다. 그러나 그 막강하던 대처가, 신자유주의가 위기에 빠지면서 자신이 임명한 내각과 소속 정당의 지지를 잃고 힘없이 몰락했다. 그 후, 대처가 구축했던 체제는 보수당 내에서 격렬한 쟁투의 대상이 됐다.

2010년 집권한 보수당 총리 데이비드 캐머런은 영국의 유럽연합 탈퇴 여부를 묻는 국민투표에서 잔류파가 압승해 당내 분란을 종식시킬 수 있으리라고 봤었다. 그렇지만 2016년 6월 23일 국민투표에서 탈퇴가 결정돼 큰 타격을 입었다. 캐머런의 후임인 현 총리 테리사 메이가 브렉시트 절차를 추진하면서, 영국 "통합 국가" 내 상이한 세력들 사이의 분열이 심화됐다. 메이는 국민투표 당시 잔류 지지자였다. 그렇지만 총리가 된 후에는 보수당 우파(유럽연합 탈퇴파)를 달래려 했다. 메이는 브렉시트 후 유럽단일시장과 관세동맹을 모두 탈퇴하고 유럽연합 회원국 국민의 자유로운 이주를 제한하겠다고 나섰다.

그러나 경제적으로 보면, 영국이 유럽연합보다 더 아쉬운 처지다. 유럽연합이 협상에서 유리한 고지를 확보한 것은 당연한 귀결이었다. 유럽연합은 영국에 최대한 출혈을 강제해 본보기를 보이려 했고, 유럽연합 회원국들을 분열시키겠다는 메이의 협상 전술은 전혀 먹히지 않았다. 상이한 세력 사이에서 줄타기하던 메이가 2018년 7월 공개한 합의안 초안은, 제조업 부문에서는 영국이 유럽단일시장에 잔류하기 위해 유럽연합의 규제를 엄격히 준수하겠다는 것이었다(서비스 부문은 제외했는데, 이는 영국 자본주의의 이해관계를 장기적으로 크게 해칠 만한 일이다). 이 때문에 내각은 분열했고, 강경 우파 정치인 보리스 존슨 같은 자들은 "하드 브렉시트"를 소리 높여 외쳤다. 그렇지만 결국 유럽연합이 메이의 안에 퇴짜를 놓았다. 메이 정부가 안을 내면 보수당이 날카롭게 분열하고 유럽연합이 퇴짜 놓는 이 패턴이 지금까지 반복되고 있다. 협상은 계속되고 있지만, 이런 패턴이 깨지고 영국에 더 유리한 결과가 나올 가능성은 거의 없다.

아일랜드와의 관계 문제도 혼란의 또 다른 축이다. 국경 통제권을 결코 포기하지 않겠다는 유럽연합 제국주의 때문에 이 문제가 쟁점이 되고 있다. 유럽연합은 영국이야 어쨌든 북아일랜드는 브렉시트 후에도 관세동맹에 잔류시켜 남/북 아일랜드 국경을 개방하고 싶어 한다. 이 안을 따르면 가능한 시나리오는 두 가지다. 첫째, '노 딜 브렉시트' 시 영국이 북아일랜드라는 코뚜레에 꿰어 관세동맹에 종속되는 것이다. 둘째, 북아일랜드가 영국의 타 지역들과는 다른 지위에 놓임으로써 영국 국가가 분열하는 것이다. 강경 탈퇴파이자 영국 왕정 지지자들인 영연방병합당(DUP, 북아일랜드 우파 정당이자 메이 정부의 연정 파트너)과 보수당 우파는 이런 귀결에 한사코 반대한다. 영국 제국주의의 산 증거인 아일랜드가 유럽연합 제국주의에 이용돼 영국의 발목을 잡는다는 것은 역사의 아이러니다. 얄궂게도 이 아이러니 때문에 영국 국가의 내분은 점점 더 격해지고 있다.

마거릿 대처의 몰락은 아무리 강력한 "총리 정부"도 내각과 의회 다수당의 지지 없이는 위기에 빠진다는 것을 보여 줬다. 그런데 메이는 둘 모두를 잃었다. 메이는 협상안 '승인 표결'에서 세 번 연속 패배했는데, 그중 한 번은 영국 의회 역사에 남을 대패였다. 메이가 국정 운영의 핵심 동력인 정당 통제력을 상실했다는 뚜렷한 증거다. 보통의 경우라면 메이는 즉각 몰락했을 것이다. 그러나 메이는 협상의 결정적 순간인 지금 자신을 대체할 대안이 없다는 이유 하나로 총리직을 부지하고 있다.

보수당의 통제력 상실 문제는 심각한 지경이다. 해괴하게도 보수당 평의원들은 3월 27일과 4월 1일 표결에서 자유투표 지침을 받았고, 내각 구성원은 정부안에 (찬성표가 아니라) 기권표를 던지라는 지침을 받았다. 설상가상으로, 내각 구성원 10명을 포함한 보수당 의원 170명이 메이에게 공개서한을 보내 관세동맹에 잔류하는 타협안을 반대했다(이런 상황에도 보수당이 결정적으로 쪼개지지 않는 것은, 다가올 5월 유럽의회 선거에서 참패를 면해야 한다는 압박 때문이다).

보수당보다는 덜하지만 노동당도 통제력 상실 조짐이 있다. 평의원 27명이 노동당의 투표 지침을 거슬러 2차 국민투표에 반대했고, 18명(이 중 3명은 예비내각 소속 의원이다)은 기권해 버렸다.

이런 난맥상을 보면 상황이 '노 딜 브렉시트'로 귀결될 가능성이 높다. 영국 정부가 무엇이든 유럽연합과 합의를 성사시키려면, 지지까지는 몰라도 방해라도 받지 않아야 할 텐데, 혼돈에 빠진 영국 의회는 정부 합의안 지지, '노 딜 브렉시트', 탈퇴 철회 중 아무것도 결정하지 못하고 마비돼 있다. 이 때문에 유럽연합의 협상력이 전보다 더 커졌다. 유럽연합 제국주의는 취약해진 영국 국가를 공격해 영국 자본주의에 자신이 원하는 출혈을 강제하고, 프랑스·독일 등 유럽연합 회원국 자본을 이롭게 하려 할 것이다. 그리고 이는 영국 자본주의에 영향을 줘, 혼돈을 더 키울 것이다.

영국 좌파는 기회를 놓치고 있다

이 혼돈에서 유일하게 분명한 것은 영국 국가가 심각한 위기에 빠져 있다는 것이다. 그러나 안타깝게도 영국 좌파는 위기에서 득을 보지 못하고 있다.

노동당 대표 제러미 코빈은 유럽 통합에 대한 (노동당 좌파로서의) 비판 입장 덕분에 브렉시트 급류를 비교적 잘 헤쳐 나갈 만한 인물이었다. 때로 코빈은 브렉시트가 아니라 계급 적대가 영국 사회의 핵심 분단선이라고 주장함으로써, 노동계급이 브렉시트를 둘러싼 입장 차이를 넘어 단결케 하려 했다.

이런 코빈의 행보를 제약한 것은 두 가지다. 하나는 의회 정치의 수렁이고, 다른 하나는 노동당 우파다. 노동당 우파의 일부는 언론의 비호 속에 노동당을 탈당해 '무소속 그룹'을 결성했다. 이런 압력 때문에 코빈은 당내 잔류파와 타협해, 브렉시트 여부를 다시 묻자는 2차 국민투표 요구를 수용했다. 이는 2016년 국민투표 당시 좌파적 이유로 유럽연합 탈퇴에 투표한 노동당 지지자들에게 등을 돌리는 우려스런 결정이었다.

2차 국민투표는 성사될 가능성이 낮다. 양당 모두에서 반대에 직면할 것이기 때문이다. 그러나 노동당 우파는 이런 압박으로 코빈을 굴복시키고 당을 밀어붙여, 유럽단일시장·관세동맹·유럽사법재판소 잔류를 당론으로 채택하게 만들었다. 그렇게 되면 조기 총선으로 좌파 정부가 들어서도 신자유주의적 긴축을 거스르는 정책을 추진하기가 훨씬 어려워질 것이다.

브렉시트를 둘러싼 혼란은 노동당 왼쪽에 있는 좌파들에도 나쁜 영향을 미쳤다.

솔직히 인정하자면, 의회 내 브렉시트 이전투구로부터 초점을 이동시킬 대중운동·파업이 거의 없었다. 인종차별 반대 운동과 기후변화 반대 행동은 중요한 예외지만, 이 운동들은 급진 좌파 대부분이 브렉시트 수렁 속에 사라져 버리는 것을 막을 만큼 충분히 강력하지는 못했다.

노동당 왼쪽의 좌파는 상당수가 (기만이게도 "민중 투표"라고 이름이 붙은) 2차 국민투표 지지 운동에 몰두했다. 이들은 3월 23일 열린 대규모 국민투표 촉구 집회가 2003년 2월 15일 이라크 침공 반대 집회에 비견할 만하다고 강변했다. 그러나 이라크 전쟁 반대 운동은 영국 국가의 제국주의 전쟁에 반대했지만, 2차 국민투표 지지 운동은 영국 자본주의의 이해관계를 수호하기 위해 나선 보수당 잔류파와 노동당 우파, 그리고 영국 자본가가 주도했다. 이런 운동에 동참한 급진 좌파들은 "극단적 중도파"에 정치적·이데올로기적으로 종속돼서, 유럽연합에 잔류해 '국제주의적' 운동을 벌이고 유럽연합을 개혁하는 것이 진보적인 것이라고 주장한다.

그러나 잔류 지지 좌파들이 유럽연합을 좌파적으로 개혁할 수 있다고 보는 것은 공상이다.

유럽연합을 초국가적 공동체라고 착각하는 것과는 달리, 유럽연합 회원국 사이에는 국민국가를 따라 날카로운 분단선이 있다. 각국 자본주의는 국민국가의 경계선을 따라 불균등·결합 발전을 해 왔으며, 각국의 정치 지형과 계급투쟁의 양상도 상이하다. 만약 한 나라의 계급투쟁이 더 빨리 전진해, 유럽연합의 경제정책에 맞서는 좌파 정부를 세운다 해도 그 정부는 유럽연합 기구들에 의해 압박받고 고립될 것이다. 2015년 그리스에서 좌파 개혁주의 정당 시리자가 집권했을 때 정확히 그런 일이 벌어졌다. 시리자 정부는 유럽연합을 왼쪽으로 이끌기는커녕 유럽연합의 압력에 짓눌려 분열했다. 영국 국가는 그리스보다 훨씬 강력하지만, 브렉시트 문제에서도 똑같은 일이 일어나고 있다.

따라서 국민국가 수준에서 도입하는 개혁 정책의 가장 중요한 목표는 "국민주권과 민중 주권 회복"이 아니라 다른 나라에서 비슷한 운동이 일어날 시간을 벌고 지지를 이끌어 내는 것이어야 한다. 이런 맥락에서 보면 "재화·서비스·자본의 이동과 사람의 이주를 통제"하자는 제안은 유럽연합 조약의 기본을 이루는 "4대 자유"를 거부한다는 점에서 그럴듯하게 들리지만 정치적으로는 재앙을 낳을 것이다. 자유로운 이주를 반대하는 좌파는 유럽의 다른 나라 노동자들을 적으로 돌리게 된다.

반면에 유럽연합 잔류를 지지하는 좌파들은 유럽인의 이주 자유 원칙을 들어 유럽연합의 '진보성'을 옹호한다. 그러나 그런 주장은 유럽연합이 이집트 독재자 압둘팟타흐 시시 등과 손잡고 유럽연합 비회원국 출신 난민·이주민의 유입을 엄격하게 통제한다는 사실을 쉽사리 보아 넘긴다.

지금 브렉시트를 두고 쟁투를 벌이는 영국과 유럽연합은 모두 추악하고 잔혹한 신자유주의·제국주의 세력이다. 일례로, 최근 유럽연합은 지중해를 건너는 난민들이 수장되지 않게 하는 구조 활동을 중단하기로 결정했다. 그 결정은 메이가 내무부 장관이던 시절부터 영국 보수당 정부가 강력하게 요청해 오던 것이다. 영국 국가와 유럽연합 둘 중 어느 한쪽이 진보적 구실을 할 수 있다는 생각은 환상이다.

좌파적 대안을 위해

결국 조만간 영국은 유럽연합을 탈퇴하게 될 가능성이 높다. 그러나 영국이 유럽연합을 탈퇴한다고 상황이 끝나는 것이 아니다. 영국과 유럽연합은 브렉시트 이후에도 상호 관계 설정 과정에서 수많은 쟁투를 벌일 것이다. 보수당 우파가 하루빨리 메이를 끌어내리고 싶어 하는 이유는 자신들이 바로 그 관계 설정 논의를 주도하고 싶기 때문이다. 그런 논의에서 대중의 조건을 혹독하게 공격할 자들이 2016년 국민투표로 드러난 민의의 올곧은 대변자를 자처하는 것은 보기 역겨운 일이다.

그러나 누가 논의를 주도하든 영국 국가는 계속 위기에 빠져 있을 것이다. 그 위기는 서로 간의 비이성적 적개심 때문에 벌어지는 것이 아니기 때문이다. 영국 제국주의의 상대적 약화, (프랑스·독일 자본주의가 주도하는) 유럽연합과의 관계 설정 문제로 수십 년째 이어진 영국 지배계급 내 갈등이라는 구조적 원인 때문에 벌어지는 것이다. 이는 영국 지배계급이 영국 자본주의의 이윤율을 회복하기 위해 노동계급의 임금·일자리·노동조건·복지를 공격하게 하는 요인이기도 하다.

이에 맞선 투쟁은 세 측면에서 벌어져야 한다. 첫째, 긴축에 맞서 광범한 단결을 구축해야 한다. 지금까지 영국에서 긴축 반대 운동은 그다지 강력하지 못했지만 앞으로도 그럴 것이라고 정해져 있는 것은 아니다. 둘째, 극우와 파시즘에 맞서 투쟁해야 한다. 유럽연합 잔류 지지 좌파들의 매도와는 달리, 극우가 브렉시트를 만든 것이 아니다. 그런 주장은 극우와 파시즘에 맞선 핵심 전술인 공동전선을 구축하는 데에 걸림돌이 될 것이다. 셋째, 영국과 유럽 문제에서 진정한 좌파적 주장을 펴야 한다. "요새화한 유럽"과 영국 국가주의를 둘 다 거부하고, 온갖 형태의 신자유주의에 저항하며, 이주민·난민의 권리와 노동계급 투쟁을 옹호하는 국제주의가 필요하다.

신자유주의적 중도파와 손잡아선 안 된다

2019년 7월 강경 우파 보리스 존슨이 새 총리가 되면서 10월 31일까지 합의가 이뤄지지 않아도 브렉시트를 강행하겠다고 밝혔다. 그러자 노동당은 유럽연합 잔류를 지지하는 야당(과 일부 보수당 의원)과 손잡고 '노 딜 브렉시트' 저지 법안을 통과시켰다. 9월 10일, 캘리니코스는 노동당의 행보를 비판했다.

영국은 최근 이탈리아를 제치고 정치체제가 가장 난장판이 된 선진 자본주의 국가로 등극했다. 위기를 맞은 이 두 나라에서 이제 유사한 해법이 시도되고 있다.

9월 5일 이탈리아에 새로운 정부가 들어섰다. 말로는 기득권층에 강경하게 반대하는 [우파 포퓰리즘 정당] 오성운동과 철저한 기득권층인 중도 좌파 민주당이 연립정부를 구성했다. 마테오 살비니가 이끄는 극우 정당 동맹당과 오성운동의 연립정부가 무너진 후에 벌어진 일이다. 오성운동과 민주당 지도부는 모두 살비니를 "야만인"이라고 비난한다. 물론 그의 악랄한 반反이주민 인종차별 활동만 보더라도 그것은 맞는 말이다. 그러나 애초에 살비니가 설칠 상황을 만들어 준 것은 전임 민주당 정부의 반이주민 정책이었다.

이번 연립정부는 응집력이 거의 없다. 민주당은 신자유주의를 열심히 추진해 왔고 유럽연합에 찬성한다. 오성운동은 전부터 유럽연합에 회의적이었고 유럽연합이 부과한 긴축정책을 맹비난하며 집권했다. [긴축이 아닌] 좀 더 관대한 사회정책을 추진하겠다는 오성운동과 "재정적 책임" 운운하며 유럽연합에 굽실거리는 민주당이 계속 함께하기는 쉽지 않은 일이다. 이 두 정당은 무엇보다 살비니에 대한 두려움 때문에 뭉쳤다. 동맹당은 여론조사에서 30퍼센트가 넘는 지지율로 1위를 달렸다. 살비니는 새 총선 실시를 강제하려고 오성운동과의 연정을 파기했다. 총선이 실시됐다면 오성운동은 많은 의석을 잃었을 것이고 동맹당은 제1당이 됐을 것이다. 오성운동과 민주당의 연립정부 구성은 기본적으로 이런 사태를 뒤로 미루려는 방편이다.

우습게도 영국에서도 비슷한 일이 벌어지고 있다. 보리스 존슨 정부가 내놓은 궁여지책은 [브렉시트 협상 시한인] 10월 31일 직전에 조기 총선을 실시해 의회 과반수를 획득한 뒤에 '노 딜 브렉시트'를 강행하려는 것이다. 이런 전략을 구상한 인물은 존슨의 보좌관이자 2016년 유럽연합 탈퇴 투표 캠페인 조직자였던 도미닉 커밍스다. 그는 유럽연합 탈퇴 찬성·반대 여부가 여론을 가르는 중요한 경계선이 될 것이라 믿는다. 따라서 선거 승리를 위해서는 보수당을 명백한 반유럽연합 정당으로 만드는 것이 핵심이라고 본다. 켄 클라크와 니컬러스 솜스 같은 친유럽연합 성향의 거물을 쫓아낸 것도 보수당을 반유럽연합 정당으로 이미지 쇄신하는 데 한몫했다. 이를 통해 보수당은 이탈리아 동맹당 같은 극우 정당과 비슷하게 변모할지도 모른다.

노동당은 이 전략을 막으려고 갈수록 유럽연합 잔류파 야당(자유민주당, 스코틀랜드국민당, 웨일스민족당)과 보수당 내 유럽연합 잔류파 의원들과 협력해 왔다. 우선 이들은 10월 31일까지 존슨이 유럽연합과 협상을 타결하지 못하면 브렉시트를 또다시 연기하는 법안을 통과시켰다. 그리고 존슨이 브렉시트 협상 기간을 연장하기 전까지는, 당면한 의회의 위기를 해소하기 위한 조기 총선을 거부하겠다는 의사를 밝혔다.

거듭 총선을 요구해 왔던 제러미 코빈이 180도 태세를 바꾼 것이다. 이는 정말 위험한 행보다. 주류 신자유주의자들과 함께 우파를 막는다는 전략의 문제는 그것이 오히려 우파를 강화할 수 있다는 점이다. 이탈리아에서 오성운동은 민주당과 새 연립정부를 구성했기 때문에, 살비니가 오성운동더러 수십 년간 실정을 저지른 적폐 세력의 품으로 들어갔다고 비난해도 할 말이 없게 됐다. 마찬가지로 노동당이 코빈의 총리 당선을 막겠다고 맹세한 자유민주당 같은 정당과 동맹을 맺어 조기 총선을 막는다면, 존슨의 뜻대로 놀아나는 것이다. 한 보수당 관료는 〈파이낸셜 타임스〉에 이렇게 말했다. "자체 여론조사 결과를 봤을 때 보수당이 그저 브렉시트만을 주장하면 선거 승리는 쉽지 않습니다. 그러나 국민투표 결과에 불복하는 정치인들을 공격하면 승리 가능성은 훨씬 높죠."

여론조사 업체 콤레스의 조사를 보면, 브렉시트 난국이 계속되면 조기 총선을 실시해야 한다는 데 50퍼센트가 찬성하고 18퍼센트가 반대한다. 물론 영국이 10월 31일 이후에도 유럽연합에서 아직 탈퇴하지 않은 상황에서 총선이 실시되면 노동당이 더 유리할 것이라는 여론조사 결과도 있다. 그러나 여론조사가 모든 것을 말해 주지는 않는다. 2017년 총선 과정에서 코빈은 긴축과 불평등에 맞선 저항을 주장하며 브렉시트 찬반 구도를 극복했다. 이번 선거에서 노동당이 승리하려면, 코빈은 다시 한 번 그런 일을 해내야 한다.

코빈이 유대인 혐오자라는 비방이 노리는 것

2019년 12월 12일 총선을 앞두고, 노동당 대표 제러미 코빈을 유대인 혐오자로 몰아세우는 비방이 기승을 부렸다. 12월 3일, 캘리니코스는 코빈을 방어하며 이런 터무니없는 비방의 목적과 그것이 힘을 얻게 된 이유가 무엇인지 분석했다.

[영국 유대인 절반 정도를 포괄하는 정통파 유대교 연합의] 랍비장 에프라임 미르비스가 노동당이 유대인을 혐오한다고 비난하며 보수당 등을 지지하고 나선 것은 예견된 일이었다. 제러미 코빈이 당 대표로 당선한 후 보수당과 노동당 내 블레어파는 유대인 혐오자라는 거짓 비방이 코빈에 대한 가장 효과적인 무기임을 금세 깨달았다.

사실 이런 거짓 비방은 에드 밀리밴드가 노동당 대표였던 2010~2015년에 이미 시작됐다. 다만 밀리밴드가 유대인이기 때문에, 공격이 두 층위로 벌어진 것이 독특했다. 비방꾼들은 밀리밴드가 조금이라도 팔레스타인인들의 대의에 우호적이거나 이스라엘을 비판하는 발언을 할 때마다 [유대인 혐오라고] 비난하기도 하고, 때로는 밀리밴드에게 유대인 혐오를 에둘러 드러내기도 했다.

그러나 코빈을 상대로는 이 공격이 전면적이었다. 이는 그만큼 코빈이 팔레스타인 항쟁을 오랫동안 일관되게 지지했기 때문이다. 그러나 코빈이 노동당 역사상 가장 좌파적인 당 대표이고 상당한 사회·경제적 개혁 공약을 내세우기 때문이기도 하다. 후자가 지금 거짓 비방의 주된 이유다. 특히 노동당이 야심 찬 선거공약을 공개한 후 코빈이 유대인 혐오자라는 비방이 더욱 기승을 부리고 있다.

말할 것도 없이 코빈이 유대인 혐오자라는 비방은 완전히 터무니없는 소리다. 그런데 이 비방이 이토록 효과적인 이유는 뭘까? 내가 보기에 이유는 두 가지다.

첫째, 노동당 우파의 구실이다. 이스라엘을 건국할 때만 해도 가장 강경한 시온주의자들은 노동당 좌파에 속했지만, 지금 그런 자들은 노동당 우파에 속한다. 더구나 이스라엘 지지에는 무력으로 서방의 중동 지배를 유지하려는 동기가 깔려 있다(토니 블레어가 대표적이다). [이스라엘 비판이 곧] 유대인 혐오라는 비방이 권위를 얻은 것은 오직 노동당 우파가 코빈을 비방하고 언론이 이를 대대적으로 퍼뜨린 덕분이다. 최악의 비방꾼 몇몇은 자신들에게 상당한 사회적 지위를 마련해 준 노동당을 이제 버렸지만, 아직도 언론은 그런 자들의 허튼소리를 실어 주고 있다.

그러나 둘째로 이런 비방 캠페인은 이스라엘과 그 지지자에게 크게 유리해진 변화를 반영하는데, 이런 변화는 단지 영국만이 아니라 다른 유럽 사회에서도 나타났다.

시애틀에서 20년 전에 시작된 대규모 반자본주의 운동만 하더라도 팔레스타인 항쟁에 강력한 연대를 표한 것이 특징이었다. 이스라엘이 2006년에 레바논과 전쟁을 벌이고 2008~2009년과 2014년에 가자 지구를 군사적으로 공격했을 때 영국에서는 대규모 팔레스타인 지지 시위가 벌어졌다. 이전 세대가 아파르트헤이트[남아공의 인종

격리·차별 체제]에 반대했다면 지금 청년층은 이스라엘의 팔레스타인 점령에 반대한다는 얘기가 흔했다.

이스라엘 비판을 유대인 혐오라고 비난하는 것은 해묵은 이스라엘 옹호 논리다. 1983년 당시 이스라엘 국방부 장관인 아리엘 샤론[훗날 이스라엘 총리가 된다]은 〈타임〉이 유대인 혐오적 "피의 비방"을 한다며 고소했다. 〈타임〉이 1982년 9월 레바논 수도 베이루트 인근 사브라·샤틸라의 팔레스타인 난민촌에서 벌어진 학살극의* 책임이 샤론에게 있다고 암시했기 때문이다[그러나 몇 달 뒤 이스라엘의 자체 조사도 그가 학살에 책임 있음을 인정했다].

이전과 달라진 것은 이스라엘이 정체성 정치 문제가 됐다는 것이다. 시온주의자들은 이스라엘 비판을 유대인 위협으로 호도하려고 영국 같은 나라들에 사는 유대인들이 이스라엘을 자기 정체성의 일부로 여기도록 부추겨 왔다. 이것이 코빈이 영국의 유대인들에게 사과해야 한다는 압력을 받는 진정한 배경이다.

유럽의회 등 공식 기구가 시온주의 반대를 유대인 혐오와 갈수록 동일시한 것이 이런 식의 정체성 정치에 힘을 실어 줬다. 유럽연합을 주도하는 열강인 프랑스·독일이 여기에 특히 적극적이다. 그 덕분에 국제홀로코스트추모동맹의, 지극히 의도가 수상쩍고 또 편파적인 유대인 혐오 규정["이스라엘의 존재를 문제 삼는 것은 인종차별적 행동이다" 등]이 퍼진 것이다. 노동당이 현명치 못하게도 그 정의를 수용했지만 코빈에 대한 거짓 비방이 털끝만큼도 줄지 않은 것은 코빈 반대파의

---

* 사브라·샤틸라 학살 1982년 레바논을 침공한 이스라엘 군대가 기독교 우파 민병대를 동원해 팔레스타인 난민 수천 명을 학살한 사건.

무자비함을 보여 준다.

한편, 인종차별적 편견에 기초해 유대인을 혐오하는 진짜 유대인 혐오가 자라나고 있다. 언제나 그랬듯 극우가 이를 정치적으로 부추기고 있다. 요즘 극우는 이스라엘을 무슬림에 맞선 요새라 여기고 지지하기도 하지만, 그들의 잡탕 이데올로기에 유대인 혐오는 여전히 남아 있고 무슬림 혐오와 병존한다. 그러나 코빈 비방자들은 이같은 진정한 위협에는 별 관심이 없는 듯하다.

브렉시트 논쟁에서 벗어나야 할 때다

———

2019년 12월 12일 영국 총선에서 제러미 코빈이 이끄는 노동당이 보리스 존슨의 보수당에게 충격적 완패를 당했다. 2020년 2월 4일, 캘리니코스는 이것이 브렉시트 찬반을 떠나 좌파 전체의 패배라며, 패배의 원인을 돌아보고 이제 단결해서 투쟁해야 한다고 호소했다.

"나는 인간의 행동을 비웃거나 한탄하거나 비난하지 않고 오직 이해하려고 무진 애를 써 왔다." 위대한 철학자 바뤼흐 스피노자가 1677년 세상을 떠나면서 미완성으로 남긴 《정치론》 서문에 남긴 말이다.

이것이 영국의 유럽연합 탈퇴에 대처하는 최선의 태도일 듯하다. 브렉시트는 1월 31일 시작됐지만 올해가 다 갈 때까지 완료되지 않을 것이다. 브렉시트는 영국 사회를 양극화시켰을 뿐 아니라 한동안 정치체제도 마비시켰다. 좌파도 첨예하게 분열했다. 이 분열은 지금도 계속되고 있다. SNS에서는 유럽연합 잔류를 지지하는 좌파들이 브렉시트를 렉시트 탓으로 돌리며 그 영향력을 과장한다. 그러나 유감스럽게도 반자본주의적 관점에서 유럽연합에 반대하는 운동은 작고 미약했다. 한편 렉시트 지지자들도 노동당의 총선 패배가 잔류파 탓이라고 비난한다.

나는 양편이 서로 비난을 퍼붓는 쟁점에 대해 명확한 나름의 견해가 있다. 그러나 내가 보기에 이런 논쟁은 이제 핵심이 아니다. 2016년 6월 유럽연합 탈퇴 국민투표 이후 지리멸렬하게 이어진 정치 투쟁에서 가장 중요한 것은 그 결과다. 그 결과란 보리스 존슨이 이겼다는 것이다. 존슨의 승리를 특별히 언급하는 것은 나를 포함한 많은 사람들이 그를 과소평가했기 때문이다. 그를 그저 오랜 시간 역겨운 세계관을 드러내 온 어리벙벙한 기회주의자라 여겼지만, 존슨은 그 이상이었음을 입증했다. 존슨은 브렉시트를 둘러싼 교착 상태를 이용해 총리직을 거머쥐고, 야당들을 움직여 조기 총선을 받아들이도록 하고서 총선에서 집요하게 "브렉시트 완수"를 공약해 압승을 거뒀다. 그 탓에 영국 역사상 가장 우파적인 보수당 정부가 들어섰다. 마거릿 대처의 발목을 잡고 결국 쫓아내기까지 했던 그 옛날 친유럽 "중도파"는 보수당에서 축출됐다. 존슨 정부는 [유럽연합 시장 접근을 위해 환경·노동 등의] 유럽연합 무역 규제를 따르기를 거부함으로써 전임 메이 정부가 구상했던 그 어떤 브렉시트보다 훨씬 더 강경한 브렉시트를 향해 가고 있다.

존슨이 아주 온건한 종류의 '일국 보수주의'[신자유주의에 반대하는 보수당 중도파] 신념을 곧 드러낼 것이라는 얘기가 많다. 그러나 지난주 〈파이낸셜 타임스〉가 보도했듯이 존슨과 그의 재무부 장관 사지드 자비드는 각 부처 예산을 5퍼센트씩 삭감하라고 장관들에게 지시했다. 여전히 긴축은 끝나지 않은 것이다. 이는 [유럽연합과의 자유무역협정 협상이 잘 안 될 경우] 유럽단일시장과 파괴적으로 단절하면서 생길 혼란에 대비해 재정을 확보하려는 것일 수 있다.

이것은 가까운 미래에 벌어질 일이다. 이것이 뜻하는 바는, 모든 좌파가 패배를 겪었다는 것이다. 브렉시트를 되돌리려고 2차 국민투표 촉구 운동을 벌이던 좌파뿐 아니라 진보적 브렉시트를 주장한 우리 쪽 좌파(노동당에서 허용하는 동안에는 여기에 동참했던 제러미 코빈도 포함)도 패배했다. 지난 보수당 정권 10년 동안 지독하게 고통받은 노동계급 사람들이 또다시 대가를 치를 것이다.

우리는 패배를 딛고 다시 일어설 수 있고 또 그럴 것이다. 우리는 훨씬 심각한 패배도 겪어 봤다. 유럽연합과 단절함으로써 존슨은 경제적·지정학적 불확실성이 증대하는 시기에 위험한 길을 걷고 있다. 존슨의 운은 바닥날 것이다. 어쩌면 꽤 빨리 바닥날 수도 있다. 그러나 좌파가 다시 일어서려면 신중하고 냉철하게 사고해야 한다. 우리가 왜 졌는지 더 잘 이해해야 한다. 특히 보수당 우파가 어째서 역사상 가장 좌파적인 지도부가 이끈 노동당을 물리칠 수 있었는지를 곱씹어 봐야 한다. 물론 여기에서는 브렉시트도 중요했지만, 브렉시트 지지가 우세했던 노동당 선거구 일부가 왜 보수당으로 넘어갔는지를 이해하려면 그 원인이 더 뿌리 깊고 더 긴 시간을 거슬러 올라간다는 것을 알아야 한다.*

그러나 이것은 역사학 연습 문제가 아니다. 우리는 보수당과 인종차별주의자들을 저지하기 위해 싸워야 한다. 게다가 이 모든 일이 기후 재앙 가속화가 임박한 가운데 벌어지고 있다. 이 모든 문제에서, 다양한 좌파 세력들은 차이점보다 공통점이 훨씬 더 많다. 그저 손을 맞잡고 도원결의하자는 것이 아니다. 무엇이 잘못됐는지 이해

---

* 이에 대한 캘리니코스 자신의 설명은 《브렉시트와 유럽연합》(책갈피, 2020) 3장에서 볼 수 있다.

하고 미래를 위한 전략을 모색하려면 의견 충돌과 논쟁은 피할 수 없다. 아마 노동당이 가야 할 길을 둘러싸고 특히 그럴 것이다. 명료함은 정파 간의 합의가 아닌 논쟁과 쟁투 끝에 이룰 수 있다.

그러나 브렉시트 책임 공방전은 이제 지루하고 헛도는 소모전이 되고 있다. 전진해야 할 때다. 우리에게 닥쳐올 험난한 싸움을 준비해야 할 때다.

희망을 주지 못하는 노동당 지도부

총선 패배로 제러미 코빈이 사임하고 노동당 새 지도부를 뽑는 선거가 시작됐다. 2020년 2월 25일, 캘리니코스는 당 대표 후보들의 우경화 움직임을 비판하고 특히 노동당 좌파가 약화된 이유가 무엇인지 설명했다.

노동당 당 대표 선거는 왜 이리 암울한가? 명백히 문제는 후보진에 있다. 이 선거는 예비 '브렉시트부 장관'[영국의 유럽연합 탈퇴를 담당하는 장관] 키어 스타머와 좌파 측 후보 리베카 롱베일리의 대결이 될 공산이 크다.

스타머는 제러미 코빈이 이끈 노동당의 좌경화를 고수하겠다고 말한다. 별로 믿을 만한 얘기는 아니다. 스타머는 2016년 당내 우파의 실패한 반反코빈 '쿠데타에' 동참한 자다. 스타머는 여전히 코빈 지지가 우세한 평당원층 표를 얻으려고 왼쪽 깜빡이를 켜고 있다. 〈파이낸셜 타임스〉는 이에 대해 이렇게 보도했다. "노동당 우파인 블레어계

---

* 2016년 노동당 예비내각 성원이 대거 사퇴하고 노동당 의원단이 코빈 불신임안을 통과시켰지만, 기층 당원들의 지지에 힘입어 코빈이 다시 당 대표 선거에서 압승했다. 146~151쪽 참조.

핵심 인사들은 스타머의 승리를 점치며, 그가 좌파 정치에서 슬금슬금 후퇴하길 기다리면 된다고 믿는다." 달리 표현하면, 그들은 스타머가 예전에 닐 키넉이 걸었던 길을 갈 것이라고 기대한다. 1983년 노동당 당 대표가 된 닐 키넉은 전임자 마이클 풋의 좌파 지도부 아래에서 좌경화한 노동당을 조금씩 오른쪽으로 이끌었다.

유감스럽게도 롱베일리는 별로 인상적인 모습을 보여 주지 못했다. 코빈이 개인적으로 굳건하게 버텨 왔던 두 쟁점에서 롱베일리는 빠르게 굴복했다. 롱베일리는 영국의 핵무기 사용을 재가할 것이라고 했고, "이스라엘과 이스라엘의 정책, 그 토대를 둘러싼 상황을 인종차별적이라 표현하는 것"이 "유대인 혐오"라는 데 수긍했다. 다시 말해, 롱베일리도 우경화하고 있다.

이렇게 된 데에는 두 가지 원인이 근저에 있다. 먼저, 노동당 좌파가 여전히 매우 취약하다. 좌파인 코빈과 예비 재무부 장관 존 맥도널은 수십 년 동안 평의원석에 머물며 따돌림당하고 경원시되던 인물이었다. 2015년 총선 패배로 적나라하게 드러난 신노동당의 실패로 그들은 기회를 얻었다. 전쟁과 긴축에 반대하는 투쟁으로 급진화한 사람들이 코빈을 중심으로 결집했다. 이런 급진화 덕분에 그를 지지하는 수십만 명이 당에 가입하면서, 노동당은 유럽에서 가장 큰 정당으로 변모했다. 그러나 이 지지는 여전히 대체로 수동적이었다. 물론 당내에서 코빈의 기반을 결집하는 모멘텀이란 조직이 부상

해 4만 명에 달하는 회원을 거느리기도 했다. 그렇지만 모멘텀은 우파의 코빈 공격에 물러섰고, 지지자들을 주로 노동당 선거 유세에 동원했다. 2017년과 2019년 총선에서 노동당이 내건 좌파적 공약은 모두 위에서 나왔다. 그런 공약이 평당원층을 고취시켰을 수는 있지만, 강력한 조직 좌파가 성장하는 것을 대체할 수는 없었다.

둘째로, 더 근본적인 원인은 노동당의 존재 이유가 선거 승리라는 데에 있다. 선거 결과가 좋지 않으면, 표를 되찾는 것이 노동당의 우선순위가 된다. 좌파 지도부가 매우 우파적인 보수당에게 패배한 현 상황에서 이는 중도로 돌아가는 것을 뜻한다. 그래서 "당선 가능성"이 그토록 자주 거론되는 것이다. 이 "당선 가능성" 논리는 부분적으로는 성차별적 요인들로 인해 스타머에게 유리하게 작용할 것이다. 스타머는 과거 검찰총장을 지내고 기사 작위까지 있는 기득권층 인물이다. 이런 선거공학적 논리를 보면, 코빈의 선거구인 북北이즐링턴의 노동당 지역위원회가 스타머를 지지한 것을 설명할 수 있다. 모멘텀 전국 간사를 지낸 로라 파커가 다음과 같이 선언한 것도 마찬가지다. "키어 스타머를 지지합니다. 그는 당 통합을 핵심 과제로 여기며 우리의 핵심 정책을 유지할 것을 분명하게 약속했습니다. … 저는 키어가 우리에게 한 10가지 맹세를 지킬 것이라 믿습니다. 언행 불일치는 그에게도 자멸적일 것입니다." 순진한 태도다. 당 대표 초기에 닐 키넉은 마이클 풋에게서 물려받은 좌파적 정책으로 선거운동을 했다. 그러면서 사석에서는 심복인 피터 맨덜슨에게 그 정책들이 "쓰레기"라고 말했다. 키넉과 맨덜슨은 힘을 합쳐 좌파적 정책을 폐기했고 토니 블레어의 신노동당으로 가는 길을 놓았다.

그러나 오늘날 세계는 신자유주의가 전성기를 누린 1980년대나

1990년대와는 매우 다르다. 세계 곳곳에서 신자유주의적 중도가 무너지는 상황에서 중도로 향하는 것은 어떤 결과를 낳을까? 보리스 존슨은 우경화해서 승리했고 이제는 뒤를 돌아보지 않을 것이다. 노동당은 "당선 가능성"이란 신기루를 좇다가 많은 유럽 사회민주주의 정당들처럼 선거에서조차 무의미한 존재로 전락할 수 있다.

하드 브렉시트를 낳을 정치적 선택들

브렉시트 이후 영국과 유럽연합의 미래 관계 협상 시한이 코앞으로 다가온 2020년 12월 14
일에 쓴 논평이다.

우리는 여전히 브렉시트라는 벼랑 끝에서 옴짝달싹 못 하고 있다.
영국과 유럽연합 사이에서 무역 협상이 타결되든 안 되든, 우리는
하드 브렉시트와 상당한 경제적 혼란을 겪게 될 것이다.

이런 결과는 필연적이지 않았다. 그렇다면 왜 이런 일이 벌어졌는
가? 크게 세 가지 이유가 있다.

첫째, 유럽연합이 브렉시트를 이런 방식으로 다루길 원했기 때문
이다. 보수당 소속 전 유럽의회 의원인 대니얼 해넌은 〈텔레그래프〉
에 흥미로운 글을 기고했다. 해넌은 유럽연합이 테리사 메이 정부의
취약함과 무능함을 보면서 점차 요구 수위를 높인 과정을 간략하게
묘사한다. 심지어 유럽연합은 노 딜 브렉시트에 대비해 충격을 완화
하는 비상 조처들에 대해서도 영국이 "공정 경쟁의 장"을 인정해야
한다는 조건을 붙인다. "공정 경쟁의 장"은 영국더러 유럽단일시장을
떠난 이후에도 그 시장의 규칙을 따르라는 것이다. 유럽연합 측의

핵심 요구인데 이에 굴복하라는 것이다. 유럽연합 측 협상 대표 미셸 바르니에와 영국에 있는 그의 여러 옹호자들은 언뜻 보기에 터무니없는 이 조건을 정당화하려 한다. 그들은 영국이 제 갈 길을 가도록 내버려 두기에는 너무 크고 가까운 나라라고 주장한다. 여기에는 일말의 진실이 있다. 프랑스와 그 동맹국들은 영국이 규제에서 자유로운 "템스강의 싱가포르"가 돼 [유럽연합 규제를 피한 덕분에 원가를 줄여서] 자신들을 경쟁에서 제칠까 봐 두려워한다. 그런데 영국이 유럽연합 측에 요구해 온 경제적 관계는 1990년대 스위스가 유럽연합과 여러 조약을 통해 맺은 경제적 관계와 비슷하다. 그리고 유럽연합은 그런 관계를 바꾸기 위해 스위스도 괴롭히고 있다. 유럽연합의 행보가 단지 영국의 특수성 때문만은 아님을 시사한다. 오늘날 유럽연합은 제국을 지망하는 세력으로서 경제적으로 처신하고 있다. 회원국에게 자기 정책을 강요할 뿐 아니라(그리스의 긴축을 보라) 이웃 나라들에게도 그렇게 한다.

둘째, 브렉시트가 지금처럼 된 것은 현 영국 총리 보리스 존슨과 보수당 우파가 원하던 바이기도 하다. 영국의 경제 주권을 되찾는 것이 그들의 주요 목표였다. 이를 위해서라면 이들은 노 딜 브렉시트가 자아낼 혼란도 기꺼이 무릅쓰려 한다. 존슨에게 원칙이라는 게 있다면, 그나마 '주권주의'를 그 후보라고 할 수 있을 것이다. 어쨌든 존슨은 코로나19 대유행에 무능하게 대처하면서 많은 정치적 자산을 잃었다. 최근에 도입한 3단계 방역 체계는 보수당 평의원들에게서 엄청난 반발을 샀다. 그들 중 많은 수는 존슨이 유럽연합에 지나치게 양보한다고 판단되면 존슨을 반역자라고 규탄할 것이다. 존슨에게 이는 협상을 벼랑 끝까지 몰고 갈 강력한 동기가 된다.

셋째, 지금과 같은 브렉시트는 전 노동당 대표 제러미 코빈이 [2019년 총선에서 패배하고] 총리가 되지 못한 대가다. 2017년 6월 총선에서 코빈의 노동당은 브렉시트를 수용하면서 폭넓은 사회민주주의적 개혁을 실현하겠다는 공약을 내걸고 거의 승리할 뻔했다. 이런 브렉시트는 지금과는 상당히 다른 모습이었을 것이다. 문제는 2017년에 코빈이 간발의 차로 승리를 거머쥐지 못하자 노동당 우파가 코빈 지도부를 몰아내려고 체계적으로 움직였다는 것이다. 이들은 코빈이 유대인 혐오자라는 거짓말을 만들어 내고 거기에 권위를 실어 줬다. 언론들에게 야단법석을 떨 먹잇감을 던져 줬고, 이는 2019년 노동당의 총선 선거운동에 매우 해악적이었다. 다른 한편, 노동당 우파는 자신들의 하수인인 키어 스타머를 통해 코빈을 압박해서 2차 브렉시트 국민투표를 약속하게 했다. 그 덕에 보수당은 2016년 6월 브렉시트 국민투표 때 유럽연합 탈퇴 표가 많았던 노동당 선거구들을 손쉽게 노릴 수 있었다. 노동당 내 유럽연합 잔류파는 2018~2019년 영국 의회가 [브렉시트 문제로] 난맥상에 빠졌을 때 자신들의 영향력을 과신했다가 존슨의 손에 놀아났다.

이처럼, 우리에게 닥쳐오고 있는 하드 브렉시트는 결코 필연적이지 않았다. 이것은 유럽연합과 영국 정계의 온갖 행위자들이 내린 정치적 선택의 결과다. 이를 이해해야 지금 사태에서 교훈을 얻을 수 있다. 또, 이를 이해해야 브렉시트 난맥상의 책임 소재를 둘러싼 공방에 끌려 들어가지 않을 수 있다. 영국 좌파 진영의 너무 많은 사람들이 여기에 몰두해 있다. 이번 사태 전개에서 근본적 요소 하나는 바로 영국 급진 좌파가 취약했다는 것이었다. 브렉시트 국민투표 때 영국 급진 좌파는 유럽연합 잔류든 탈퇴든 강력한 반자본주의적 방향을 제시하기에는 너무나도 취약했다. 2017~2019년 브렉시트를 둘러싼 위기 동안에도 나름의 해결책을 관철할 만큼 강력하지 못했다. 그러나 그렇다고 해서 급진 좌파가 받는 지지가 모자란 것은 아니다. 코빈을 중심으로 결집한 수많은 사람들이 이를 보여 준다. 우리는 승리하는 법을 배워야 한다.

4장
———

코로나19와 사회 불평등

코로나19로 타격 입은 신자유주의

코로나19 대유행이 시작되자 각국 정부는 대규모로 돈을 풀어 경제에 개입하기 시작했다. 2020년 3월 24일, 캘리니코스는 이런 움직임이 신자유주의 이데올로기에 큰 타격을 주고 있다고 지적했다.

이번 위기의 심각성을 가늠하고 싶다면 영국 총리 보리스 존슨의 표정을 보라. 밤길 한복판, 다가오는 전조등 불빛 앞에 얼어붙어 있는 겁에 질리고 만신창이가 된 토끼를 점점 닮아 가고 있다.

그러나 진짜 겁에 질린 토끼는 우리였다. 존슨과 그의 수석 보좌관 도미닉 커밍스가 "집단면역"을 기르겠다며 수많은 사망자를 낳을 대규모 실험을 벌이려 해 평범한 영국인들은 공포에 떨어야 했다. 인터넷 매체 〈버즈피드〉는 존슨 정부가 코로나19 대책을 수정해야 했던 것에 대해 이렇게 보도했다. "국가의 구실에 관한 존슨의 사견이 중요한 변수였다." 뒤집어 말해, 외출제한령을 내리지 않은 기존 결정은 신자유주의에 입각한 결정이었다는 것이다.

예상 사망자 수가 낳을 정치적 후과가 존슨이 대책을 부분적으로 수정해야 했던 한 요인이었다. 그러나 경기후퇴 규모도 한 요인이었다. 투자은행 모건스탠리는 미국 GDP(모든 재화와 서비스의 시장가치를 측정하는 지표)가 올해 2사분기에 30퍼센트 하락할 것이라고 전망한다. 다른 금융기관들도 비슷하게 전망한다. 경제사학자 애덤 투즈는 트위터에 이렇게 썼다. "실제로 무슨 일이 벌어지든 세계경제의 주요 행위자들이 전례 없는 수준의 붕괴를 예상한다는 점이 중요하다. 그것만으로도 판도가 바뀐다!" 이런 수치들은 미국 상황을 예측한 것이지만, 영국과 나머지 유럽 국가들도 사정은 마찬가지다. 이는 1929년 대공황에 맞먹는 경제공황이다.

마르크스주의 경제학자 마이클 로버츠가 재빨리 지적했듯이, 경기가 이렇게 심각하게 수축한 것은 세계경제가 이미 매우 취약했기 때문이다. 지난 10년 동안 세계경제는 중앙은행이 값싼 신용을 펴준 덕에 침몰하지 않을 수 있었다. 그러면서 기업 부채가 대폭 늘어났다. 이제는 부채 위기 공포가 2007~2008년에 비견할 만한 신용경색을 일으키고 있다. 은행과 기업은 서로 자금 거래를 중단하고 현금을 비축하고 있다. 2007~2008년 위기 때처럼, 세계 금융 시스템의 연료인 달러의 씨가 말랐다. 투자자들이 달러를 확보하려고 필사적으로 자산을 팔아 치우면서 모든 자산의 가격이 하락세다. 혁명가 카를 마르크스가 《자본론》에서 묘사한 금융공황의 고전적 양상이다.

코로나19 대유행을 막으려면 외출제한령을 내려야 하는 현재 상황은 이런 수축을 더 악화시킨다. 이런 조처는 경제를 상당 부분 멈춰 세울 것이기 때문이다. 문제는 자본주의 경제에서 경제주체들에게 임금·이윤·지대의 형태로 소득을 가져다주는 것이 재화·서비스의 생산이라는 것이다. 각국 중앙은행들이 허겁지겁 추진하는 조처로는 이 문제에 제대로 대처할 수 없다. 현재 중앙은행들은 금리를 가능한 한 낮추고, 미국 연준과 통화 스와프를* 체결하고, 채권·어음 등의 금융자산을 매입하고 있다. 이는 모두 2008~2009년에 취한 조처들의 재탕이다.

그러나 지금 필요한 것은 국가가 경제를 관리하는 것이다. 그래야 외출제한령을 내리고, 어느 부문을 멈추고 재개하고 재편할지를 결정할 수 있다. 국가가 경제를 관리해야 의료 체계로 자원을 이전하고, 일손을 멈춰야 하는 모든 사람의 소득을 보전하고, 취약 계층을 보호할 수 있다.

영국 재무부 장관 리시 수낙은 이런 방향으로 점점 압력을 받고 있다. 수낙은 열흘 동안 세 가지 지원책을 발표했다. 첫 번째 지원책은 120억 파운드[약 17조 5000억 원], 두 번째 지원책은 200억 파운드[약 29조 원] 규모다. 3월 20일에 발표한 대책은 "휴직" 노동자 임금의 80퍼센트를 지원한다는 것이다. 여기에는 3개월 동안 100만 명당 35억 파운드[약 5조 원]가 들어갈 것이다. 다른 정부들도 비슷한 조처를 도입하고 있다. 그 비용은 정부 차입을 늘리거나 경제학자들이 말하는 "직접적 통화 공급"으로, 즉 직접 돈을 찍어서 충당할 것이다. 물론 이는 신자유주의 정설과 정면 배치된다. 그래서 존슨이 이 방향으로 가기를 주저하고, 유럽연합도 특유의 망설임을 발휘하고 있는 것이다.

이는 실로 모순이다. 우파 경제학자 앰브로즈 에번스프리처드는 〈텔레그래프〉에서 그 모순을 이렇게 요약한다. "존슨은 자유주의적

---

* **통화 스와프** 말 그대로 통화를 교환(swap)한다는 뜻. 서로 다른 통화를 미리 약정된 환율에 따라 일정한 시점에 상호 교환하는 외환 거래를 말한다.

자유 시장을 구원하려면 사회주의를 즉각 받아들여야 한다." 그러나 일단 이윤보다 필요를 우선에 두기 시작한다면, 코로나19 대유행이 끝난 후 이를 원래대로 되돌려야 할 까닭이 있을까?

외출제한령이 신흥국들을 타격하다

코로나19가 여러 신흥국으로 번지자 각국 정부는 외출제한령을 내렸고, 이 때문에 일자리를 잃은 노동자들이 큰 고통을 겪기 시작했다. 2020년 4월 6일, 캘리니코스가 이 문제를 다뤘다.

경제가 급전직하한다는 오래되고 진부한 표현이 있다. 그런데 이번에는 그 일이 실제로 일어났다. 전 세계에서 말이다.

최근 경제지표들을 개략적으로 보여 주는 일련의 그래프들이 발표됐다. 보통 그런 그래프는 울퉁불퉁하고 들쭉날쭉하지만, 보정하면 매끄러운 곡선으로 만들 수 있다. 이번에 나온 그래프들은 모두 치솟거나 곤두박질치는 직선이다. 미국의 실업급여 신청은 2주 만에 거의 1000만 건에 달했다. 영국에서도 2주간 사회복지 급여 신청이 95만 건에 달했다. 또, 2~3월 사이 영국 구매관리자지수가[*] 53.3에서 34.5로 떨어졌고, 같은 기간 유로존 종합 구매관리자지수도 51.6

---

[*] 구매관리자지수(PMI) 제조업 동향에 대한 설문을 통해 제조업 분야의 경기 지표를 나타내는 지수로, 50을 기준으로 그 미만이면 경기 수축을, 그 이상이면 경기 팽창을 나타낸다.

에서 29.7로 떨어졌다. IMF 총재 크리스탈리나 게오르기에바는 이렇게 말했다. "이번 위기는 전례 없는 수준입니다. IMF 역사상 세계경제가 지금처럼 멈춰 서는 것을 경험한 적이 없습니다. 2008년 세계 금융 위기보다 더 심각합니다."

이 위기가 선진 자본주의 경제에 미칠 타격은 어마어마하다. 그러나 이는 신흥국에서 일어나기 시작한 일에 비하면 아무것도 아니다. 이는 부분적으로 빈국이 선진국보다 가난해서 가용 자원이 부족하고, 상대적으로 취약한 의료 서비스가 신자유주의적 '구조조정' 시기에 혹독한 긴축을 겪었기 때문이다. 그러나 많은 신흥국 노동자들이 [임시직, 길거리 행상 같은] 이른바 비공식 부문에 종사하고 있다는 것도 한 이유다. 도시봉쇄령으로 이들의 일자리가 대거 사라져 버렸다. 인도에서는 힌두 강경 우파인 나렌드라 모디 정부의 잔혹함 때문에 이주 노동자 수백만 명이 경찰과 지방·중앙 정부의 탄압을 견디다 못해 도시를 떠나야 했다.

남아프리카공화국 빈곤·토지·농업연구소는 이렇게 경고했다. "공식 식량 체계는 공급 충격으로부터 비교적 잘 보호됐지만, [비공식 식량 경제에 의존하는] 수많은 사람들(노동빈곤층, 비공식 경제 부문 종사자, 불안정 고용 노동자)은 갑작스럽고 장기적인 소득 손실을 겪을 것이다. ⋯ 남는 식량이 있어도, 그들은 구매할 수 없을 것이다. ⋯ 길거리 음식 행상은 영업을 금지당했고 시장을 잃었다. 이것은 이 경제활동과 관련된 수많은 사람들의 생계를 심각하게 위협하고 있다. 또, 사람들이 사고 먹는 것에 즉각적이고 극적인 영향을 주고 있다." 인도와 남아프리카공화국은 신흥국 중에서 가장 크고 부유한 국가다. 제3세계의 더 가난한 곳들에서는 코로나19 위기의 경제적

악영향이 훨씬 더 심각할 것이다.

경제학자 누리엘 루비니가 "더 큰 대공황"이라 일컬을 정도로 심각한 불황의 규모 때문에 각국 정부가 기업과 임금을 지원하는 데에 나서고 있다. 그러나 이런 조처들은 어디까지나 국내 수준의 대응이다. 2007~2009년 세계 금융 위기가 한창일 때는 선진국과 신흥국을 연결하는 G20이 국가별 대응을 조정했다. 지금은 그런 일이 일어나지 않는다. 왜냐하면 세계경제의 3대 중심지인 미국, 중국, 유럽연합 사이에서 긴장이 높아지고 있기 때문이다.

경제가 붕괴하면서 각국 정부는 외출제한령을 중단해야 한다는 커다란 압박을 받고 있다. 코로나19 대유행은 이제 시작 단계에 불과할 수 있는데 말이다. 제1차세계대전 끝 무렵에 발생한 스페인 독감은 1년 넘게 지속됐다. 영국에서는 사망자와 확진자가 계속 증가하지만, 보리스 존슨 정부와 그의 보좌관들은 이미 "출구 전략"을 공공연하게 주장한다. 추측건대, 경제를 되살리려 필사적인 각국 정부는 대규모 검사를, 충분한 인구가 일터로 복귀해도 될 만큼 면역력을 갖췄는지 확인하는 데에 이용할 것이다. 이는 굉장히 위험한 모험이다. 바이러스는 변이할 수 있기 때문이다. 1918~1919년에도 스페인 독감은 세 차례에 걸쳐 대대적으로 유행했다.

따라서 우리는 대규모 검사와 필수 사업장 노동자 보호뿐 아니라 외출제한령의 안전한 종료를 보장받기 위해서도 투쟁해야 한다.

죽음과 이윤을 거래하려 드는 체제

2020년 4월로 접어들면서 코로나19가 미국과 유럽 등에서 크게 번졌고 특히 빈민과 유색인종이 많이 희생됐다. 4월 13일, 캘리니코스는 대기업과 우파 언론이 이런 상황에서도 외출제한령을 해제하라고 압박하는 것은 자본주의가 이윤에 눈멀어 생명을 위협하는 체제임을 보여 준다고 지적했다.

급진적 학자 노먼 O 브라운은 저서에서 이렇게 썼다. "역사는 인류를 마침내 스스로를 절멸시킬 수 있는 지점에 이르게 했다. 역사의 이 순간에 삶의 본능을 따르는 사람들은 죽음의 승리가 결코 불가능하지 않음을 경고해야 마땅하다." 브라운은 이 책을 1959년에 썼다. 그가 말한 "죽음의 승리"란 핵전쟁이었다. 그러나 이제 우리는 앞선 세대가 뼈저리게 깨달은 바를 다시 깨닫고 있다. 질병 덕에 죽음이 승리할 수 있다는 것을 말이다.

《죽음에 맞선 삶》이라는 이 책의 제목이 몇 주 동안 머릿속을 떠나지 않았다. 그러나 죽음은 추상이 아니다. 죽음은 14세기에 유럽 인구 3분의 1을 죽게 한 흑사병을 다룬 잉마르 베리만의 걸작 〈제7의 봉인〉에 나오는 것 같은 어떤 신화적 인물도 아니다. 이 세계에 드리운 죽음은 계급적 죽음이다. 죽음은 밀라노·런던·뉴욕 등 세계 자본주의의 금융 중심지 몇몇을 휩쓸었다. 그러나 이 죽음은 가난하고 천대받는 사람들의 목숨을 앗아 간다.

통계 수치는 끔찍하다. 뉴욕에서 흑인과 라틴계는 코로나19로 사망할 가능성이 백인의 2배나 된다. 시카고에서는 코로나19 사망자의 72퍼센트가 흑인이다. 뉴올리언스의 한 식료품점 주인이 〈워싱턴 포스트〉에 이렇게 말했다. "일은 힘들지, 오래 일하지, 받는 것은 쥐꼬리고, 의료보험도 없고, 돈도 없고, 몸에 나쁜 것밖에 못 먹으니 이동네 사람들은 삶이 기저질환입니다." 노동빈곤층은 재택근무도 못하고 격리 공간도 없다. 이들은 외출제한령으로 일자리를 대거 잃었고 가족이 굶어 죽을 지경에 이르고 있다.

영국은 부족하나마 사회 안전망이 남아 있는 나라다. 그러나 4월 11일 〈파이낸셜 타임스〉는 [식량 관련 싱크탱크인] 푸드파운데이션의 발표를 다음과 같이 인용했다. "지난 3주 동안 식료품이 부족해 끼니를 거른 가족이 있다고 답한 성인이 6퍼센트에 달했다. 인구 비례로 따지면 영국인 약 300만 명에 해당하는 수치다."

상황은 더 악화할 것이다. 유럽과 미국의 대기업과 우파 정치인들은 외출제한령을 해제하라는 압력을 넣고 있다. 백신이 없는 상황에서 외출제한령을 완화하면 십중팔구 재감염이 만연하고 피할 수도 있는 더 많은 죽음을 초래할 텐데 말이다. 우파 주간지 〈스펙테이터〉의 편집장 프레이저 넬슨은 이에 대해 흥미로운 궤변을 늘어놓았다. "코로나19가 초래한 죽음들은 충격적이다. 그러나 외출제한령의 효과도 충격적이긴 마찬가지다. 한 장관은 이렇게 말한다. '우리의 메시지는 계속 일하되 되도록 집에서 일하라는 것이었다. 그러나 그런 메시지는 지켜지지 않았다.' 재무부는 휴직 수당 지원 신청자를 300만 명으로 예상했다. 이제는 900만 명으로 예상한다. 원래 계획은 학생을 5분의 1가량 출석하게 하는 것이었다. 핵심 업종 노동자의 자녀뿐 아니라 취약 계층 학생, 특수교육 학생도 포함해서 말이다. 그러나 학생 중 겨우 2퍼센트만이 등교한 듯하다." 그러니까 문제는 사람들이 물리적 거리 두기 지침을 무시하거나 공원에 놀러 나가는 것이 아니라는 것이다. 오히려 자신과 가족의 목숨을 너무 아끼는 것이 문제라는 것이다. 넬슨은 외출제한령으로 목숨을 구하는 것과 외출제한령이 초래할 경제적 타격 사이에서 "균형점"을 찾아야 한다는 역겨운 주장도 되풀이한다. 그러면서 경기 침체가 심해지면 15만 명이 더 목숨을 잃는다는 아주 미심쩍은 추정치를 들이민다.

자유 시장을 일관되게 지지하는 경제 주간지 〈이코노미스트〉조차 이런 주장을 거들떠보지 않는다. "경기 하락이 건강에 미치는 영향에 관한 상세한 연구들은, 특히 사망률에 관한 한, 그 영향이 흔히 짐작하는 것과 달리 부정적이지 않음을 시사한다. 경제적 증거를 보면, 사망률이 경제 성장기에 올라가고 경기 하강기에는 떨어진다."

'죽음에 맞선 삶'이란 이윤에 맞선 삶인 것이다. 살아생전 자본주의가 죽음을 거래하는 체제임을 이토록 생생하게 목격한 적은 없었다. 그러나 자본주의는 언제나 그랬다. 초기 자본주의는 노예무역과 아동노동에 의존하지 않았던가. 이제 이 체제는 이 세상에 남은 야생 생태계를 침범해서 코로나19 같은 전염병이 창궐할 조건을 만들고 그 대가를 노동계급이, 많은 경우 목숨으로 치르게 하고 있다. 이에 맞선 투쟁은 생사를 건 투쟁이자 우리의 삶을 지키기 위한 투쟁이다.

의학은 정치에서 자유로울 수 없다

미국의 도널드 트럼프와 영국의 보리스 존슨은 코로나19를 대수롭지 않은 것으로 취급하며 수수방관해 수많은 사람을 희생시켰다. 그러면서 자신들의 정치적 선택을 합리화하려고 사이비 과학을 동원했다. 2020년 4월 27일, 캘리니코스가 이 문제를 다뤘다.

영국 정부를 논란에 휩싸이게 한 최근의 폭로는 코로나19 대응 정책이 '과학'과 '증거'에 기반해 있다는 정부의 주장에 타격을 줬다. 4월 24일 〈가디언〉은 비상사태과학자문그룹SAGE에 보리스 존슨의 수석 보좌관 도미닉 커밍스가 참여하고 있음을 폭로했다. 신뢰가 추락할 일이다. 무엇보다 커밍스는 괴짜 과학 애호가이기 때문이다. 그러나 더 흥미로운 점은 보수당이 자신들의 정치적 선택을 물신화된 '과학'으로 포장하려 한다는 것이다.

치명적 바이러스가 급속도로 퍼지는 현재 상황을 고려하면, 다양한 분야의 과학 전문가들에게 전문 지식을 구하는 것은 합당한 일이다. 그런데 '과학'의 권위에 호소하는 것에는 두 가지 정치적 이점이 있다.

흔히 과학은 의심할 여지가 없는 진리이기에 과학을 근거로 한 결정은 논박할 여지가 없는 것으로 여겨진다. 또, 과학은 중립적이고 정당이나 계급적 이해관계에서 자유로운 것으로 여겨진다. 그러나 이는 사실이 아니다. 아이작 뉴턴, 찰스 다윈, 알베르트 아인슈타인 같은 위대한 과학자들은 얼마든지 반증을 시도할 수 있는 이론을 세웠다. 그들의 이론은 개정되기도 했고 때로는 후속 이론으로 대체되기도 했다. 과학의 역사는 논쟁, 비판, 자기비판, 수정으로 점철돼 있다.

이 점은 지금처럼 뭔가 낯선 것에 대처할 때 특히 중요하다. 〈사이언스〉에 실린 한 기사에 나온 말처럼 "매주 1000건이 넘는 논문이 학술지들에 실리지만 정확하게 밝혀진 것은 없다. 이번 바이러스는 지금까지 인류가 경험한 어떤 병원체와도 똑같이 움직이지 않기 때문이다." 영국 정부와 그 보좌진이 처음에 '집단면역' 전략을 택한 이유 하나는 코로나바이러스를 인플루엔자 바이러스의 일종으로 취급했기 때문이다. 별난 수학자인 나심 니콜라스 탈레브가 트위터에 쓴 말에는 어느 정도 진실이 담겨 있다. "가장 안전한 정책은 그 결과에 대해 아는 바가 아예 없는 것처럼 행동하는 것이다."

그래서 가장 영향력 있는 전문가의 제언도 통계 모형 구성에 기반한 것이다. 그런 통계 모형들은 코로나바이러스가 전 세계 인구에 미치는 영향에 대해 방대하게 축적되고 있는 데이터를 바탕으로 하고 있다. 이런 통계적 데이터가 증거이긴 하다. 그러나 통계적 데이터는 그 의미를 스스로 드러내지 않는다. 그것은 해석돼야 한다. 코로나19 대유행에 관한 여러 연구를 둘러싼 논쟁은 많은 경우 상이한 모형들이 토대로 삼는 가정들에 초점을 둔다. 이런 가정들은 데이터에 따라 결정되는 것이 아니다. 오히려 이런 가정들에 따라 데이터를 조직하는 것이다. 그리고 이런 가정을 세우는 데에서 길잡이가 되는 이론들은 전혀 중립적이지 않다. 이번에 논란이 된 과학자 자문위원회에는 2명의 '행동과학' 전문가가 포함돼 있다. 그러나 '행동과학'은 사이비 과학의 한 형태로서, 자본주의·제국주의·계급 같은 깊게 뿌리내린 구조가 인간의 행동을 규정하는 데서 하는 구실은 무시한 채 미심쩍은 심리학을 근거로 사람들의 사회적 행동을 설명하려 한다.

이와 대조적인 접근법을 의학 전문지 〈랜싯〉의 편집자인 리처드 호턴이 제시한다. 호턴은 존슨 정부의 대유행 대응책을 "한 세대 동안 최악의 과학 정책 실패"라고 비판했다. 호턴은 〈파이낸셜 타임스〉와의 인터뷰에서 역사가이자 철학자인 미셸 푸코의 저서를 읽고 있다고 답했다. 푸코는 "지식-권력"이라는 개념을 고안해, 특정한 형태의 지배라는 맥락 속에서 과학이 어떻게 발전하고 그 지배를 뒷받침하는지 연구했다. 호턴이 인용한 《생명정치의 탄생》에서* 푸코는 18세기에 "통치성"(푸코가 만들어 낸 개념으로 전체 인구를 관리하기 위한 국가의 전략을 말한다)이 출현하는 과정의 일환으로 자유주의 정치경제학이 형성됐음을 보여 준다.

영국의 코로나19 대유행은 여러 면에서 신자유주의의 '통치성'을 속속들이 보여 주는 사례라 할 만하다. 코로나19는 많은 죽음을 초래했고, 특히 요양원에서 지내는 노인과 취약자가 많이 사망했다. 〈파이낸셜 타임스〉는 요양원에서 1만 1000명의 초과 사망[역사적 평균치와 비교해 늘어난 사망자 수]이 있었다고 추정한다. 호턴은 반갑게도 과학과 정치의 관계에 관해 완전히 다른 주장을 개진한다. "19세기 위생 개혁과

---

* 국역: 《생명관리정치의 탄생》, 난장, 2012.

영국 국가보건서비스의 탄생 같은 몇몇 위대한 진전은 기술적 업적이 아니라 정치투쟁의 결과였다. 의학과 보건에서 정치를 분리할 수 있다는 발상은 역사에 대한 무지의 소치다. 의학 기관들은 보건 격차나 사람들이 의료 서비스를 누리지 못하는 문제를 해결하는 데에서 정치를 멀리할 것이 아니라 오히려 더 정치적이어야 한다."

부채 위기를 이용한 노동자 공격

――――

코로나19 위기로 각국 정부의 재정지출이 급증하자 부채 위기가 쟁점이 됐다. 신자유주의자들은 또다시 긴축이 필요하다고 주장하고, 일부 포스트케인스주의자들은 정부 지출을 충분히 늘리면 경제성장으로 이어질 거라고 주장한다. 2020년 5월 18일, 캘리니코스가 이 문제를 다뤘다.

많은 이들이 코로나19 대유행에 더해 부채 위기가 올까 봐 두려워한다. 기업들을 구제하고 임금을 보조하는 데 엄청난 정부 지출이 들어가기 때문이다.

세계 자본주의는 지난 몇십 년 동안 부채에 대한 의존이 심해졌다. 14개 선진국의 총부채는 1960년에 국민소득 대비 120퍼센트였는데 2017년에는 260퍼센트 이상으로 증가했다. 이 총부채에는 국가 부채, 기업 부채, 가계 부채가 모두 포함된다. 금융시장에서는 국민소득 대비 국가 부채의 비율이 초점이 된다. 올해에는 경제가 급격히 수축하고 정부 지출이 늘어나서 이 비율이 치솟을 것이다. 이 비율이 너무 높아지면 정부는 부채에 대한 이자를 감당하지 못하게 되거나 심지어 채무불이행 상태에 빠질 수 있다.

최근 유출된 재무부 문건은 영국이 "국가 부채" 위기에 빠질지도 모른다고 경고한다. 그러면서 올해 재정 적자(정부가 지출을 충당하기 위해 빌려야 하는 비용)가 3370억 파운드[약 506조 원]에 달할 것이라고 전망한다. 최악의 경우 재정 적자는 5160억 파운드[약 775조 원]에 이를 것이라고 한다. 코로나19 대유행이 오기 전에는 재정 적자가 550억 파운드[약 83조 원]일 것으로 예상됐다. 아니나 다를까 재무부의 처방은 또다시 복지 삭감, 세금 인상, 공공 부문 임금 동결 등 한바탕 긴축을 펴는 것이다.

자본주의가 잘 굴러가려면 정부 개입이 필요하다고 주장한 존 메이너드 케인스에게 영향받은 경제학자들은 정부 부채를 지나치게 걱정하는 것이 기우라고 말한다. 코로나19로 인한 제한 조처에서 벗어나 경제가 빨리 회복하면 부채비율이 개선되고 정부의 조세수입이 늘어난다는 것이다. 신임 영국은행 총재 앤드루 베일리는 영국은행이 "통화 공급"을 하고 있다고 시인했다. 즉, 추가적 정부 지출을 위해 사실상 돈을 찍어 내고 있다는 것이다. 그러나 한 포스트케인스주의 학파는 그것이 문제가 아니라고 주장한다. 정부 지출이 생산적 투자를 위한 재원이 되고, 생산적 투자 덕에 경제가 성장하면 아무 문제가 없다는 것이다. 이들은 이른바 '현대화폐이론'의 지지자들이다. 이들은 마치 코로나19가 오기 전에는 생산 경제가 비교적 건강한 상태였다는 듯이 논리를 편다.

그러나 실제로는 그렇지 않았다. 정부 부채가 아니라 민간 부채를 보면 이를 알 수 있다. 미국의 중앙은행인 연준이 최근 발표한 "통화 안정 보고서"["금융 안정 보고서"를 말하는 듯하다]에 따르면 코로나19가 오기 전 가계와 은행은 재정 상태가 비교적 건전했다. 그러나 기업 부채의 상황은 그렇지 않았다. "기업 레버리지, 즉 모든 비금융 상장 기업들의 자산 대비 부채 비율은 2020년 초에 20년 동안 최고 수준이었다. 게다가 고高레버리지 기업들(자산 대비 부채 비율이 상위 25 퍼센트인 기업들)은 이 수치가 거의 최고 기록에 근접했다." 〈파이낸셜 타임스〉의 말처럼 "기업들은 위험하리만치 부채에 취해 있다."

2008년 금융 위기 이후 낮은 수익성에 허덕이던 기업들은 부채를 잔뜩 짊어졌다. 중앙은행들이 금리를 낮게 유지해서 부채 비용이 매우 쌌기 때문이다. 그러나 "위기 시기에 부채는 그 비용과 상관없이 해로워진다. 수익이 곤두박질치면 이자도 큰 부담으로 다가온다. 부채 만기일은 치명적 위협이 된다. 채무불이행이 전염병처럼 유행할 가능성이 높아지고 체제가 삐걱거린다."

여기에 더해 코로나19 대유행은 많은 노동계급 사람들을 더욱 빚더미로 내몰 것이다. 런던경영대학원은 영국 가계 지출이 4월에 41.2 퍼센트 감소했다고 발표했다. 그러나 이런 수치는 매우 상이한 처지들을 뭉뚱그린다. 〈파이낸셜 타임스〉가 지적했듯이 "고소득자들은 저축률이 올랐다. 그러나 이번 위기로 빈곤의 나락에 떨어진 사람들을 비롯한 저소득층은 저축이 급감하고 초과 인출로 말미암은 은행 수수료 지출이 급증하는 바람에 부채가 늘어났다." 다시 말해, 잘사는 사람들은 외출제한령이 떨어지자 고급 식당이나 휴가, 그 밖의 여흥에 쓰던 비용을 줄이고 대체로 온전히 유지된 소득을 더 많이 저축했지만, 가난한 사람들은 수입이 사라져 고군분투하며 빚의 구렁텅이로 빠져들고 있다.

정부와 고용주들은 이런 재정적 어려움을 이용해 노동자들을 안전하지 않은 일터로 몰아넣으려 할 것이다. 그러는 동안 기업들은 더 많은 값싼 신용을 제공받고 있어서 기업 부채 위기가 계속 고조될 것이다.

코로나19로 새롭게 등장한 정치적 갈등

———

코로나19 대유행이 장기화될 것이 분명해지면서 이에 어떻게 대응할지를 놓고 새로운 정치적 갈등과 분열이 생겨났다. 2020년 9월 28일, 캘리니코스가 이 문제를 다뤘다.

"이번 주는 마치 3월 중순이 느린 화면으로 재생되는 듯하다." 영국의 감염병리학자 애덤 쿠차스키는 9월 26일 트위터에 이렇게 썼다. 코로나19 확진자 수가 치솟고 대학가로 번지는 것을 보면 그의 말이 무슨 뜻인지 알 수 있다.

영국 총리 보리스 존슨이 [4월에 코로나19에서 회복해 업무로 복귀하면서] 했던 유치한 비유와 달리, 코로나19는 몇 달 안에 "쓰러뜨릴 수 있는" 상대가 아니라는 게 현실에서 갈수록 분명해지고 있다. 제2차세계대전 종전 이후로 전 세계 경제와 사회에 이토록 심각하게 피해를 준 것은 없었다. 물론 코로나19는 전쟁처럼 물리적으로 파괴하지는 않는다. 전쟁만큼 사망자를 많이 내지도 않을 듯하다. 그렇지만 이 바이러스는 수년 동안 우리 곁에 머물 것이고, 한 연구가 경고하듯이 방역 대책들을 우회하는 방식으로 이 바이러스가 진화한다면 더욱 그럴 것이다. 게다가 코로나19의 피해는 일시적 경기 침체에 그치지 않을 것이다. 특히, 백신으로 영구적이거나 지속적인 면역력을 얻지 못한다면 사회는 장기적 대책을 강구해야 하고 그 경제적 결과는 지대할 것이다. 긍정적이든 부정적이든 말이다. 존슨이 입이 떡 벌어지도록 어설프게 대처한 결과 이 모든 점은 영국에서 아주 분명하다. 그렇지만 다른 곳의 사정도 비슷하다. 스페인과 프랑스는 이미 확진자 수가 영국보다도 더 높게 치솟았다. 코로나19는 라틴아메리카의 많은 나라들과 미국에서도 여전히 기세가 등등하다.

갈수록 이런 현실이 정치에 영향을 미치고 있다. 그 시작은 미국의 '흑인 목숨도 소중하다' 운동이었다. 이 운동은 경찰의 흑인 살해를 규탄하는 운동이었지만, 코로나19의 영향이 고르지 않다는 사실이 운동에 큰 영향을 끼쳤다. 최근의 한 연구를 보면, 연령을 고려한 코로나19 사망률은 흑인이 백인의 3.4배나 된다.

한편 우파들은 외출제한령에 갈수록 강하게 반대하고 있다. 도널드 트럼프가 부추기는 가운데, 극우는 각종 음모론과 개인의 자유를 거론하며 독일·영국·미국에서 사람들을 집회에 동원하고 있다. 그러나 중도 우파 사이에서도 더 많은 제한 조처에 대한 반대가 늘고 있다. 프랑스 마르세유는 최근의 코로나 확산세로 큰 타격을 받았다. 그렇지만 프랑스 정부가 술집과 레스토랑을 닫으라고 명령하자 마르세유 정치인들은 이를 비난하며 건물주들과 레스토랑 주인들을 거리로 불러냈다. 스페인 마드리드의 상황은 더 심각한데, 확진자 비율이 인구 10만 명당 722명꼴이다. 보수 정당인 국민당이 운영하는 마드리드 지방정부는 동네를 벗어난 이동을 제한하라는 중앙정부의 요청을 거부했다.

유럽 전역에서 확진자가 늘고 있는 것은 여름에 외출제한령을 성급하게 푼 결과다. 영국도 마찬가지다. 존슨도 그 나름으로 스코틀랜드·웨일스·북아일랜드 지방정부들과 문제가 있다. 그렇지만 하원에서 야당 전체를 합한 것보다 의석이 80석이나 많은 [거대 여당의] 총리라면 잉글랜드에서는 재량권이 상당해야 마땅할 텐데도 존슨은 옴짝달싹 못 하는 처지다. 전문가들은 존슨 정부가 9월 24일에 실시한 대책[밤 10시 이후 레스토랑·술집 영업 종료, 마스크 착용 의무 강화 등]이 확진자 증가세를 멈추고 되돌리기엔 턱없이 부족하다고 말한다.

존슨이 빚은 총체적 난맥상을 보며 보수당 의원들은 갈수록 불만이 커지고 있다. 한 보수당 의원은 〈파이낸셜 타임스〉에 말했다. "한 주 한 주가 시련입니다." 보수당 평의원단을 이끄는 그레이엄 브레이디 경은 〈스펙테이터〉와의 인터뷰에서 이렇게 말했다. "정부가 코로나 대응을 위해 누리는 막강한 권력을 앞으로는 6개월마다 의회 승인을 받도록 할 수정안 통과에 필요한 의원 수를 확보했습니다."

존슨의 대응은 늘 그랬듯이 회피하는 것이었다. 그는 9월 22일 하원 연설에서 영국이 이탈리아나 독일보다 감염률이 높은 것이 "이 나라가 자유를 사랑하는 나라"이기 때문이라고 말했다. 그 탓에 존슨은 이탈리아 대통령에게서 한 소리 들어야 했다. "우리 이탈리아인들도 자유를 사랑하지만, 심각한 일을 심각하게 여길 줄도 압니다." 존슨은 보수당 지지층에 인기를 끌 요량으로 한 말이었다. 그러나 더 많은 문제가 놓여 있다. 전염병뿐 아니라 유럽연합 탈퇴 이후 무역협정도 있다. 코로나19라는 허리케인은 사람들의 목숨을 앗아갈 뿐 아니라 정치 경력도 여럿 날려 버리고 있다.

팬데믹, 부채, 경제력

코로나19 확진자와 사망자가 다시 급증하던 2020년 12월 1일에 쓴 논평이다.

코로나19 대유행은 세계경제에 어마어마한 충격을 줬다. 우리는 1930년대 대공황 이래 가장 거대한 세계경제 침체 한복판에 있다. 오늘날 영국의 불황을 두고 지난 300년 동안 가장 심각하다고들 말한다.

역사적으로 이 충격을 어떻게 이해할 수 있을까? 많은 전문가들이 예측하듯이 앞으로 또 다른 전염병 대유행이 있을 것이기 때문에 중요한 물음이다. 지난주 〈파이낸셜 타임스〉 수석 경제 논설가 마틴 울프가 여기에 답하는 유용한 글을 썼다. 울프는 "코로나19가 사회와 경제의 취약성을 드러냈으며 그 수준은 전문가들이 예측한 것보다 훨씬 컸다"고 주장한다. 코로나19 사망자가 500만 명이라면 이는 세계 인구의 0.06퍼센트에 해당한다. 이를 1918~1919년의 소위 "스페인 독감"과 비교해 보라. 스페인 독감 사망자는 세계 인구의 2.4~6퍼센트에 달했다. 옛 전염병이 훨씬 더 치명적이었다. 14세기 중반 흑사병으로 유럽 인구 3분의 1 이상이 죽었다. 16세기 스페인

정복자들이 아메리카로 천연두를 옮겼을 때에는 원주민 인구 93퍼센트가 사망했다.

코로나19의 경제적 비용은 막대하다. 울프는 그 비용이 많으면 세계 GDP의 75퍼센트에 달할 것이라고 추정한다. 코로나19 대유행 이전에 경제학자들이 스페인 독감에 비견할 만한 전염병 대유행의 경우로 추산한 것보다 훨씬 높은 수치다. "그렇다면 이처럼 상대적으로 가벼운 전염병 대유행이 이토록 큰 경제적 손실을 낳은 이유는 무엇인가?" 울프는 이렇게 대답한다. "정답: 다음과 같은 일을 할 수 있기 때문이다. 부유한 나라의 국민은 일상적 지출의 상당 부분을 쉽게 줄일 수 있고 그들의 정부는 타격을 입은 사람들과 기업들을 대규모로 지원할 수 있다. 대유행에 대한 대응은 오늘날의 경제적 가능성과 사회적 가치를 반영한다. 적어도 부유한 나라들에서는 그렇다. 대유행을 잡기 위해 막대한 비용을 치를 태세가 돼 있다는 것이다."

울프의 말에는 일말의 진실이 담겨 있다. 부유한 나라들은 생명을 구하는 데에 내놓을 수 있는 자원이 더 많다. 더 나아가 울프는 새경제사상연구소가 발표한 유명한 도표를 인용한다. 이 도표는 경제 살리기와 사람 목숨 구하기 사이에 길항 관계(모순적 관계)가 있다는 주장을 반박한다. 전반적으로, 인명에 우선순위를 둔 국가들은 경제 생산에서도 손실을 덜 봤다. 중국이 두드러지는 사례다.

그러나 단지 국가의 경제력에 달린 것은 아니다. 같은 도표를 보면 인명 피해와 경제적 손실이 가장 큰 국가들 중에는 이탈리아·영국·스페인·프랑스 등이 포함돼 있다. 미국과 벨기에도 그 못지않다. 이처럼 부유한 북반구의 몇몇 정부들은 이윤을 우선시했고 그러면서 수많은 사람들, 특히 흑인과 가난한 사람들을 죽게 하고 나라 경제를 망쳤다. 보리스 존슨 치하의 영국이 특히 처참하게 실패했다. 게다가 가난한 나라들은 목숨이냐 이윤이냐를 선택할 수 없는 처지일 때가 많다. IMF 추산에 따르면 선진국들은 국민소득의 약 20퍼센트만큼 정부 지출을 늘렸다. 반면 가장 가난한 나라들은 생산량의 2퍼센트만큼밖에 늘리지 못했다.

그러나 다시 한 번 말하지만 단지 절대적인 부나 빈곤의 문제가 아니다. [대유행 통제에 비교적 성공한] 쿠바나 베트남이 이를 잘 보여 주는 사례다. 추가적 정부 지출의 재원은 대부분 부채를 늘리는 방식으로 조달됐다. 국제금융연구소는 연말에 세계 부채 규모가 277조 달러에 달할 것으로 추정한다. 세계 GDP의 365퍼센트에 해당하는 규모다. 보수당 우파들이 앓는 소리를 하지만 영국 같은 나라한테 이런 부채는 큰 문제가 아니다. 자국 통화로 된 빚이고 초저금리로 빌릴 수 있기 때문이다. 그러나 이미 엄청난 외채 더미 위에 앉은 가난한 나라들은 그럴 여지가 없다.

마르크스주의 경제학자인 마이클 로버츠는 이미 6개 나라가 외채에 대한 채무불이행 상태에 빠졌고 앞으로 더 많은 나라가 그렇게 될 것이라고 지적했다. "다가오는 부채 재앙"은 국가들이 이 문제에 제대로 또는 잘못 대처하는지는 지배적인 경제력 관계에 전적으로 달려 있다는 것을 선명하게 보여 준다.

5장
—
마르크스주의의 귀환

오늘날, 왜 마르크스인가

2018년 5월 1일, 카를 마르크스 탄생 200주년을 맞아 이 위대한 혁명가가 남긴 유산이 왜 오늘날에도 여전히 유효한지 살펴봤다.

카를 마르크스가 1883년 3월 세상을 떠났을 때 여기에 주목한 이는 많지 않았다. 런던 하이게이트 묘지에서 열린 그의 장례식에는 10여 명이 참석했다. 마르크스는 1871년 파리코뮌을 옹호한 일로 유럽 언론의 마녀사냥을 당한 바 있지만, [영국 언론] 〈타임스〉는 프랑스 신문 보도를 통해서야 그의 죽음을 알았다. 그 후로도 마르크스는 상징적으로 여러 차례 다시 묻혔다. 사회학자 대니얼 벨은 냉전 시기에 "이데올로기의 종말"을 주창했는데, 그는 이 말을 무엇보다 마르크스주의의 종말이란 의미로 사용했다. 1989년 동유럽과 소련의 스탈린주의 정권이 무너지기 시작하자, 미국 국무부 관료 프랜시스 후쿠야마는 더 나아가 "역사의 종말"을 선언했다. 자유 자본주의가 적수를 물리치고 승리했고, 미래도 지배할 것이란 얘기였다.

그럼에도 올해 5월 5일 마르크스 탄생 200주년은 언론의 주목을 크게 받고 많은 행사가 열린다. 심지어 유럽연합 집행위원장 장클로드 융커(엉뚱한 짓을 자주 한다)는 마르크스의 고향 트리어에서 열린 마르크스 동상 제막식에 참석하기도 했다. 도대체 왜 이렇게 마르크스를 묻어 버리기 어려운 것일까? 근본적 답은, 자본주의 때문이다.

후쿠야마가 "역사의 종말"을 선언한 것은, 마거릿 대처와 로널드 레이건이 선도한 자유 시장 자본주의가 평화와 번영을 가져오리라는 신자유주의적 거만함이 극에 달했음을 반영했다. 그는 이렇게 썼다. "서방에서 계급 문제는 사실 성공적으로 해결됐다. 현대 미국의 평등주의는 마르크스가 꿈꾸던 계급 없는 사회가 본질적으로 성취됐음을 보여 준다." 후쿠야마의 말은 이제 허황된 소리가 됐다. 미국 노동계급의 생활수준은 한 세대 내내 나아지지 않고 있다. 신자유주의 시대에 경제적 불평등은 증가했고, 토마 피케티의 연구에 따르면, 제1차세계대전 이전 수준으로 악화되고 있다. 1980년대 이후 서방 정치권에서 득세하며 신자유주의를 추종한 "극단적 중도" 세력은 이제 좌와 우 양측에서 일어난 소위 '포퓰리즘'의 반란에 직면했다.

이 모든 문제는 자본주의가 실패하고 있음을 보여 준다. 자본주의는 [2008년에 닥친] 1930년대 이후 최악의 경제 위기에서 여전히 회복하지 못했다. 마르크스는 바로 이 자본주의를 연구했다. 마르크스가 나중에 언급한 바에 따르면, 1840년대 독일의 젊은 급진적 민주주의자였던 그는 "이른바 물질적 이해관계 논의에 참여해야 했을 때 당혹감을 느꼈다." 그는 위대한 근대 혁명(1640년 영국 혁명, 1776년 미국 혁명, 1789년 프랑스 혁명)이 협소한 정치적 변화 이상으로 나아가지 못했다는 결론을 내렸다. 그가 "인간 해방"이라 부른 것을 이루려면, "물질적 생활 조건" 또는 철학자 헤겔이 말한 "시민사회"

의 변화가 필요했다. 마르크스는 또한 "시민사회의 해부는 정치경제학에서 찾아야 한다"는 것을 발견했다. 마르크스는 고전 정치경제학(제임스 스튜어트, 애덤 스미스, 데이비드 리카도)을 연구하기 시작했지만 이후 자신이 '정치경제학 비판'이라 부른 작업으로 나아갔다. 그의 정치경제학 비판은 단지 정치경제학을 이론적으로 비판한 것이 아니라, 정치경제학이 설명하면서도 동시에 신비화하는 경제체제에 대한 비판으로까지 나아갔다. 바로 그 체제를 마르크스는 자본주의 생산양식이라 불렀다.

그는 자신의 걸작 《자본론》에서 현대 산업자본주의에 대한 체계적 분석·비판을 발전시켰다. 마르크스가 《자본론》을 쓸 당시에만 해도, 자본주의 체제는 몇 개의 교두보(영국, 북서유럽 일부 지역, 미국 북동부 해안 지역)만을 구축한 상태였다. 그러나 마르크스는 자본주의 체제가 세계를 정복하리란 것을 간파했다. 마르크스는 가장 유명한 저작 《공산당 선언》에서 자본주의를 마치 찬양하는 듯 말했다. "생산의 끊임없는 혁신, 모든 사회조직의 부단한 교란, 끝없는 불확실성과 동요가 부르주아 시대와 이전 모든 시대의 차이점이다." 많은 이들이 지적했듯, 마르크스가 《공산당 선언》에 쓴 자본주의에 대한 묘사는 오늘날 세계화 시대의 자본주의에 잘 들어맞는다. 그는 이렇게 적었다. "부르주아지는 세계시장을 개척해 모든 국가의 생산과 소비에 범세계적 성격을 부여했다." 그렇지만 자본주의 작동의 근본 원리를 밝힌 마르크스의 작품은 《자본론》이다.

마르크스는 《자본론》을 "상품"이란 장으로 시작한다. 이를 얼핏 보면 마르크스가 자본주의를 시장과 동일시하는 주류 경제학자들에게 동의하는 것처럼 느낄 수 있다. 그러나 주류 경제학자들에게

시장이 인간의 욕구를 충족시키는 것이라면, 마르크스에게 자본주의는 속박과 착취가 지배하는 왕국이다. 자본주의 기업들은 생산수단을 지배하고 상품을 판매하는 능력에 따라 생존하고 번영한다. 이 말은 기업들이 경쟁 논리에 따라 운영된다는 뜻이다. 자본가들은 "싸우는 형제들"처럼 서로를 약화시키고, 상대방 시장을 훔치고, 필요하다면 상대방을 망하도록 하려 한다. 이 생사를 건 싸움에서 승리의 잣대는 이윤이다. 마르크스는 스미스와 리카도의 연구를 더 발전시켜, 자본가 상품을 만들려고 고용한 노동자의 노동에서 이윤이 생긴다는 점을 드러냈다. 마르크스가 "은밀한 장소"라고 부른 생산 영역에서 자본가들은 노동자들을 체계적으로 착취해 최대한의 이윤을 뜯어낸다. 노동자들은 사용자를 선택할 자유가 있는 듯 보인다. 그러나 마르크스가 지적했듯, 노동자가 가진 것은 오직 노동력뿐이라서 그들이 자신과 가족의 생계를 유지할 유일한 방법은 자신이 착취당하는 것이다. 《자본론》의 가장 뛰어난 부분 하나는 농민이 토지에서 쫓겨나면서 자본주의 생산조건이 갖춰지는 상황을 설명하는 대목이다. 농민은 노동자가 될 수밖에 없었고, 유럽은 점령·약탈·노예화를 통해 세계를 지배하게 됐다.

자본주의는 아무도 통제하지 못하는 체제다. 자본가들은 생존하려면 착취해야 할 뿐 아니라, 이윤을 축적해 더 크고 효율적인 생산에 재투자해야 한다. 바로 이 원리가 마르크스가 《공산당 선언》에서 찬양한 역동성과 동요를 가져오는 것이다. 그러나 경쟁적 축적은 자본주의 역사에서 주기적으로 나타나는 경제 위기도 낳는다. 기업은 노동 절약형 기술에 점점 더 많이 투자하는데, 이는 이윤율을 저하시켜 자본주의의 경제 위기를 초래한다. 또한 "노동계급의 반란도 증가한다. 이 계급은 지속적으로 증가하고, 교육받고, 단결하고, 조직된다. 바로 자본주의 생산과정의 작동 방식에 의해서 말이다."

자본주의는 생산에서 협력을 증대시키지만, 동시에 생산을 실제로 담당하는 노동자들을 분열시키고 착취하려 한다. 따라서 노동자들은 사용자에 맞서 집단적으로 행동하는 데 공동의 이해관계를 갖는다. 단결은 노동계급이 효과적으로 행동하는 데 핵심적이다. 이는 또한 자본주의의 대안인 공산주의의 기초이기도 하다. 공산주의는 "연합한 생산자들"이 운영하는 사회로, 노동하는 사람들이 [생산과 사회 운영에 대한] 결정을 내린다. 스탈린주의의 왜곡과는 달리, 마르크스는 자본주의의 전복을 근본적으로 민주적인 과정으로 여겼다. 1864~1872년 마르크스가 이끈 제1인터내셔널은 이렇게 선언했다. "노동계급의 해방은 노동계급 스스로 쟁취해야 한다." 그뿐 아니라 마르크스의 인터내셔널은, 노동자들이 분열돼 혁명으로 나아가지 못하는 문제에도 대처해야 했다. 1870년 마르크스는 영국 "토박이" 노동자와 아일랜드계 이주 노동자 사이의 인종적 적대를 지적했다. 그는 이렇게 말했다. "이 적대는 왜 영국 노동계급이 자체의 조직을 갖추고도 완전히 무력한지를 이해할 수 있는 열쇠입니다. 이것이 자본가계급이 권력을 유지하는 비결입니다." 따라서 마르크스의 사상이 여전히 유효한 이유는 단지 그의 자본주의 비판 때문만이 아니다. 마르크스는 사회주의로 나아가려면 노동자들이 자본가들에 맞설 뿐 아니라 자신들을 분열시키는 온갖 형태의 차별에 맞서서도 단결해야 한다는 것을 이해했다.

마르크스는 죽기 얼마 전 켄트주 램스게이트에서 쉬면서 미국 언론인 존 스윈턴과 인터뷰를 했다. 스윈턴은 이렇게 적었다. "나는 이 혁명가이자 철학자에게 숙명적 질문을 던졌다. '[존재의 근본 법칙은] 무엇입니까?' 거센 바다와 해변을 거니는 사람들을 물끄러미 바라보던 그의 마음이 잠시 요동치는 것 같았다. 마침내 마르크스는 낮고 엄숙한 목소리로 대답했다. '투쟁이죠!'"

중국에서 새롭게 조명받는 마르크스

2007년 10월 30일, 캘리니코스는 마르크스주의 학술 행사 참석차 중국을 방문한 것을 계기로, 서방 자본주의와 중국 사이의 관계가 어떻게 중국에서 마르크스주의 사상에 대한 관심의 부활로 이어지고 있는지 살펴봤다.

중국은 항상 서방 자본주의의 마지막 변경邊境이었다. 18세기 후반 영국의 동인도회사가 처음으로 중국 시장에 침투한 이래로 서방의 수출업자들은 자신들의 제품을 구입할 엄청나게 많은 소비자들이 이 고대 문명에 숨어 있다고 꿈꿔 왔다. 이 꿈 — 자본주의 세계경제에 통합되는 바람에 빈곤해진 사회 현실과는 전혀 맞지 않은 — 때문에 미국은 20세기 중반 몇십 년 동안 중국을 지배하기 위해 투쟁했지만 결코 성공하지 못했다.

그런데 이제 그 꿈이 실현되는 것처럼 보인다. 비록 형태는 다르지만 말이다. 오늘날 중국은 소비자가 아니라 생산자로서 세계경제에 아주 중요하다. 중국은 값싼 공산품을 세계시장에 마구 쏟아 내고 있다. 그렇다고 해서 소비가 중요하지 않은 것은 아니다. 지난주에 중국을 잠시 방문한 나는 30년간의 급속한 경제성장으로 변모한 도시들을 봤다. 그런 도시에 즐비한 가게들에서 낯익은 서방 브랜드들을 죄다 볼 수 있었다.

내가 중국을 방문한 날은 우연히도 중국공산당 17차 당대회 마지막 날이었다. 공식 영어 방송 채널에 나오는 정치국 상무위원들의 거만한 사열 장면과 다른 여러 채널에서 방영되는 오락 프로그램, 연속극, 할리우드 영화 따위의 대조적 모습은 초현실적이기까지 했다.

사실, 중국 사회의 모순들은 중국공산당 지도부에게 갈수록 중요해지고 있다. 그들은 자신들이 "중국 특색의 사회주의"를 건설하고 있다고 여전히 주장한다. 그러나 30년 넘게 중국을 지배한 엄청난 속도의 자본축적 과정 때문에 엄청난 불평등이 형성됐다. 중국 연안 지방과 다른 지방 사이의 부의 격차는 특히 두드러진다. 내가 귀가 따갑게 들은 한 가지 문제는 아직도 중국 인구의 다수를 차지하는 농촌 주민의 곤경에 관한 것이었다. 지난 20년 넘게 그들은 생활수준이 정체했음에도 농촌을 떠나 자유롭게 이주할 권리가 없다. 많은 농민이 불법적으로 도시로 가서 1억 명이나 되는 중국의 이주 노동자 집단에 합류하고 있다.* 그들은 초저비용으로 노동자들을 고용해 착취하려는 자본가들에게 좋은 먹잇감이고, 흔히 경찰에 체포돼 고향인 농촌으로 쫓겨나기 십상이다. 17차 당대회에서 주석 후진타오는 이런 모순들 사이에서 양다리를 걸치려 했다. 그는 급속한 경제성장을 유지하는 것이 여전히 중국공산당의 "최우선 과제"라고 말하면서도 당이 "조화로운 발전"과 "인민 우선" 정책에 전념할 것이라고 선언하기도 했다.

이런 긴장은 중국의 지적 생활에서도 나타나고 있다. 내가 중국

---

* 2020년 현재 중국의 농민공은 2억 8000만 명으로 추산된다.

을 방문한 이유는 마르크스주의 학술 행사에 참석하기 위해서였다. 몇 년 전이라면 이런 행사가 지금처럼 흥미를 끌지 않았을 것이다. 옛 소련과 마찬가지로 중국에서도 마르크스-레닌주의는 공식 이데올로기였고, 흔히 독창성도 없고 교조적인 내용으로 가득 찬 교과 과정의 필수과목이었다. 그런데 이제 사정이 바뀌고 있다. 일부 지식인들은 서방의 마르크스주의, 급진 좌파나 자유주의 좌파 사상에 관심을 나타내고 있다. 그런 관심 가운데 일부는 순전히 학술적인 듯하다. 나는 최근 사망한 프랑스의 포스트모더니스트 저술가 장 보드리야르가 중국에서 인기를 끄는 것을 보고 약간 당혹스러웠다. 그러나 더 비판적인 마르크스주의와 자유주의 경향에 대한 실질적 관심도 있다. 그 이유 하나는 사람들이 공산당 통치 아래에서 중국이 겪은 엄청나고 흔히 폭력적인 투쟁들을 이해하는 데 도움이 될 분석 도구를 모색하고 있기 때문이다. 그러나 현재와 미래를 이해하려는 욕구도 존재한다. 그래서 일부 사람들은 마르크스를 쓸모없는 지배 이데올로기의 아이콘이 아니라 오늘날에도 여전히 설득력 있는 비판적 사상가로 달리 보기 시작했다.

이런 상황은 1980년대 말 소련과 동유럽에서 스탈린주의 정권들이 무너지던 시기의 상황과는 사뭇 다르다. 그때는 지식인과 노동자가 모두 마르크스주의를 믿지 못할 지배계급의 이데올로기로 치부하면서 서방 시장 자본주의의 이상화된 형태를 받아들였다. 그러나 중국에서는 시장 자본주의가 공산당 정권과 수십 년 동안 공존했다. 따라서 일부 사람들이 《자본론》의 저자야말로 자본주의로 큰 변화와 혼란을 겪고 있는 나라에 가장 훌륭한 길잡이를 제시할 사람이라고 생각하기 시작한 것도 당연한 일이다.

《공산당 선언》과 오늘날의 위기

2010년 9월 《공산당 선언》 영어판이 출간될 때 책 서두에 실린 캘리니코스의 소개 글이다.

《공산당 선언》의 현실성은 [2003년판에] 크리스 하먼이 소개 글을 쓴 뒤로 오히려 커졌다. 하먼이 지적하듯, 마르크스와 엥겔스는 《공산당 선언》에서 오늘날의 경제적 세계화 시대를 이끄는 자본주의의 동역학을 밝혀냈다. 이 동역학의 중요한 측면 한 가지는 혁명적이면서 동시에 파괴적이라는 것인데, 다음과 같은 구절에서 이 점이 드러난다.

이에 대해서는 주기적으로 되풀이되면서 점점 더 위협적으로 부르주아 사회 전체의 존립을 뒤흔드는 상업공황을 언급하는 것으로 충분할 것이다. 상업공황이 오면 기존 생산물의 상당 부분이 파괴될 뿐 아니라 이미 창출된 생산력까지도 주기적으로 파괴된다. 공황에 처하면 이전의 모든 시대의 관점에서 볼 때 불합리한 일로 보였을 법한 전염병, 즉 과잉생산이라는 전염병이 발생한다. 사회가 갑자기 일순간 야만상태로 돌아가 마치 기근이나 전면적 파괴 전쟁이 모든 생계 수단을 차단한 것처럼 보인다. 산업과 상업 역시 완전히 무너져 버린 것처럼 보인다. 무슨 까닭인가? 너무 많은 문명, 너무 많은 생활 수단, 너무 많은 산업, 너무 많은 상업이 존재하기 때문이다. 사회가 가지고 있는 생산력은 이제 더는 부르주아적 소유관계의 발전에 이바지하지 않는다. 오히려 생산력은 소유관계가 감당하지 못할 만큼 강력해져서 결국 이 관계 자체가 족쇄가 되며, 생산력은 이 족쇄를 깨뜨림과 동시에 전체 부르주아 사회를 혼란에 빠뜨리며 부르주아적 소유의 존립을 위태롭게 한다. 부르주아 사회의 관계들은 자기가 생산한 부를 수용하기에 너무 협소해졌다. 부르주아지는 이 위기를 어떻게 극복하는가? 한편으로는 거대한 생산력을 어쩔 수 없이 파괴함으로써, 다른 한편으로는 새로운 시장을 정복하고 기존의 시장을 좀 더 철저하게 이용함으로써, 다시 말해 더욱 전면적이고 더욱 파괴적인 공황이 도래할 길을 닦고 공황을 예방하기 위한 수단을 감소시킴으로써 공황을 극복한다.

2007년 8월 이른바 신용 경색이 벌어진 이후, 지배계급의 대변자들에게는 당황스럽게도 세계는 마르크스가 말한 것 중에서도 가장 심각한 위기에 빠졌다. 미국 경제학자 폴 크루그먼은 19세기 말에 세계 자본주의를 쥐고 흔든 경제 위기와 1930년대의 대공황에 비교하면서 이 사태를 "3차 공황"이라고 불렀다. 일련의 금융공황으로 시작한 위기는 심각한 불황으로 발전했다. 2009년에 세계 생산량은 1945년 이후 처음으로 감소했다.

마르크스주의 경제학자들(특히 《좀비 자본주의》를 쓴 크리스 하먼, 그 밖에 데이비드 하비, 로버트 브레너 등)은 금융의 힘이 성장한 것은 자본주의가 경제성장을 이끌어 나가려 사용한 수단을 반영한 것이라고 주장했다. 1960년대 말 미국과 여러 선진 자본주의 나라에서 중대한 이윤율 위기가 나타났고, 이것은 결국 브레너가 "장기 침체"라고 부른 국면을 낳았다. 이에 대응해 [자본가들은] 신자유주의(자유 시장이라는 미명 아래 시장 논리의 지배력을 재확립하고, 국유·공공 산업을 대거 민영화하고, 복지국가를 구조조정하는 것)로 노동자를 더욱 쥐어짬으로써 이윤율을 끌어올리려 했다.

그러나 노동자들이 이전 세대에 비해서 훨씬 더 착취당하기는 하지만(예컨대 미국에서 실질 생활수준은 1970년대 이후로 정체돼 있다) 이윤율은 아직 1960년대 수준으로 돌아오지 못하고 있다. 국가 규제로부터 점점 더 벗어난 금융시장이 그 간극을 메웠다. 그에 따라 어마어마한 부를 얻을 수 있다는 광기 어린 탐욕과 투기가 판을 쳤다. 마르크스는 위대한 저작 《자본론》에서 빅토리아시대의 금융 거품을 주의 깊게 연구했다. 마르크스가 살아 있었다면 1990년대 말의 '닷컴 버블'이나 2000년대 중반의 부동산 거품이, 그 규모가 훨씬 크다는 점만 빼면 새로울 게 별로 없다고 생각했을 것이다. 최근의 거품은 너무 큰 나머지 그것이 터지자 서구의 은행 시스템을 파괴할 뻔했고 세계경제는 "대불황"이라고 불리는 사태에 빠졌다.

이런 경제 위기가 벌어지는 데는 마르크스와 엥겔스가 《공산당 선언》에서 밝혀낸 맹목적 경쟁 논리가 있다. 그러나 똑같은 논리가 다른 차원에도 적용되고 있다. 기업 간 경쟁은 국가 간 경쟁과 뒤얽혀 있다. 그 결과 20세기에는 두 차례의 끔찍한 세계대전이 벌어졌고 이후 오랜 냉전으로 세계가 동서로 나뉘어 경쟁했다. 오늘날 미국은 이라크와 아프가니스탄에서 패권을 재천명하는 데 실패한 이후 눈에 띄게 그 패권이 약해졌다. 미국, 떠오르는 강자 중국, 재기한 러시아와 그 밖의 여러 국가들 간의 경쟁 구도가 세계 정치의 새로운 시대를 형성하고 온갖 위험을 초래할 듯하다.

그러나 인류가 직면한 가장 심각한 위협은 대혼란을 초래할 기후변화다. 정신 나간 일부 우파와 그들을 후원하는 강력한 기업들의 노력에도 불구하고 기후변화가 인간 활동으로 배출되는 이산화탄소 등 온실가스 때문이라는 증거는 압도적으로 많다. 기후 혼란을 피할 유일한 방법은 온실가스를 과감하게 줄이는 것뿐인데, 그러려면 우리가 생산하고, 이동하고, 살아가는 방식을 획기적으로 바꿔야 한다. 그러나 국가와 기업은 비용이 늘어나 경쟁자에게 뒤처질까 봐 그런 변화에 격렬하게 반대한다. 이것은 2009년 12월 코펜하겐 기후정상회담에서 드러났다. 당시 버락 오바마는 어떤 배출량 감축 목표도 정해지지 못하도록 중국·인도·브라질·남아프리카공화국과 합의를 이끌어 냈다.

그러므로 자본의 경쟁 논리는 인류의 생존 자체를 위협한다. 마르크스와 엥겔스가 썼듯이 실로 "사회가 가지고 있는 생산력은 이제 더는 부르주아적 소유관계의 발전에 이바지하지 않는다." 또 《공산당 선언》의 다른 부분에서는, 계급투쟁 속에서 "때로는 은밀한, 때로는 공공연한 투쟁이 끊임없이 지속됐고, 언제나 그 끝은 사회가 혁명적으로 재편되거나 투쟁하는 계급이 함께 몰락하는 것"이었다고 경고한다. 다시 말해, 사회혁명으로 낡은 사회를 전복하는 데 실패한다면 그 결과는 문명의 완전한 몰락이라는 것이다. 위대한 폴란드계 독일인 혁명가 로자 룩셈부르크가 제1차세계대전 당시에 말했듯, 사회주의냐 야만이냐의 선택이 놓여 있다.

경제 위기와 생태 위기가 결합돼 나타나는 상황에서 공산주의 사상에 대한 관심이 되살아나고 있다는 점은 흥미롭다. 세계의 문제를 해결하려면 자본주의를 규제하거나 인간답게 만들 것이 아니라 완전히 철폐해야 한다는 인식을 반영하는 결과다. 마르크스와 엥겔스는 공산주의가 등장할 수 있는 진정한 역사적 조건을 밝히려 《공산당 선언》을 썼다. 또 새로운 사회를 이루는 데 필요한 투쟁이 응집력과 구심을 찾도록 도울 정치적 주체, 즉 국제적인 혁명적 사회주의 운동을 일으키려 노력했다. 《공산당 선언》은 더할 나위 없이 21세기를 위한 선언이다.

《자본론》은 그 어느 때보다 유효하다

2017년 9월 19일, 《자본론》 출간 150주년을 맞아 마르크스가 남긴 이 걸작이 왜 오늘날에도 여전히 유효한지 살펴봤다.

1867년 9월 14일 카를 마르크스의 《자본론》 1권이 독일 함부르크에서 출판됐다. 마르크스는 직접 출판사에 원고를 가져다준 후 한 친구에게 이렇게 말했다. "이제껏 부르주아지의 머리 위로 떨어진 어떤 미사일보다 이 책의 위력이 더 클 것임은 의심의 여지가 없습니다."

주류 학계는 한결같이 《자본론》을 사산아 취급한다(조너선 스퍼버와 개러스 스테드먼 존스가* 최근 각각 출판한 마르크스 전기가 그 좋은 예다). 출판 당시에도 시대에 뒤떨어진 책이었고, 21세기에는 말할 것도 없다는 식이다. 이런 관점으로는 오늘날 《자본론》에 대한 관심이 늘고 있는 이유를 설명할 수 없다. 전 세계에서 《자본론》 출간 150년 기념 학술 대회가 열리고 있다. 나는 지난달 브라질에서 열린 기념 학술 대회에 참석했고, 이번 주에 [영국] 런던대학

---

* 다음 글 "마르크스 평가절하하기"가 스테드먼 존스의 책 서평이다.

교 킹스칼리지가 후원해 열리는 또 다른 기념 학술 대회를 함께 조직하고 있다. 이 대회의 참가자 중 한 명인 데이비드 하비의 유튜브 《자본론》 강의가 인기를 끌고 있는 것을 보면, 마르크스의 자본주의 비판을 이해하고자 하는 요즘 사람들의 열의를 읽을 수 있다.

9월 14일은 《자본론》 1권이 출간된 날이기도 하지만, 10년 전 노던록[미국 서브프라임 모기지 사태의 여파로 파산하고 국유화된 영국 은행] 지점 앞에 예금주들이 늘어서 대량 인출 사태를 빚은 날이기도 하다. 영국에서 대량 인출 사태가 벌어진 것은 마르크스 생전이던 1866년에 [런던 소재의 환어음 할인은행] 오버렌드거니앤컴퍼니가 무너진 이후 최초의 일이었다. 노던록 대량 인출 사태는 세계 경제·금융 위기가 백일하에 드러난 사건이었다. 세계경제는 지금까지도 그 위기의 여파 속에 있다. 자본가 집단이 혼란에 짓눌려 있다는 것은, 미국 연준이나 영국은행 같은 각국 중앙은행이 당시 금융 위기 이래로 뚝 떨어진 금리를 [위기 이전 수준으로] 다시 올릴지 말지 우물쭈물하는 것만 봐도 분명히 알 수 있다. 《자본론》은 이런 혼란을 떨칠 수 있게 해 준다(마르크스가 출간한 1권뿐 아니라 마르크스 사후 프리드리히 엥겔스가 편찬한 2권과 3권도 마찬가지다). 특히 《자본론》 1권은 마르크스의 역작이다. 엥겔스가 끈질기게 채근하지 않았더라면 《자본론》 1권은 빛을 보지 못했을 수 있지만, 마르크스가 엥겔스에게 말했듯, 그는 《자본론》을 "예술적 총체"로 만들기 위해 노력을 아끼지 않았다.

《자본론》의 몇몇 부분은 난해하다(엥겔스가 마르크스에게 더 쉽게 다시 쓰게 한 1장이 특히 그렇다). 그러나 하비의 강연이나 조셉 추나라의 최근 역작인 《마르크스의 자본론 읽기 가이드》 같은 좋은 해설서의 도움을 받으면 길을 잃지 않고 헤쳐 나갈 수 있을 것이다. 19세기 영국 평론가 W H 도슨의 다음과 같은 비평은 여전히 진실이다(에릭 홉스봄이 지적했듯, 도슨의 평가는 요즘의 친자본주의 평론가들과는 논조가 사뭇 다르다). "《자본론》의 교훈에 대해 어떻게 생각하든 간에, 책장을 넘길 때마다 펼쳐지는 발군의 독창성, 보기 드문 직관, 정연한 주장, 예리한 논조에 감히 반론을 펼칠 사람은 없을 것이다."

마르크스는 학술 연구자나 교수 직위 같은 안락한 처지에서 이 책을 쓴 것도 아니었다. 마르크스가 경제학 연구에서 주요한 성취를 이룬 1850년대와 1860년대 내내 마르크스 가족은 빈곤에 시달렸다. 상황은 때로 심각하게 절망적이었다. 더구나 마르크스는 생애를 통틀어 가장 영향력 있는 정치 활동을 벌이는 와중에《자본론》을 썼다. 1864~1872년 마르크스는 국제노동자협회, 즉 제1인터내셔널의 주요 지도자 중 한 명이었다. 이 시기에 마르크스는 인터내셔널이 미국 남북전쟁에서 노예제에 반대한 북부를 지지하고, 아일랜드 독립운동과 1871년 파리코뮌을 지지하도록 이끌었다.

《자본론》내용에도 노동자들의 투쟁이 반영돼 있다. 마르크스는 엥겔스에게 보낸 편지에서, 자신이 병에 걸리고 "진정 이론적인 부분에서는 진척"을 보이기 어려워서 [애초 계획에는 없던] 나중에《자본론》 1권 10장이 되는 "노동일" 부분을 썼다고 설명했다. 이 장은 오늘날 읽어도 빅토리아시대 자본가들의 무자비한 착취 방식이 얼마나 경악스러웠는지, 그리고 노동자들이 집단적 저항으로 자본가들을 물러서게 하고 법정 최대 노동일 규정을 쟁취한 과정이 얼마나 감동적이었는지를 느낄 수 있다.《자본론》이 오늘날에도 유효한 이유를 먼

데서 찾을 필요가 없다. 《자본론》은 노동자들이 고용 불안정, 임금 인상 제약, 무뢰배 같은 사장들에 맞서 싸우는 오늘날의 세계에 대한 이야기이기도 하다. 자본주의가 죽지 않고 살아 있는 한, 《자본론》도 계속 유효할 것이다.

마르크스 평가절하하기

2016년 10월 7일에 쓴 것으로 개러스 스테드먼 존스의 《카를 마르크스: 위대함과 환상 사이》에 대한 서평이다.

베르너 블루멘베르크의 유용한 마르크스 평전 영문판이 1972년에 출판됐을 때, 당시 케임브리지대학교의 역사학자였던 개러스 스테드먼 존스가 그 책의 서문을 썼다. 그 서문에서 스테드먼 존스는 블루멘베르크가 마르크스를 "사회민주주의적으로 해석"한 것을 비판하며, 블루멘베르크가 "마르크스의 오늘날의 의의를 그가 세운 새로운 혁명적 이론이 아니라, 저작 전반에 흩뿌려져 있는 그의 원대한 휴머니즘과 풍부한 식견"에서 찾는다고 불평했다.[1]

그렇지만 그로부터 거의 45년이 지난 지금, 스테드먼 존스는 스스로 쓴, 방대하며 이미 극찬을 받은 마르크스의 평전에서 다음과 같이 주장한다. "카를"(그는 다소 수줍어하며 줄곧 마르크스를 이렇게 부른다)의 정치적 영향력이 가장 컸을 때는 "1860년대 중반"으로, 제1인터내셔널에서 중요한 구실을 하며 "새로운 사회민주주의적 언어"를 구축하고, 혁명적 공산주의자였던 자신의 청년 시절과 거리를 두는 모습을 보인 때다.[2] 1972년의 스테드먼 존스는 마르크스가

1871년 파리코뮌을 신화화했다고 비난한 블루멘베르크를 비판했다. 그렇지만 오늘날의 스테드먼 존스는 [마르크스의] 《프랑스 내전》은 "부분적으로 상상이 투사된 것"이라는 견해에 동의한다. 또, 영국 진보 학자들은 코뮌을 옹호하려면 마르크스를 비판해야 한다고 주장했는데, 자신이 이런 의견을 수용하지 않고 정치적으로 고립돼 있었음을 후회한다.[3]

스테드먼 존스의 이런 변심을 설명하기는 어렵지 않다. 1972년의 그는 혁명적 마르크스주의자였으며, 《뉴 레프트 리뷰》 편집위원 중에서도 지적으로 두드러지는 인물이었다. 그렇지만 그는 1980년대에 《뉴 레프트 리뷰》와 결별하고 포스트구조주의를 받아들였다. 1983년 그는 《계급의 언어》라는 책을 내놓아 큰 호평을 받았다. 그는 이 책에서 계급은 객관적 사회관계인 것이 아니라, 특정한 사회적·정치적 운동에서 득세하는 담론이 만들어 낸 구조물이라고 주장했다.[4] 그는 자신의 마르크스 평전에서도 이런 계급 개념을 반복한다. 그런데 그는 계급이 그저 말에 불과하다는 이 관념이 새 세대에게는 얼마나 생경하게 들리는지 모르는 듯하다. 새 세대는 '1퍼센트 대對 99퍼센트'라는 '점거하라' 운동의 구호가 신자유주의 시기에 형성된 극명한 경제적 불평등을 포착했다고 보기 때문이다.

그러나 다행히도 스테드먼 존스는 포스트구조주의자들이 모든 것을 담론으로 환원하는 것을 정당화하기 위해 사용하는 현란한 철학을 다뤄야 할 수고는 덜어 준다. 스테드먼 존스가 자신의 마르크스 평전에서 채택한 접근법은 정치사상사에서 '케임브리지학파'라고 불리는 조류의 접근법과 매우 비슷하기 때문이다. 이 사상 조류는 퀜틴 스키너와 존 던 같은 학자들의 연구에서 영감을 받았다. 스키너와 던은 이론적 문헌을 (스테드먼 존스의 말을 빌리면) "역사가가 신중하게 재구성해야 하는 특정한 철학적·정치적 맥락 속에서 그 저자가 하는 개입"으로 다룬다.[5] 스테드먼 존스는 지적으로 발군의 역사학자이고, 그만큼 마르크스 자신의 사상이 싹튼 맥락, 즉 마르크스가 비교적 자유주의적이던 라인란트 지역에서 태어나, 1830년대와 1840년대의 반동적 프로이센 체제를 겪고, 헤겔 철학과 결별한 것 등의 맥락을 상세하고 능숙하게 보여 준다. 우리는 [그의 책에서] 1848년을 앞둔 파리 상황, 1848년 혁명, 영국 노동계급의 발전, 제1인터내셔널의 결성을 가능케 한 유럽 급진 정치의 발전 등에 대한 유익하고 자세한 설명을 볼 수 있다.

그렇지만 이 책에는 맥 빠지는 내용도 있다. 아마도 스테드먼 존스가 자신의 과거 때문에 마르크스에 대해 모순된 감정을 느끼기 때문인 듯하다. 마르크스를 "카를"이라 부르며 계속 친숙함을 내비치지만 말이다. 스테드먼 존스는 마르크스가 가정적이지 않았던 것에 불만을 느낀 주변 인물들의 말을 부지런히 인용한다. 또한 증거 제시도 없이 1845년 마르크스가 프랑스에서 추방된 것은 "거만하거나 무능한" 탓이었다고 주장한다.[6] 어떤 곳에서는 1850년대 말 마르크스가 "통제 불가능한 편집증으로 말미암아 극단의 희열과 상상 속의 복수를 넘나드는 감정 기복"에 시달렸다고 넌지시 말한다.[7] 더 심각한 문제는 스테드먼 존스가 마르크스의 1844년 논설 "유대인 문제에 대해"를 "사회주의적 유대인 혐오"의 사례로 인용한다는 것이다. 마르크스의 이 글을 두고 핼 드레이퍼와 데이비드 리어폴드가

---

* 국역: 《유대인 문제에 관하여》, 책세상, 2015.

벌인 폭넓은(또한 결코 무비판적이지 않은) 논의들을 못 본 체하면서 말이다.[8] 스테드먼 존스는 마르크스가 "유대인 문제에 대해"에서 주되게 비판한 헤겔주의 좌파 철학자 브루노 바우어에게 상당한 일체감을 표하지만, 어쩐 일인지 바우어가 훗날 맹렬한 유대인 혐오자로 진화했다는 사실은 말하지 않는다.

최근에 나온 학술적 마르크스 평전을 찾는 사람이 있다면 나는 스테드먼 존스의 책 대신 2013년에 출판된 조너선 스퍼버의 책을 추천하겠다. 비록 스퍼버는 스테드먼 존스보다 이론적으로는 취약하지만, 스테드먼 존스와 달리 마르크스에 대한 뒤섞인 감정으로 혼란을 겪지는 않는다. 게다가 스퍼버는 19세기 독일의 급진 사상을 연구한 역사학자로서 마르크스 생전의 독일 상황을 매우 잘 알고 있으며 마르크스를 한 인간으로서 있는 그대로 다루는 데서도 스테드먼 존스보다 훨씬 낫다.[9]

스테드먼 존스의 마르크스 평전은 그 부제를 봐도 알 수 있듯이, 스퍼버의 책보다 야심만만하다. 스테드먼 존스는 진정한 마르크스는 역사과학의 창시자라는 신화적 인물, 즉 1883년 사망 뒤 프리드리히 엥겔스와 제2인터내셔널이 창조한 가공의 인물에 가려 실종됐다고 주장한다(스테드먼 존스는 엥겔스를 별로 좋아하지 않고, 아무런 증거 제시도 없이 재정적 의존 때문에 마르크스와 그의 가족이 마르크스와 엥겔스 사이의 불화를 감췄다고까지 주장한다). 이런 생각이 스테드먼 존스의 고유한 것은 아니다. 지난 수십 년 동안 여러 마르크스주의·비마르크스주의 학자들이 다양한 방식으로 그렇게 주장했다. 마르크스 사후에 날조된 공식 '마르크스주의'와[10] 마르크스 자신의 사상은 차이가 있는데, 그 차이가 얼마나 흥미로운 것인지는 마르크스 자신의 사상에서 무엇을 발견하는지에 달려 있다.

스테드먼 존스는 자신의 마르크스 평전이 갖는 독특함이 바로 마르크스 사후에 "부풀려진 그의 명성"을 바로잡은 것에 있다고 주장한다.[11] 실제로 마르크스가 일생을 바쳐 연구한 정치경제학 비판은 세 권짜리 《자본론》이라는 결실을 맺었지만 이 결실은 마르크스 생전에는 1권만 발표된, 미완성이었던 것이 사실이다. 스테드먼 존스는 마르크스가 말년에 지적으로 막다른 골목에 다다라 연구를 포기했다고 주장한다. 또 엥겔스가 죽기 직전인 1895년에 출간한 《자본론》 3권은 많은 사람들이 오랫동안 기다린 저작이지만 막상 출판 뒤에는 모두 실망했다고 주장한다. 그 책이 자본주의가 경제적으로 붕괴하고야 말 것이라는 증거를 아무것도 제시하지 않았기 때문이라고 한다. 또, 스테드먼 존스는 마르크스가 말년에 주로 관심을 둔 것은 공동체적 사회형태, 즉 차르 시대 러시아의 농촌 공동체 미르처럼 계속 존속한다면 자본주의를 우회해 사회주의로 가는 토대가 될지도 모르는 공동체에 대한 인류학적이고 역사적인 연구였다고 주장한다. 그렇지만 러시아의 마르크스주의자들조차 이런 전망은 받아들이지 않았다. 스테드먼 존스의 책은 계속 이런 식이다. 그는 마르크스의 자본주의 비판이 오늘날과 어떤 관련성이 있는지는 전혀 논의하지 않는다. 그저 자신이 보기에 환상에 불과한 마르크스의 정치적 희망과 마르크스 연구의 지적 실패 사이의 간극을 강조하고 싶은 듯하다.

스테드먼 존스는 지적으로 독창적인 마르크스 평전을 내놓고 싶었겠지만 그가 마르크스의 정치경제학 비판을 다루는 수준은 오늘날의 학술 연구 수준에 미치지 못한다. 최근 몇십 년 동안 마르크스의 정치경제학 비판에 대한 연구가 상당히 발전했다. 방대한 분량의 마르크스-엥겔스 전집MEGA이 출판된 덕분에 마르크스의 메모와 원고를 훨씬 더 많이 접할 수 있게 됐기 때문이다. 그렇지만 스테드먼 존스는 대체로 이런 연구 성과들을 외면한다. 마르크스의 정치경제학 비판은 처음에는 정치경제학을 집중 연구하는 시기를 거쳤다. 마르크스는 1840년대 중반에는 파리와 브뤼셀에, 1850년대 초에는 런던에 머무르며 연구했다. 그 뒤 주로 1857년과 1867년 사이 (전적으로 이때만은 아니지만)에, 원고를 잇달아 내놓았다. 스테드먼 존스는 이 시기의 원고들 중 첫째 것인《정치경제학 비판 요강》 (1857~1858)에 초점을 맞추고 그 뒤에 나온 원고 두 개에는 관심을 거의 두지 않는다. 그 두 원고는, 방대하면서도 여러 면에서 매우 중요한《1861~1863년 원고》와 엥겔스가《자본론》3권으로 묶어 출판한《1864~1865년 원고》다. 이 두 원고를 경시한 것은 치명적 실수다. 왜냐하면 마르크스가《정치경제학 비판 요강》이후 원고들을 작성하는 과정에서 개념을 다듬고 재정의하고 발전시킨 집약적 과정을 간과하는 것이기 때문이다.[12]

그래서 스테드먼 존스는 마르크스가 1840년대 중반에야 데이비드 리카도의《정치경제학과 과세의 원리에 대해》초판(1817년)의 프랑스어판을 읽었고, 그래서 리카도가 1821년 출판된 자신의 책 3판에서 노동가치론에 의구심을 표한 것을 파리에 머물던 마르크스가 다루지 못했다는 사실을 요란스럽게 말한다. 그러나 사실 노동가치론과 평균이윤율의 존재 사이의 명백한 모순이라는 문제는 이미 리카도의 초판에 등장한 것이다.[13] 리카도가 노동가치론에 의구심을 표한 것이 초판이든 3판이든, 리카도의 책을 처음 읽었을 당시의 마르크스에게는 관심을 끄는 문제가 아니었을 것이다. 왜냐하면 파리 체류 당시의 마르크스가 쓴 글들을 보면, 그가 아직은 노동가치론을 받아들이지 않았기 때문이다. 그렇지만 엔리케 두셀이 뛰어난 논평을 통해 보여 줬듯이, 마르크스는 《1861~1863년 원고》에서는 이 문제를 중심으로 다룬다.[14] 바로 이 원고에서 마르크스는 리카도의 지대론을 뛰어넘으려 애쓰며, 어떻게 상품의 (노동)가치가 시장가격의 변동을 좌우하는 생산가격으로 전형되는지를 설명해 노동가치론과 평균이윤율의 모순에 대한 해답을 찾아내려 했다(더 자세한 설명은 Michael Roberts, "Real capitalism: turbulent and antagonistic, but not imperfect", *International Socialism* 152를 참조하라). 그렇지만 스테드먼 존스는 이 원고도 《자본론》과 그 초고들에 대한 엔리케 두셀의 연구도 모두 없는 셈 치며 그저 경전을 외듯이 《자본론》 1권과 3권 사이에 모순이 있다는 말을 반복한다.

스테드먼 존스는 마르크스가 자신의 정치경제학 비판을 버렸다고 주장한다. "마르크스는 하나의 유기체로서 자본이 아주 오래전 미미한 상태에서 시작해 전 세계를 지배하기까지 끊임없이 멈추지 않고 급격히 성장하다가 결국 전 세계적으로 붕괴에 이를 것으로 묘사했는데, 이런 자신의 분석을 유지할 수 없었기 때문"이라는 것이다.[15] 그러나 마르크스는 1857~1867년이라는 결정적 시기에 쓴 글 어디에서도 자본주의가 경제적 붕괴를 향해 나아갈 것이라고 주장하지 않았다. 마르크스는 처음에는 《정치경제학 비판》을 6부작으로 계획했지만 결국 "세계시장과 경제 위기"를 다룬 한 권의 책만 출판됐다. 여기서 위기는 붕괴와 같은 말이 아니다. 마르크스는 실제로는 다음과 같이 썼다. "영원히 지속되는 경제 위기는 없다."[16] 마르크스는《자본론》3권에서 자본의 나선형 운동, 즉 이윤율의 저하 경향이 금융 붕괴나 경제 불황과 상호작용하고 그 덕분에 축적 엔진이 다시 가동될 만큼 충분히 자본이 파괴되고 착취가 증대하는 현상을 상세히 설명한다(스테드먼 존스는 이를 한 문장으로 일축한다). 마르크스는 원래 원고에서 이윤율 저하 경향 논의를 다음과 같은 문장으로 끝맺는데, 엥겔스가 편집해 포함시켰다. "따라서 경제 위기가 발생한다." 호황과 불황의 "악순환"은 자본주의가 존속하는 한 계속될 것이다.[17]

스테드먼 존스가 하는 가장 기이한 주장 하나는 마르크스가 1867년《자본론》1권 출판 뒤로는 경제학 연구를 그만뒀을 것이라는 추측이다. 자본주의가 세계 체제로서 발전하는 것을 설명할 수 없었기 때문이라고 한다. 최근의 연구들을 보면, (당연히 스테드먼 존스는 무시하겠지만) 마르크스는 1840년대부터 줄곧 부르주아 사회를 초국가적 관계망으로서 분석했다.[18] 1870년대에 마르크스가 주로 몰입한 일 하나는《자본론》이 단지 빅토리아시대 영국에 대한 연구로 한정되지 않도록 하는 것이었다. 마르크스는《자본론》1권의 프랑스어판에 식민주의와 세계시장에 대한 자료를 추가했다. 마르크스는 미국이 세계 자본주의의 새 중심지로 떠오르는 것을 재빨리 간파했으며, 미국의 발전을 다루고자 경제 위기와 금융시장 분석을 확장하려 애썼다.

마르크스가 러시아 농촌 공동체에 관심을 둔 것은 그가 미국과 러시아의 농업을 연구함으로써《자본론》3권에 실린 지대와 토지에 대한 분석을 심화시키려 한 것과 관계있다. 마르크스의 연구는 끝이 없었다. 정치 상황과 건강 문제로 주의가 분산되는 와중에도 말이다. 거기에 마르크스의 완벽주의 성향까지 보태면 왜 그가 《자본론》을 완성하지 못했는지 설명이 된다. 마르크스는 1862년 4월 28일 페르디난트 라살에게 보낸 편지에서 자신의 성향을 이렇게 설명했다. "나는 쓰고 나서 한 달 동안 놔둔 글에서 결함을 찾아내 싹 다 바꿔야만 직성이 풀립니다."[19] 그렇지만 마르크스의 원고를 자세히 들여다본 사람이라면 누구나 그의 연구가 참으로 위대하고 오늘날 현실과도 부합한다는 느낌을 받을 것이다.

그렇다고 해서 마르크스가 항상 옳았다는 말은 아니다. 마르크스는 자본주의의는 타도될 것인데, 경제적 붕괴가 아니라, 경제 위기와 계급 양극화의 누적된 효과에 자극받은 노동계급의 정치 행동으로 타도될 것이라고 주장한다. 진정한 문제는 바로 여기에 있는데, 마르크스는 이런 운동이 "자연현상처럼 거침없이" 발전할 것으로 본다.[20] 스테드먼 존스는 이 문제에는 별로 신경을 쓰지 않는다. 아마도 자신이 묘사한, 제2인터내셔널이 무시하고 잘못 해석했다는 마르크스의 모습에 들어맞지 않기 때문일 것이다. 사회주의 혁명의 필연성은 [제2인터내셔널의 지도적 인물인] 카를 카우츠키와 게오르기 플레하노프 같은 이론가들이 열렬히 수용한 사상이었다.

그렇지만 사회주의 혁명이 필연적이라는 생각은 러시아 혁명과 볼셰비키의 경험에서 영감을 얻은 훨씬 더 창의적인 인물들, 예컨대 죄르지 루카치와 안토니오 그람시 같은 혁명가들이 1920년대에 거부한 바로 그 사상이다. 레닌은 이 세대의 혁명적 마르크스주의자들이 파리코뮌에 대한 마르크스의 저작들을 다시 살펴보도록, 그래서 그 저작들이 담고 있는 전망, 즉 사회주의 혁명은 자본주의 국가의 파괴로 나아가는 능동적 자력 해방 과정이라는 전망과 만나도록 고무했다. 1972년의 스테드먼 존스는 이런 전망을 공유했다. 그러나 2016년의 스테드먼 존스는 마르크스를 깎아내리려 애쓴다. 스테드먼 존스의 이런 헛수고는 그가 과거의 자신과 싸우고 있을 뿐임을 드러내는 듯하다.

주

1 Blumenberg, 1972, pp viii, x.

2 Stedman Jones, 2016, p 466.

3 Stedman Jones, 2016, p 502.

4 스테드먼 존스는 마르크스주의에서 지적으로 후퇴했다며 엘런 메익신스 우드 가 비판한 주요 인물 중 한 명이다. — Wood, 1986.

5 Stedman Jones, 2016, p xv.

6 Stedman Jones, 2016, p 165.

7 Stedman Jones, 2016, p 405.

8 Stedman Jones, 2016, pp 626~627, note 74.

9 Sperber, 2013.

10 또는 '마르크스주의들' — 예를 들어, 독일 사회민주주의식 마르크스주의는 스 탈린주의식 마르크스주의와 다르다.

11 Stedman Jones, 2016, p 3.

12 Callinicos, 2014를 보라.

13 특이하게 스테드먼 존스는 2차 문헌을 거의 인용하지 않는 편인데, 인용한 것 들은 주로 케임브리지대학교 출판부가 발행한 그의 동료들의 저작이다. 그렇지 만 그는 케임브리지학파의 걸출한 학자 피에로 스라파가 편집한 《리카도 전집》 (1951~1952)에는 눈길을 주지 않는다. 《리카도 전집》은 리카도가 노동가치론을 결코 버리지 않았음을 보여 준다.

14 Dussel, 2001. Callinicos, 2014, ch 2와 3도 보라.

15 Stedman Jones, 2016, p 430.

16 Marx and Engels, 1975-2005, vol 32, p 128n*.

17 Marx, 2016, pp 375, 364. 마르크스의 경제 위기 이론에 대한 더 자세한 논의
는 Callinicos, 2014, ch 6을 보라.

18 Pradella, 2014.

19 Marx and Engels, 1975~2005, vol 41, p 357.

20 Marx, 1976, p 929.

참고 문헌

Blumenberg, Werner, 1972(1962), *Karl Marx: An Illustrated Biography* (NLB).

Callinicos, Alex, 2014, *Deciphering Capital: Marx's Capital and Its Destiny* (Bookmarks)[국역:《알렉스 캘리니코스의 자본론 행간 읽기》, 책갈피, 2020].

Dussel, Enrique, 2001, *Towards an Unknown Marx: A Commentary on The Manuscript of 1861-63* (Routledge).

Marx, Karl, 1976, *Capital*, Volume I (Penguin).

Marx, Karl, 2016, *The Economic Manuscript of 1864-1865: Capital Book Three: Forms of the Process as a Whole* (Brill).

Marx, Karl, and Frederick Engels, 1975-2005, *Collected Works*, 50 vols (Progress).

Pradella, Lucia, 2014, *Globalisation and the Critique of Political Economy: New Insights from Marx's Writings* (Routledge).

Sperber, Jonathan, 2013, *Karl Marx: A Nineteenth-Century Life* (Liveright).

Stedman Jones, Gareth, 2016, *Karl Marx: Greatness and Illusion* (Penguin)[국역:《카를 마르크스: 위대함과 환상 사이》(아르테, 2018)].

Wood, Ellen Meiksins, 1986, *The Retreat from Class: The New "True" Socialism* (Verso)[국역:《계급으로부터의 후퇴》, 창비, 1993].

6장
—
오늘날의 반자본주의 사상가들

피에르 부르디외

2002년 1월 23일 프랑스의 행동하는 지성 피에르 부르디외가 사망하자 캘리니코스가 추모
사를 썼다.

2002년 1월 23일 프랑스의 탁월한 사회학자 피에르 부르디외가
파리의 한 병원에서 암으로 사망했다. 1930년 프랑스 남부의 시골에
서 태어난 부르디외는 콜레주드프랑스* 교수를 지낸 프랑스 학계의
최고봉이었다. 그러나 그는 평범한 사람들이 겪는 고통을 결코 외면
하지 않고 《세계의 비참》이라는** 유명한 책에서 이를 고발했다. 죽기
전 10년 동안 부르디외는 정치 활동에 투신해 자본주의적 세계화에
반대하는 운동의 옹호자 중 하나가 됐다.

부르디외는 세계적으로 유명한 포스트구조주의의 거장인 철학자
미셸 푸코, 질 들뢰즈, 자크 데리다와 같은 세대다. 그는 파리 고등

---

* **콜레주드프랑스** 프랑스의 최고 석학들이 교수진으로 있는 국립 고등교육기관으로
누구나 자유롭게 수업에 참여할 수 있다.

** 국역:《세계의 비참》1~3권, 동문선, 2000~2002.

사범학교에서 데리다와 함께 철학을 공부했다. 그러나 인류학자이자 사회학자로서 쓴 책에서 그는 자유주의적 개인주의와 구조주의·포스트구조주의 사이의 대립 — 그는 이것을 쓸데없는 대립이라고 여겼다 — 을 뛰어넘으려 했다. 자유주의적 개인주의는 개별 주체를 세계의 주인으로 보는 반면, 구조주의나 포스트구조주의는 그런 주체를 비인격적 구조와 과정의 산물로 여긴다. 부르디외는 '아비튀스'라는 유명한 개념을 통해 이런 대립을 피하려고 했다. 그는 사회 구조가 개인에게 요구하는 것이 사람들의 몸에 배어 일상 생활에서 행위나 지각 양식으로 나타난다고 주장했다. 그래서 그의 많은 저작 중에서도 가장 유명한 《구별짓기》에서는* 그가 '문화 자본'이라고 부른 것의 불평등한 분배가 개인의 예술적 취향을 어떻게 좌우하는지를 보여 주었다. 문화 자본이란 중간계급 가정에 익숙한 상징들, 그리고 대학 입시나 고소득 직종을 위한 경쟁에서 그들의 자녀에게 결정적으로 유리한 상징들을 다루는 능력을 말한다.

부르디외는 과학이 세계를 제대로 인식할 수 있다는 점을 부인하는 상대주의에 격렬하게 반대했다. 그는 스스로를 19세기 말 에밀 뒤르켐의** 저작에서 유래한 프랑스 사회학 전통에 서 있다고 생각했다. 그러나 과학적 객관성을 얻기 위해 치러야 하는 대가도 알고 있었다. 《파스칼적 명상》이라는*** 탁월한 저서에서 부르디외는 학술 연

---

* 국역: 《구별짓기》, 새물결, 2005.

** 에밀 뒤르켐 프랑스의 사회학자로 경험적 조사와 사회학 이론을 결합해 오늘날 사회학 확립에 기여했다.

*** 국역: 《파스칼적 명상》, 동문선, 2001.

구와 일상 생활을 분리하는 간극을 비판적으로 고찰한다. 비교적 풍족하고 여유 있는 학자 생활은 사회적 특권의 한 형태이지만 그 덕분에 평범한 물질적 압력에서 벗어나 현실의 변화를 통찰할 수 있게 해 준다고 그는 주장했다.

부르디외의 초기 저작 일부는 겉보기에 자율적인 예술가와 지식인의 세계가 어떻게 역사적으로 특정한 사회적 토대를 갖는지 잘 보여 준다. 그는 《예술의 규칙》에서* 19세기 파리의 모더니즘 미학이 출현하는 과정을 추적한다. 그는 끝없는 경쟁을 분석하는데, 그런 경쟁 속에서 각각의 예술적 혁신이 더 큰 사회에 수용되고 동화됐듯이 새로운 유파들이 나타나 훨씬 더 상식에 어긋난 스타일과 기법을 발전시켰다는 것이다. 현대 예술은 절대적 자율성을 선언하지만, 그 발전은 부르디외가 '예술적 장場'이라고 부른 것의 사회적 논리에 근거를 두고 있다. 《예술의 규칙》은 현대 프랑스 사회의 탁월한 인물들이 형성되는 과정을 분석했다. 이 지식인들은 예술이나 과학 영역에서 거둔 업적으로 명성을 얻고 그런 권위를 이용해 공적 생활에 개입한다. 1890년대의 드레퓌스 사건에 개입한 에밀 졸라나 제2차세계대전 후의 장 폴 사르트르가 그런 예다.

생애 말년에 이런 역할을 향해 한발 나아간 사람이 바로 부르디외 자신이다. 1970년대 말에는 프랑스의 소위 '신철학자들'이** 마르

---

* 국역: 《예술의 규칙》, 동문선, 1999.

** 신철학자들 마오쩌둥주의자였다가 1970년대에 솔제니친의 《수용소 군도》에 충격을 받고 마르크스주의와 68운동을 비판하며 전향한 프랑스의 우파 철학자 세대. 베르나르앙리 레비가 대표적 인물이다.

크스주의를 스탈린주의와 동일시함으로써 지적 세계의 주변부로 몰아내는 데 성공했다. 1989년 이후에는 신자유주의가 아닌 대안은 없는 것처럼 보였다. 그럼에도 1995년 11월과 12월의 공공 부문 대파업에서 저항이 폭발했다. 그리고 부르디외는 그런 파업을 열정적으로 옹호했다. 그의 초기 저작들에는 피억압자에 대한 공감이 저변에 흐르고 있었다. 그런데 이제는 그것이 표면으로 떠올랐다. 부르디외는 1995년 12월에 파리 북부역 앞에서 파업 중인 철도 노동자들에게 "여러분은 문명의 파괴에 맞서서 싸우고 있는 것"이라고 말했다. 그는 실업자나 난민이 직접행동에 들어갔을 때도 그들을 지지했다. 부르디외는 가까운 협력자들과 함께 그가 "연구자 활동가들"의 조직이라고 부른 '행동해야 하는 이유'를 결성했다. '행동해야 하는 이유'는 값싸고 얇은 책들을 시리즈로 출판했고 이는 널리 읽혔다. 이런 책들은 부르디외가 '숙명론'이라고 비난한 것, 즉 정치인·언론인·학자가 신자유주의 정책의 불가피성을 주장하는 데 이용한 '숙명론'을 산산조각 냈다.

1997년 6월에 집권한 리오넬 조스팽의 '다원적 좌파' 연립정부가 이런 정책들을 계속 추진하자 부르디외는 가차 없는 비판을 퍼부었다. 그는 "블레어-조스팽-슈뢰더의 신자유주의 트로이카"에 대한 대안으로 1995년 이후 발전해 온 사회운동에 기초한 '진정한 좌파'("좌파의 좌파")를 소집했다. 그는 이제 학술 세미나보다는 노동조합 대회에 훨씬 더 자주 나타났다. [반자본주의 운동의] 농민 지도자 조제 보베는 2000년 6월 미요의 대규모 시위에 참가한 부르디외를 다음과 같이 묘사했다. "그는 이틀 동안 토론에 참가했습니다. 거기서 그는 자신을 내세우지 않은 채 다른 모든 사람들 사이에 앉아 있었습니다." 부르디외는 비록 금융 투기 반대 운동 단체인 금융거래과세시민연합ATTAC의 [온건한] 공동 창립자 크리스토프 아기통과 정치적으로 가까웠지만, 부르디외의 친구에 따르면 그는 "금융거래과세시민연합이 너무 개혁주의적이고 정부 당국과 너무 가깝다고 생각했다."

부르디외의 저작들에서 동의할 수 없는 부분을 찾아내기는 어렵지 않다. 이론적으로, 그의 저작들은 마르크스주의를 결정론으로 오해하는 잘못이 있어 보인다. 정치적으로, 그는 비록 사회민주주의가 국가 차원에서는 실패했지만 유럽 차원에서 재창조해 자본주의를 통제할 수 있다고 생각했다. 그러나 이 모든 것은 이제 그다지 중요하지 않다. 부르디외는 프랑스의 탁월한 지식인이 얻을 수 있는 엄청난 명성을 신자유주의 반대 투쟁에 제공했다. 반자본주의 운동은 가장 강력한 대변인 가운데 한 명을 잃었다.

에드워드 사이드

2003년 9월 25일, 반제국주의 지식인 에드워드 사이드가 사망했다. 10월 4일, 캘리니코스는 진실과 정의, 팔레스타인을 옹호한 이 투사의 삶을 돌아보는 추모사를 썼다.

정의를 위해 싸우는 전 세계 사람들은 그들의 가장 탁월한 대변자 한 명을 잃었다. 팔레스타인 출신 작가이자 비평가인 에드워드 사이드가 사망했다.

사이드는 여러 면에서 독특한 급진주의자였다. 그는 1935년에 예루살렘에서 태어났다. 그의 집안은 보수적인 기독교도(성공회) 아랍인 가문으로, 사이드의 이름[에드워드]도 영국 황태자의 이름을 따서 지은 것이었다. 1999년에 발표된 감동적 회고록 《어울리지 않는 자리에 놓인》에서* 사이드는 유소년기의 자신을 팔레스타인·이집트·레바논을 옮겨다니며 고립감에 시달린 특권층 소년으로 묘사했다.

1948년에 수립된 이스라엘 국가는 팔레스타인인들을 축출하고 그들의 땅을 빼앗았다. 서예루살렘에 있던 사이드의 집도 이때 사라

---

* 국역: 《에드워드 사이드 자서전》, 살림, 2001.

져 버렸다. 사이드는 이렇게 적었다. "내가 태어나고 자라면서 고향이라고 느낀 동네를 폴란드인·독일인·미국인 이민자들이 차지했다는 사실을 받아들이기는 여전히 쉽지 않다. 그들은 예루살렘을 장악해 자기네 주권의 독특한 상징으로 만들고는 팔레스타인인들의 생활공간은 완전히 없애 버렸다. 그 때문에 팔레스타인인들의 생활공간은 내가 거의 알지 못하는 예루살렘 동부로 국한된 것처럼 보인다."

그러나 사이드는 팔레스타인인들이 겪은 최악의 참상을 어느 정도 피할 수 있었다. 카이로에서 성공한 기업인이었던 아버지의 재산 덕분이었다. 사이드는 미국의 프린스턴대학교와 하버드대학교에서 엘리트 교육을 받았다. 그 뒤 뉴욕의 컬럼비아대학교에서 교수직을 얻어 40년 동안 교편을 잡았다. 극단적 시온주의 파시스트부터 세속적 반反시온주의자까지 온갖 종류의 유대인이 들끓던 이 거대 도시에서 생활한 것이 사이드가 전통적 인문학자에서 위대한 반제국주의 지식인으로 변모하는 데 도움이 됐다.

이스라엘을 강력하게 지지하는 기성 정계와 언론계에 맞서 팔레스타인의 대의를 옹호한 행위는 사이드의 용기를 시험대에 올렸음이 틀림없다. 1970년대부터 그는 팔레스타인해방기구PLO의 주도적 인물이었다. 처음에 그는 야세르 아라파트를 지지하는 온건파로서, 이스라엘과 팔레스타인이 공존하는 두 국가 해결책을 옹호했다.

사이드의 진보적 급진주의가 최초로 드러난 것은 그의 이론적 저작에서였다. 1978년에 발표한 가장 유명한 책《오리엔탈리즘》은˙ 근

---

* 국역:《오리엔탈리즘》, 교보문고, 2015.

대 서구 문화와 학문이 동양을 수동적이고 세속적이고 불합리한 '타자'로 묘사하며 정복과 지배를 합리화한 방식을 박식하면서도 통렬하게 비판한다. 《오리엔탈리즘》은 영어권 학계에서 '탈식민주의' 연구를 유행시키는 데 일조하기도 했다. 사이드는 세계 나머지 지역의 문화와 역사를 무시한 '유럽 중심주의' 사상가들을 비판하면서 마르크스도 그 범주에 포함시켰다. 이것이 명백한 오류라는 사실은 인도의 마르크스주의자 아이자즈 아마드 같은 비평가들이 보여 줬다. 그렇지만 사이드는, 우리가 이 세계를 이해할 수 있고 바꿀 수 있다는 사상을 부인한 포스트모더니즘에 결코 투항하지 않았다. 《문화와 제국주의》(1993)* 같은 후기 저작에서 표현된 전망은 급진적 휴머니즘이라고 설명할 수 있을 것이다. 그는 세계 모든 곳의 피억압·피착취자와 일체감을 느꼈고 그들의 해방 투쟁을 옹호했다.

1991년에 사이드는 백혈병 진단을 받았다. 그는 결국 백혈병 합병증으로 죽었다. 마지막 12년 동안 그의 목소리는 더욱더 분노로 가득 찼고 열렬해졌다. 그는 1993년 오슬로협정에 따른 팔레스타인 평화 프로세스에 반대했다. 그는 그 협상이 이스라엘의 지배를 영속화하고, 과거 남아프리카공화국의 반투스탄처럼** 이스라엘의 폭압 통치를 받는 조그만 영토만을 팔레스타인인들에게 남겨 줄 것이라고 주장했다. 2~3년 전에 그가 런던에서 연설한 게 생각난다. 호리호리하지만 기품 있는 한 사람이 압도 다수가 아랍인인 수많은 청중에

---

* 국역:《문화와 제국주의》, 창, 2011.

** 반투스탄 과거 남아공의 아파르트헤이트 정부가 지정한 흑인 격리 구역. 반투족을 격리한 것에서 이런 명칭이 붙었다.

게 큼직한 이스라엘-팔레스타인 지도를 보여 주며 평화 프로세스가 사기극임을 폭로하고 있었다.

말년에 사이드는 공격 목표를 늘렸다. 그는 이스라엘의 지배 도당 뿐 아니라 아라파트와 부패하고 소심한 아랍 정권들도 비난했다. 서방이 계속 중동을 지배할 수 있도록 그들이 도와줬기 때문이다. 물론 그는 '테러와의 전쟁'을 처음부터 반대했다. 이 모든 것 때문에 그는 시온주의자들의 엄청난 비방에 시달렸고, 한때 좌파 저널리스트였다가 이제는 부시 지지자로 변모한 자기 친구 크리스토퍼 히친스에게 배신적 비난을 받기도 했다. 히친스는 《오리엔탈리즘》 개정판이 미국이 중동에 민주주의를 전수하고 있음을 인식하지 못했다고 비난한 지 몇 주도 안 돼 뻔뻔스럽게도 〈업저버〉(9월 28일 자)에 추모사를 기고했다.

사이드는 서로 다른 투쟁 사이의 연관 관계도 인식하게 됐다. 그는 팔레스타인 인티파다[민중 봉기]를 반자본주의 운동과 결부시키며 2000년 12월에 이렇게 썼다. "그것[인티파다]은, 시애틀과 프라하 시위에서 드러난, (경제적·정치적) 탈냉전 질서에 대한 전반적 불만을 보여 주는 또 다른 사례다."

그의 친구인 이집트 작가 아흐다프 수에이프는 〈가디언〉에서 그를 추모하며 최근의 논쟁 후에 사이드가 던진 질문을 인용했다. "이 사람들 도대체 왜 저러는 걸까요? 왜 아무도 더는 진실과 정의를 말하지 않을까요?" 에드워드 사이드는 진실과 정의를 말하는 것은 물론 이를 실현하기 위한 투쟁도 결코 멈추지 않았다.

슬라보예 지젝

2009년 3월 슬라보예 지젝이 주도한 '공산주의 사상' 토론회가 언론의 큰 주목을 받았다. 토론회를 며칠 앞둔 3월 10일, 캘리니코스가 지젝의 강점과 약점을 살펴봤다.

3월 13~15일 런던 시내에서 열릴 '공산주의 사상' 토론회에 거의 1000명이 참가할 것이다. 이 자체는 특별한 일이 아니다. 런던 시내에서는 많은 좌파 토론회가 열린다. 사회주의노동자당이 매년 여름 여는 토론회 '마르크시즘'에도 수천 명이 참가한다.

그러나 '공산주의 사상'은 두 가지 점에서 특별하다. 첫째, 이 토론회 주최자는 정당이나 정당이 발간하는 잡지가 아니라 [런던대학교] 버크벡칼리지 인문학연구소다. 둘째, 이례적으로 많은 언론이 주목하고 있다. 〈파이낸셜 타임스〉는 "온건 마르크스주의자"라는 제목으로 주말판 한 면을 통째로 할애해 이 인문학연구소의 소장인 슬라보예 지젝을 인터뷰했다. 아마도 지젝이 좌파 지식인 중 가장 주목받는 존재이기 때문에 [영국의] 테리 이글턴이나 피터 홀워드뿐 아니라 유럽의 저명한 철학자들(알랭 바디우, 안토니오 네그리, 조르조 아감벤)을 한자리에 모을 수 있었을 것이다. 실제로 토론회의 초점은 철학인 듯하다. 토론회 홍보 문구는 다음과 같다. "플라톤 이후, 공산주의는 철학자들이 주목할 만한 유일한 정치사상이다."

그러나 지젝의 사상은 현실과 동떨어져 있다. 지젝은 글과 연설에서 고차원적 철학 논의를 정치 평론이나 영화 비평과 곁들여 낸다. 지저분한 농담을 하는 것도 잊지 않는다. 물론 지젝도 때로는 중요한 정치적 지적을 한다. 오바마 당선 후 쓴 "환상을 이용하라"는 탁월한 글이었다. 이 글에서 지젝은 열광적 오바마 지지자들의 말처럼 오바마의 당선은 역사적 사건이지만, 동시에 "오바마의 승리가 결국 무엇을 의미할지 결정할 진정한 전투는 바로 승리가 확정된 지금부터 시작될 것이다" 하고 지적했다. 또, 지젝은 〈파이낸셜 타임스〉 인터뷰에서도 괜찮은 주장을 많이 했다. 그는 "1991년 소련 붕괴 이후 만개한 자유주의 유토피아는 [2007~2008년] 금융 위기로 몰락했다"고 주장했고, "금융 위기를 어떻게 설명할지를 두고 벌어지는 이데올로기적 투쟁"이 중요하다고 강조했다.

그러나 지젝은 스탈린주의 문제에 이르자 흔들리기 시작한다. 공산주의 사상과 이른바 '역사적 공산주의'라 불리는 체제의 관계에 대해 질문을 받자, 대답을 회피했다. 다행히도, 이 문제에 대해 예전에 했던 황당한 발언들을 반복하지는 않았다. 예컨대, 지젝은 《시차적 관점》(2006)에서* 이렇게 썼다. "우리가 정말로 대담하면서도(그러려면 정말로 '사내답게' 불가능에 도전해야 한다) 동시에 끔찍한 단 한 가지 행동을 실제로 찾고자 한다면, … 그것은 1920년대 말 소련에서 스탈린이 밀어붙인 강제 집산화였다." 지젝은 스탈린주의

---

* 국역:《시차적 관점》, 마티, 2009.

자는 아니다. 그는 과거에 조국 슬로베니아에서 공산당 독재에 저항한 반체제 인사였다. 그러나 그는 자본주의 옹호자들이 마르크스주의자들의 책임으로 떠넘기려 하는 [스탈린주의 체제의] 범죄들을 비판하지 않는 방식으로 자신이 자유주의자가 아님을 증명할 수 있다고 믿는 듯하다.

이것은 단지 접근 방식이 잘못돼 발생한 문제가 아니다. 지젝이 정치 실천과 동떨어진 것과 연관된 오류다. 지젝이 주도하는 버크벡 인문학연구소 토론회는 '공산주의 사상'에 관한 것이다. 그러나 지젝이 정말로 우파의 경제 위기 해석에 도전하고 싶다면, 사상의 영역에서 나와 마르크스주의 좌파가 어떻게 현실 사회 세력들과 관계를 맺을 수 있을지 고민해야 할 것이다. 버크벡 인문학연구소 토론회 조직자들은 정치 실천에 너무나 무관심해서 입장료를 무려 100파운드[약 22만 원]로 책정했다. 그래서 존 로이드 같은 우파가 이 토론회를 "학문적 환상"을 팔아먹으려는 노교수들의 수작으로 폄하하기 더 쉽다. 유감이다. 이 토론회에 참가하는 사람들은 강연자와 청중 모두 자본주의에 도전하려는 열망을 공유하는 진지한 사람들이다. 그러나 자본주의에 도전하고픈 모든 사람은 마르크스가 이미 오래전에 제기한 문제(어떻게 이론과 실천을 결합할 것인가)를 회피할 수 없다.

제럴드 앨런 코헨

《카를 마르크스의 역사이론》으로 유명한 정치철학자 제럴드 앨런 코헨이 2009년 8월 5일 사망했다. 이 글은 캘리니코스가 8월 11일에 쓴 추모사다.

좌파 지식인들에게 올여름은 참 불운의 연속이다. 지난 6월 급진 정치경제학자 조반니 아리기와 피터 고완이 며칠 새 잇달아 사망했다. 그리고 지난주 사회주의 철학자 제럴드 앨런 코헨이 68세를 일기로 갑작스레 사망했다. 코헨은 1978년에 출간한 저서 《카를 마르크스의 역사이론》(이하 《역사이론》)으로* 유명하다. 《역사이론》은 두 가지 점에서 유용했다.

첫째, 이 책은 마르크스가 《독일 이데올로기》에서 발전시키고 《정치경제학 비판을 위해》 1859년판 서문에서 간결하게 개설한 유물론적 역사이론을 다시 설명하며 옹호했다. 이 이론은 사회가 생산력 발전 정도에 따라 부침을 겪는다는 역사관이다. 마르크스 시대 이래 마르크스주의 좌파 대다수는 이런 정통 역사유물론을 당연하게

---

* 국역: 《카를 마르크스의 역사이론》, 한길사, 2011.

받아들였다. 코헨은 《역사이론》을 "순수 마르크스주의에 대한 헌사"라고 했다. 여기서 "순수 마르크스주의"란 코헨이 어릴 적 부모한테서, 또 냉전의 절정기에 그의 부모가 속해 있던 캐나다 퀘벡주州 공산주의자 공동체에서 배운 '마르크스주의'를 뜻한다. 그러나 1960년대와 1970년대를 거치며 이 '순수 마르크스주의'는 시대에 뒤떨어진 유물처럼 돼 버렸다. 당시 대중운동을 통해 급진화한 이들의 다수는 《정치경제학 비판을 위해》 1859년판 서문에서 생산력 발전을 강조한 마르크스의 주장이 사상이나 계급투쟁의 중요성을 무시한 '기술 결정론'이라며 거부했다.

《역사이론》의 둘째 장점은 이런 동시대 좌파의 대세를 거슬렀다는 것이다. 1960~1970년대에 재조명된 마르크스주의는 유럽 대륙 출신의 몇몇 철학자, 특히 죄르지 루카치, 테오도어 아도르노, 루이 알튀세르 등의 입맛에 딱 맞는 것이었다. 반면 코헨은 영미권 학계에서 유력했던 분석철학을 도입해 마르크스 해석을 발전시켰다. 분석철학은 개념을 엄밀하게 정의하고 논쟁의 방법을 자세히 설명하는 것을 강조하는 철학 조류다. 코헨은 창의적이고 독창적인 방식으로 이 프로젝트를 수행해 역사적 변화에서 생산력 발전이 근본적 구실을 한다는 점을 인정하는 쪽으로 논쟁의 균형을 잡았다.

《역사이론》이 남긴 유산 중 한 가지 안타까운 것은 이 책에서 영감을 얻은 '분석 마르크스주의' 학파가 등장한 것이다. 이 재능 있고 야심 넘치는 학자들은 영미권 주류 학계의 철학·사회과학 연구와 마르크스주의를 결합하려 애썼다. 이 괴상한 시도에는 마르크스와 '합리적 선택 이론'을 결합하려는 노력도 포함됐다. '합리적 선택 이론'은 학계에서 영향력이 매우 큰데, 사회생활을 이기적 개인들의 행위로 환원하려는 것이다. '합리적 선택 이론'에 따라 마르크스가 거의 사라진 것은 예정된 수순이었다. 코헨의 견해는 약간 달랐다. 그는 처음엔 '합리적 선택 이론'으로 기우는 데 저항했지만 나중에는 굴복했다. 그러나 그는 《역사이론》에서 지키고자 했던 마르크스주의를 완전히 포기하지는 않았다.

코헨의 후기 저작은 주류 정치철학에 좀 더 우호적으로 변했다. 그는 주로 사회정의 이론을 발전시키는 데 관심을 기울였는데, 이 이론의 핵심은 평등을 지향하는 데 있었다. 코헨의 이런 변화는 주류 학계에 투항한 것으로 비치기도 했다. 코헨은 지난해 퇴임할 때까지 옥스퍼드대학교 사회정치 이론 교수였고, 때때로 대학 안에서 누리는 안락한 삶에 지나치게 안주하는 것처럼 보이기도 했다.

그러나 사회주의에 대한 코헨의 헌신은 단지 이론적인 것만은 아니었다. 그는 신노동당이 평등주의에서 후퇴하는 것을 맹렬히 비판했다. 또 그는 자신의 공산주의적 교육 방식의 일부를 학술적 성과로 이어 가기도 했다. 1990년대에 사회주의노동자당이 주최한 '마르크시즘'에서 나는 코헨과 논쟁을 벌인 적이 있다. 자기 주장의 이해를 돕기 위해 그는 미국 노동조합의 옛 노래 〈연대여, 영원하라〉를 불렀다. 옥스퍼드에서든 어디에서든 이런 철학자를 찾기는 쉽지 않다. 날카로운 분석력과 사회주의에 대한 확고한 믿음을 동시에 갖춘 그의 독특한 매력 때문에 나는 코헨을 결코 잊지 못할 것이다.

크리스 하먼

2009년 11월 7일, 《민중의 세계사》를 쓴 영국 사회주의노동자당 지도자 크리스 하먼이 사망했다. 11월 9일, 캘리니코스는 "35년 넘게 함께한 동지, 친구이자 스승"의 추모사를 썼다.

《인터내셔널 소셜리즘》의 편집자이자, 그 전 20여 년 동안 〈소셜리스트 워커〉의 편집자로 일했던 크리스 하먼이 67세 생일을 하루 앞둔 11월 7일 새벽 갑작스런 심장마비로 사망했다. 하먼은 1960년대 말과 1970년대 초 거대한 급진화 물결에 힘입어 등장한 탁월한 마르크스주의자였다. 그는 놀라울 정도로 다양한 분야에서 중요한 지적 기여를 했다. 동시에, 마르크스·엥겔스·레닌·트로츠키·룩셈부르크·그람시의 전통을 따라 평생을 직업 혁명가로서 사회주의노동자당을 건설하는 데 바쳤다.

1942년생인 하먼은 학생 시절에 국제사회주의자들IS의 전신이자 나중에 사회주의노동자당이 된 '소셜리스트 리뷰 그룹'에 가입했다. 1962~1965년 리즈대학교에서 수학한 후, 그는 런던대학교 사회과학대학LSE에서 박사 과정을 밟기 시작했다. 1960년대 후반기 런던대학교 사회과학대학은 영국 학생운동의 중심지 중 하나였다. 하먼은 그

곳에서 주도적 활동가가 되면서 학자 경력을 포기했다.

이후 하먼은 국제사회주의자들의 상근 활동가로 일했다. 처음에는 《인터내셔널 소셜리즘》의 편집자이자 〈소셜리스트 워커〉의 기자로 활동했다. 그는 1975~1977년, 그리고 1982~2004년에 〈소셜리스트 워커〉의 편집자였다. 마지막에 그는 《인터내셔널 소셜리즘》의 편집자 일로 돌아왔다. 편집자로서 그는 대단히 생산적이었다. 1960년대 말과 1970년대 초 수만 명의 청년이 하먼과 비슷한 결정을 했다. 그러나 1970년대 중반 이후 투쟁이 퇴조하자 많은 이탈자가 생겼다. 하먼은 이탈하지 않았을 뿐 아니라, 20대 초반부터 혁명적 마르크스주의를 등대로 삼아 20세기 후반과 21세기 초에 발생한 온갖 복잡하고 혼란스런 사건들을 설명했다.

국제사회주의경향의 창립자인 토니 클리프가 하먼의 이론적 기초를 제공했다. 클리프는 소련과 기타 '사회주의' 나라들을 관료적 국가자본주의로 규정했고, 이것은 혁명적 마르크스주의가 살아 있는 전통으로 지속되는 것을 가능케 했다. 클리프는 이런 분석에 기초해야만 노동계급의 자력 해방이라는 마르크스의 사회주의 사상이 의미를 가질 수 있음을 보여 줬다. 하먼은 클리프의 성취를 기초로 삼아 다른 많은 영역에서 마르크스주의 이론의 폭과 깊이를 확장했다. 하먼은 다양한 영역에서 철저한 조사에 기반을 두고 엄밀하고 독창적인 분석을 담은 최고 수준의 저술을 남겼다. 아래에서 내가 제시하는 것은 대강의 요약에 불과하다.

먼저, 하먼은 스탈린주의에 관한 클리프의 분석을 발전시켰다. 하먼은 첫 저작인 《동유럽에서의 관료와 혁명》(1974) — 나중[1988년]

에 《동유럽에서의 계급투쟁》으로* 재출간 — 에서 1945년 이후 국가자본주의 정권들의 불안정하고 갈등으로 점철된 역사를 탐구했다. 이전부터 하먼은 스탈린주의 정권들을 위로부터 개혁하려는 시도가 아래로부터의 혁명적 투쟁이 분출할 공간을 열어 줄 가능성이 있다고 지적했다. 1989년 하먼이 예상한 논리에 따라 스탈린주의 정권들이 붕괴했다. 하먼은 이런 결과를 "폴란드: 국가자본주의의 위기"(1976~1977)에서 예견했다. 그는 이 글에서 이른바 '사회주의' 나라들이 어떻게 세계 자본주의의 무역과 부채의 리듬에 통합되고 있는지 분석했다. 하먼은 "폭풍이 일다"(1990)에서** 이 붕괴 과정을 국가자본주의에서 민간자본주의로의 "게걸음"으로 묘사했다. 하먼의 역사가로서의 탁월한 재주는 《동유럽에서의 관료와 혁명》에서 노동자들의 반란을 생생하게 묘사하면서 처음 명백히 드러났다. 이후 그는 1918~1923년 독일 혁명 과정을 연구했고(《패배한 혁명》, 1982),*** 1960년대 말과 1970년대 초 운동의 분출을 탐구했다(《지난번 불길》, 1988).****

또, 하먼은 마르크스주의 역사이론에 대한 중요한 에세이들을 남겼다. 그러나 역사가로서 그의 최상의 성과는 《민중의 세계사》(1999)였다.***** 이 책은 특히 최근 버소 출판사에서 재출간돼 큰 성공

---

*   국역: 《동유럽에서의 계급투쟁》, 갈무리, 1994.

**   국역: 《1989년 동유럽 혁명과 국가자본주의 체제 붕괴》, 책갈피, 2009.

***   국역: 《패배한 혁명》, 풀무질, 2007.

**** 국역: 《세계를 뒤흔든 1968》, 책갈피, 2004.

***** 국역: 《민중의 세계사》, 책갈피, 2004.

을 거뒀다. 이 책의 장점 하나는 이른바 '원시'사회들에 대한 분석이다. 하먼은 1970년대 말 여성해방에 관한 치열한 논쟁에 참가하면서 이들 사회를 상세히 분석한 바 있다. 하먼에게는 이들 사회가 계급 착취를 제거한 후 여성과 남성이 평등하게 살 수 있는 가능성을 보여 주는 것이었다.

이것은 하먼의 지적 접근 방식을 잘 보여 주는 사례다. 그가 특정한 문제에 관심을 두는 것은 그 자체의 흥미보다는 정치적 문제를 해결하기 위해서였다. 그래서 《예언자와 프롤레타리아》(1994)는[*] 정치적 이슬람에 관한 선구적 마르크스주의 연구이자 9·11 이후 벌어진 논쟁과 투쟁 과정에 사회주의노동자당이 적절히 개입하는 데 큰 도움이 됐다. 하먼의 가장 중요한 저작 일부는 혁명적 전략과 전술 문제를 직접 다뤘다. 탁월한 에세이인 "당과 계급"(1968)은[**] 국제사회주의자들 주변에 모인 급진화한 학생들에게 레닌주의적 전위당의 필요성을 이해시키기 위해 쓴 내부 문건이었다. 1970년대 중반에 유럽 극좌파 사이에서 혼란이 가중됐을 때 하먼은 중요한 정치적 개입을 했다. 예컨대, 1974~1975년 포르투갈 혁명에 관한 주장이라든지, 안토니오 그람시를 개혁주의 이론가로 왜곡하려는 시도에 반대한 것이[***] 대표적이었다.

하먼은 정치적 방향을 제시한다는 동일한 문제의식에서 그의 주요 저작들 중 마지막 것이자 가장 중요한 것 중 하나인 자본주의 자

---

[*]   국역: 《이슬람주의, 계급, 혁명》, 책갈피, 2011.

[**] 국역: "정당과 계급", 《크리스 하먼 선집》, 책갈피, 2016.

[***] 국역: 《곡해되지 않은 그람시》, 노동자연대, 2016.

체에 대한 분석으로 주의를 돌렸다. 하먼이 마르크스주의 정치경제학을 얼마나 깊게 이해하고 독창적으로 해석했는지는 1960년대 말 제4인터내셔널 지도자인 에르네스트 만델과의 논쟁에서 이미 잘 드러났다. 나중에 단행본 《위기를 설명한다》(1983)로* 편집된 하먼의 자본주의 관련 글들은 마이클 키드런의 초기 저작을 더욱 발전시킨 것이었다. 키드런은 제2차세계대전 이후 높은 수준의 군비 지출이 어떻게 일시적으로 자본주의를 안정시켰는지 보여 줬다. 하먼은 키드런의 분석을 발전시켜 1960년대 말 이후 자본주의 체제에 위기가 다시 찾아온 과정을 분석했다. 강단 마르크스주의 경제학이 혼란에 빠져 있던 시기에 하먼은 동시대 자본주의의 역학을 이해하려면 여전히 마르크스의 분석이 중요함을 증명했다. 하먼은 그 뒤로 20년 넘게 정치경제학에 관한 글을 썼지만, 말년에 들어서야 이 주제를 다시 한 번 깊이 있게 탐구할 수 있었다. 그는 다른 중요한 마르크스주의 경제학자들과 교류하면서 《좀비 자본주의》(2009)를** 완성했다. 올해 초 출간된 이 훌륭한 책은 현 경제 위기를 자본주의 체제의 전체 역사와 변화 속에서 분석하고 있다.

하먼은 이런 다양한 성과 중 일부만을 가지고도 학자 경력을 쌓을 수 있었을 것이다. 그러나 하먼은 이 모든 것을 안락한 강단에서가 아니라 박봉의 사회주의노동자당 상근자로 일하면서 성취했다. 사회주의노동자당에 대한 하먼의 최대 기여는 좌파가 총체적 혼란에 빠져 있던 1980년대 초에 그가 〈소셜리스트 워커〉의 편집자 자

---

* 국역: 《왜 자본주의는 경제 위기에 빠지는가》, 책갈피, 근간.

** 국역: 《좀비 자본주의》, 책갈피, 2012.

리를 다시 맡은 것이었다. 하먼은 대처리즘의 악몽(다른 무엇보다 1984~1985년 광원 파업)과 1990년대 침체기를 거쳐 2000년대 반자본주의·반전 운동의 등장과 함께 급진화가 재개될 때까지 신문을 이끌었다.

하먼은 수줍은 겉모습 뒤로 자신의 놀라운 능력과 성과물을 감췄다. 그는 자기 자랑을 할 줄 몰랐다. 그러나 혁명에 대한 하먼의 헌신은 본보기로 남을 것이다. 하먼은 1960년대 런던대학교 사회과학대학 투쟁을 향수 어린 시각으로 바라보는 최근 한 모임에서 이 모임의 자회자찬식 분위기를 망쳐 버렸다. 이제 연금 생활자가 됐으니 더 많은 시간을 활동에 쓸 수 있어 좋다고 말한 것이다. 삶의 잔인함 때문에 하먼은 그런 행복하고 생산적인 말년을 누리지 못했다. 하먼은 그의 글들과 그가 사회주의노동자당과 국제사회주의경향의 자매 조직들에 남긴 정치적 유산을 통해 기억될 것이다. 그러나 이것으로 커다란 상실감을 감출 수 없다. 특히, 그의 연인 탈라트와 그의 두 자녀 세스와 시네이드뿐 아니라 그와 접촉했던 주변 사람들에게도 그렇다.

개인적으로, 나는 35년 넘게 함께한 동지, 친구이자 스승을 잃었다. 지금은 슬퍼하고 추모할 시간이다. 그러나 하먼은 우리가 곧 투쟁을 재개하기를 바랄 것이다.

다니엘 벤사이드

2010년 1월 12일, 프랑스 반자본주의신당의 지도자 다니엘 벤사이드가 사망했다. 1월 13일, 캘리니코스가 영국 사회주의노동자당을 대표해 추모사를 썼다.

1960년대 세대 마르크스주의 지식인의 슬픈 죽음이 잇따르고 있다. 프랑스의 철학자이자 활동가인 다니엘 벤사이드(1968년 5~6월 학생·노동자 반란 때 떠오른 특출한 인물 중 한 명)가 1월 12일 향년 63세로 사망했다.

프랑스공산당PCF의 보수성에 반기를 든 소규모 활동가 그룹 출신인 벤사이드는 1966년에 공산당 청년 조직과 결별하고 혁명적공산주의청년단JCR을 결성했다. 혁명적공산주의청년단은 1968년 학생운동에서 주도적 구실을 했다. 혁명적공산주의청년단은 프랑스에서 가장 중요한 극좌파 세력인 혁명적공산주의자동맹의 중핵이 됐고, 1년 전 이 단체가 반자본주의신당을 출범시켰다.

벤사이드는 자서전에서 공산주의 정치 문화가 강력한 툴루즈 노동계급 지구의 (자기 부모가 운영한) 작은 식당에서 보낸 성장 과정을 생생하게 묘사했다. 매우 심원한 철학적 개념과 주제를 다룰 때조차 그가 탁월하게 자신의 생각을 전달할 수 있었던 것은 어쩌면 이런 배경 덕분일 것이다.

1960년대 말과 1970년대 초 노동자 투쟁의 고양에 고무돼 전 세계의 수많은 청년이 혁명적 사회주의 조직으로 향했다. 벤사이드는 앙리 베베르와 공저한 책에서 1968년 5월을 다가올 혁명의 "거대한 예행연습"이라고 불렀다. 그는 자기 세대가 느낀 절박감(그가 훗날 "혁명적 조바심"이라고 부른 것)을 분명하게 표현하며 이렇게 선언했다. "역사가 바로 코앞에서 우리를 지켜보고 있다."

벤사이드는 1968년 이후 여러 해 동안 [정설] 트로츠키주의 경향인 제4인터내셔널과 그 프랑스 지부인 혁명적공산주의자동맹에서 상근자로 일했다. 그는 라틴아메리카를 두루 돌아다녔고 브라질 노동자당PT의 창립에 중요한 구실을 했다. 이런 영향력은 최근까지도 남아 있었다. 2003년 거대한 반전 시위 직전에 열린 세계사회포럼에서 벤사이드가 신자유주의와 제국주의를 비난하고 새로운 저항 운동의 출현을 역설하는 대단한 연설을 하자 브라질 사회주의자들이 기립 박수를 보낸 것을 기억한다.

1960년대 세대 대부분은 금세 변화가 일어나리라 믿은 자신들의 기대가 좌절되자 혁명적 정치를 버렸다. 벤사이드는 그러지 않았다. 그는 파리8대학(생드니) 철학 교수 시절에 자본주의에 대한 비판을 누그러뜨리지 않으면서도 역사의 복잡성과 불확실성을 세심하게 고려하는 마르크스주의를 발전시키는 데 몰두했다. 아마 벤사이드의 눈부신 책들 중 가장 중요한 저작은 《시대의 불화》(1995)와 《우리 시대의 마르크스》(1995년에 처음 출판됐고 2002년에 영어로 번역 출간됐다)에 실린 논문들일 것이다. 벤사이드는 독일 출신의 위대한 마르크스주의 비평가 발터 벤야민에게서 커다란 영향을 받았다. 벤야민은 역사를 파국으로, 혁명을 정상적 사태 전개가 갑자기 폭력적으로 중단되는 것으로 봤다.

벤사이드는 1990년대 중반에 혁명적공산주의자동맹의 중앙 지도부에서 물러났지만, 그 뒤에도 정치적으로 깊숙이 관여했다. 그는 2002년과 2007년 올리비에 브장스노의 성공적 대선 운동과 반자본주의신당 출범으로 나타난 혁명적공산주의자동맹의 외향화 정책을 가장 강력하게 옹호한 사람 중 하나였다. 최근에 벤사이드는 특히 새 세대 활동가들에게 마르크스주의 전통을 가르치는 것에 힘을 쏟았다. 그는 혁명 전략과, 반자본주의·반전 운동에서 나타난 "새로운 국제주의"에 관해 많은 중요한 논문을 썼다. 그는 이론지 《콩트레탕》을 발행했는데, 이 잡지는 지금 반자본주의신당과 연계가 있다.

벤사이드는 생애 마지막 15년을 병마와 싸우면서 이 모든 것을 성취했다. 지난 몇 달 동안 그는 병석에 누워 이달 말 파리에서 개최될 예정인 공산주의 사상 관련 대규모 회의를 조직했다. 엄청나게 강인한 의지를 전달하는 감각, 풍부하고 깊이 있는 목소리, 사적 대화나 대중 연설에서 들려주는 천연덕스러운 농담이 그가 겪은 육신의 고통을 숨겼다. 그는 엄청난 달변가이자 대단한 문필가였다. 그의 동지 피에르 후세가 언젠가 내게 말하면서 아주 적절하게 지적했듯이, 벤사이드는 생생한 이미지를 사용함으로써 자신이 좀 더 직설적으로 썼을 때보다 비할 데 없이 효과적으로 주의를 환기시키는 글을 쓰곤 했다.

두 달도 채 안 된 크리스 하먼의 죽음과 마찬가지로, 다니엘 벤사이드의 죽음은 가장 강력하고 창조적인 목소리 하나를 혁명적 마르크스주의에서 빼앗아 갔다. 벤사이드의 영향력은 그의 저작들 속에, 그의 연설 기록들 속에, 그리고 전 세계에서 여러 세대의 투사들에 게 영향을 미친 그의 말과 본보기 속에 살아 있을 것이다. 그렇더라 도 그의 연인 소피와 그의 가족과 친구들 그리고 그의 동지들이 느 끼고 있을 애통함과 상실감은 줄어들지 않을 것이다. 그들에게 위로 와 연대를 보낸다.

토니 클리프

2017년 5월 23일, 국제사회주의경향 창시자 토니 클리프의 탄생 100주년을 맞아 그가 오늘날 사회주의자들에게 남긴 이론적·실천적 기여를 살펴봤다.

토니 클리프는 100년 전인 1917년 5월 20일 팔레스타인의 유대인 가정에서 태어나, 1946년 영국으로 이주했다. 이때는 이스라엘 국가가 수립되기 2년 전이었다. 클리프는 시온주의에 반대하는 국제주의자로서 이스라엘 국가 수립에 반대했다. 클리프는 영국에서 마르크스주의 단체를 세우고 이끌었는데, 이 단체가 나중에 사회주의노동자당이 됐다. 나는 사회주의노동자당 중앙위원회에서 클리프와 20년 이상 함께 활동했다. 클리프는 지성, 결단력, 매력, 유머, 강인한 성품을 겸비한 개성 넘치는 사람이었다. 오늘날 클리프를 모르는 사람들에게 그에 관해 이야기하는 이유는 무엇일까? 클리프는 거의 20년 전인 2000년 4월에 작고했는데 말이다.

그의 이론적 기여가 한 이유다. 1940년대 말 클리프는 소련 사회 분석을 선구적으로 발전시켰다. 클리프는 스탈린 체제의 소련이 사회주의나 (트로츠키가 말한) "변질된 노동자 국가"가 아니라, 자본주의의 한 변종인 관료적 국가자본주의 사회라고 주장했다. 소련의 지배 관료들은 서방의 사기업 사장들과 마찬가지로 노동자들을 착취했다. 서방과의 군사적 경쟁 때문에 소련은 자본축적 논리(마르크스가 《자본론》에서 규명한 자본주의의 논리)의 지배를 받았다.

그러나 클리프는 이론적으로만 기여한 것이 아니었다. [클리프와 마찬가지로] 1917년에 태어나 영국으로 이주한 또 다른 걸출한 유대인 마르크스주의자 에릭 홉스봄과 비교해 보라. 홉스봄은 위대한 역사가였지만 [스탈린주의] 공산당을 옹호했고, [노동당의 '현대화'를 주장해] 신노동당으로 가는 길을 닦아 줬으며, 여왕이 하사한 명예훈작을 받았다. 반면 클리프는 혁명적 마르크스주의 전통을 정치적으로 재확립했다. 스탈린주의 폭정이 [사회주의가 아닌] 국가자본주의라면, 마르크스가 주장한 노동계급의 자력 해방 사상은 오늘날에도 유효한 것이었다. 클리프는 "워싱턴도 모스크바도 아닌 국제사회주의"라는 슬로건을 적극 수용했다. 다시 말해, 냉전은 제국주의 열강 사이의 쟁투이지, 자본주의와 사회주의 사이의 투쟁이 아니었다는 것이다. 이렇게 봤기 때문에, 소련이 붕괴한 1991년에 사회주의노동자당과 사회주의노동자당의 국제 자매 조직들은 성장할 수 있었다.

무엇보다 클리프는 마르크스주의 이론을 혁명적 정치조직 건설로 연결하려 했다. 1970년대에 클리프는 네 권짜리 레닌 전기를 썼는데,* 이 책은 혁명적 전략·전술의 보고寶庫다. [클리프가 이 책을 쓴] 1970년대는 유럽과 북미에서 제2차세계대전 이후 계급투쟁이 정점에 이른 때였다. 영국에서는 강력한 현장위원 운동이 일어나, 1970~1974

---

* 국역: 《레닌 평전》 1~4권, 책갈피, 2010~2013.

년에 집권한 에드워드 히스의 보수당 정부를 무너뜨렸다. 당시 클리프는 급진화한 학생·노동자를 조직해 대중적 혁명 정당의 토대를 건설하는 데 전력을 다했고, 이를 통해 향후 전투의 형세에 영향을 미치려 했다.

히스 정부가 무너진 후 안타깝게도 노동자들의 전투성은 고양되지 않았고 [뒤이은] 노동당 정부가 노동자 투쟁의 마취제 구실을 했다. 현장위원 조직들은 점점 관료적으로 변해 노동조합 관료 기구와 기업 구조로 편입됐다. 이 때문에 마거릿 대처가 1979년 5월 선거에서 승리해 노동자들을 공격하기 시작할 때, [이에 맞설] 노동자 운동은 이전보다 훨씬 약해져 있었다. 토니 클리프는 그런 경향을 알아챈 최초의 사람들 중 한 명이었다. 그 덕에 사회주의노동자당은 미리 대비할 수 있었고, 고통스러웠던 대처 시절에 살아남을 수 있었다. 물론 대처 정부와 광원노조 사이의 격렬한 전투[에서 광원노조의 패배]는 사회주의노동자당에게도 충분히 고통스러웠지만 말이다. 이후 클리프는 그가 사망할 때까지 보수당 [존 메이저] 정부와 [보수적이기로는] 대처의 후계자라 할 만한 [노동당의] 토니 블레어 정부 치하에서 살았다. 클리프는 영국에서든 국제적으로든 정치적 기회가 열리기만 하면 이를 붙잡으려 애썼다. 또, 새 세대에게 혁명적 마르크스주의의 유산을 전수하려고 지치지 않고 노력했다.

내가 그에게 배운 가장 소중한 교훈은 혁명적 끈기였다. 1990년 나는 그에게 "1980년대가 끝났다니 정말 다행입니다" 하고 말한 적이 있다. 클리프는 나를 쳐다보며 이렇게 말했다. "자네가 1950년대를 살아 봤어야 하는데." 대처 정부 시절보다 훨씬 혹독한 시기였던 냉전의 절정기에 클리프는 아주 작은 마르크스주의 단체를 건설했고, 이후 운동이 분출했을 때 그 단체는 더 큰 규모로 성장했다. 어느 모로 보나 오늘날의 정치 상황은 클리프가 살던 때와 많이 다르다. 그럼에도 우리는 여전히 클리프의 이론적 기여와 실천에서 배울 수 있다.

에릭 올린 라이트

2019년 1월 23일, 평생 계급 문제를 연구한 마르크스주의 사회학자 에릭 올린 라이트가 사망했다. 이 글은 캘리니코스가 1월 29일에 쓴 추모사다.

1월 23일 마르크스주의 사회학자 에릭 올린 라이트가 백혈병으로 사망했다. 향년 71세였다. 고인은 병마와 싸우던 생애 마지막까지 블로그에 또렷하고 의연한 글을 썼다. "우주의 먼지에 불과한 내가 다시금 다른 물질과 다를 바 없는 상태로 돌아갈" 때를 고요히 사색하고 있다고 말이다. 라이트와 나는 모두 1960년대 말에 옥스퍼드대학교 학생이었지만, 우리가 서로 알게 된 것은 그보다 한참 뒤였다. 2009년 6월 케이트 알렉산더가 조직해 [남아공] 요하네스버그대학교에서 열린 계급에 관한 토론회가 특히 기억에 남는다. 그와 나 모두 그 토론회에 참석했다.

라이트가 생애 대부분을 위스콘신대학교 매디슨캠퍼스에서 사회학을 가르치며 쌓아 올린 지적 이력에서 핵심으로 삼은 주제는 계급이었다. 그는 마르크스의 계급 이론을 주류 사회과학의 실증적·정량적 방법론과 결합하려 했다. 그런 시도를 하는 사람들의 연구에서는 흔히 마르크스가 실종되지만, 라이트는 그러지 않았다. 라이트는 마르크스의 핵심 주장을 결코 망각하지 않았다. 계급이란 한 사회집단이 다른 집단을 착취하는 것에 기반한 사회관계라는 주장 말이다. 특히 라이트가 쓴 명저 세 권, 《계급 구조와 소득분배》(1979), [그의 박사 논문에 기반한] 《계급론》(1985),* 《계급이 중요하다》(1997)는 엄청난 개념적 엄밀성과 실증적 철저함이 결합된 작품이다.

그의 이론적 혁신 중 가장 유명한 것은 '모순적 계급 위치' 이론일 것이다. 라이트는 현대 선진 자본주의 사회에서 피고용 인구의 상당수가 자본가적 특성과 노동자적 특성을 모두 지닌다고 주장했다. 예컨대 경영·관리직은 임금을 받는 피고용인이지만, 자본을 대리해서 노동자 대중에 대한 착취가 잘 이뤄지게 만든다. 라이트는 이것을 자본주의 계급 구조가 마르크스의 예측보다 복잡하다는 증거로 봤고, 이 때문에 사회주의로 가는 길이 더 험난할 것이라고 여겼다. 사람에 따라 라이트의 이론에서 이끌어 낼 정치적 결론은 다르겠지만, '모순적 계급 위치' 개념 자체는 내가 볼 때 유익하다. 그러나 불행히도 라이트는 1970년대 마르크스주의 경제학자들의 논쟁에서 영향을 받아서 마르크스의 노동가치론을 내버리게 됐다. 이는 라이트의 이론에 두 가지 부정적 영향을 끼쳤다.

첫째, 마르크스의 자본주의 착취 분석은 노동가치론을 기초로 한 것이었다. 마르크스는 모든 새로운 가치가 노동으로 창출되지만 자본가들이 그중 일부(잉여가치)를 이윤으로 전용한다고 주장했다. 노동가치론을 버리면, 착취를 설명할 다른 이론이 필요해진다. 라이트

---

* 국역: 《계급론》, 한울, 2020.

는 ['분석 마르크스주의'] 경제학자 존 로머의 이론을 받아들였다. 로머는 숙련 노동자가 상대적 미숙련 노동자를 착취한다고 주장한다. 이렇게 보면, 계급을 생산관계에서 차지하는 지위가 아니라 소득수준 차이로 축소(환원)해 보는 경향이 생긴다. 이는 주류 이론이 계급을 다루는 방식, 즉 라이트가 출발점부터 거부했던 방식과 꼭 닮은 것이다. 다행히, 라이트는 로머 이론의 이런 함의를 받아들이지는 않았다.

둘째, 이윤율 저하 경향 때문에 자본주의가 경제 위기에 거듭 빠질 수밖에 없다는 마르크스의 주장의 바탕에도 노동가치론이 있다. 이와 달리 라이트는 자본주의가 "상당한 유연성과 문제 해결 역량"을 가졌다고 주장했다(이번에는 내 책《평등》을* 둘러싼 논쟁에서 해리 브릭하우스와 함께 이렇게 주장했다). 라이트와 나는 요하네스버그대학교 토론회에서 다시금 이견을 확인했다. 그 토론회는 2007~2008년 [금융시장] 붕괴로 발생한 세계적 불황이 한창이던 때에 열린 토론회였다. 내 보기로 라이트는 이 불황의 중요성을 과소평가했다.

라이트는 자본주의를 개혁할 여지가 나 같은 혁명적 사회주의자들이 주장하는 것보다 훨씬 많다고 봤다. 말년에 라이트는 바로 그런 개혁의 가능성과 그것을 성취하기 위한 전략을 모색하는 데에 집중했다.《리얼 유토피아》(2010)가** 바로 이를 위해 쓴 책이다. 이 책에 개진된 복잡한 주장들은 라이트가 미국 좌파 잡지《재커빈》

---

* 국역:《평등》, 울력, 2006.

** 국역:《리얼 유토피아》, 들녘, 2012.

(자코뱅)에 기고한 글 "반자본주의자가 되는 방법"(2015)에 요약돼 있다. 이 글에서 그는 사회주의자들이 "자본주의를 분쇄하겠다는 환상을 접"고 "자본주의를 길들이고 침식시키기"에 집중하라고 권한다. 라이트가 쓴 다른 모든 글처럼, 이 글도 사려 깊고 작은 문제들까지 다룬다. 라이트는 모범적이며 근면한 스승이었고, 제자들에게 널리 사랑받았다. 그들 모두에게, 그리고 무엇보다 그의 가족과 친구들에게 심심한 조의를 표한다. 사회주의자는 누구든 그처럼 매우 창의적인 마르크스주의 학자가 떠난 것을 애도할 수밖에 없다.

7장

자본주의의 대안

대안을 어디서 찾아야 할까?

———

세계적 금융 위기가 한창이던 2008년 4월 22일, 캘리니코스는 자본주의의 대안을 제시하고
세계를 변화시키려면 카를 마르크스의 사상이 좋은 출발점이라고 주장했다.

지난 10년 동안 새로운 저항 운동들이 등장했다. 그런 운동을 처음에 촉발한 것은 주요 서구 정부들이 추진한 신자유주의 정책과 기업 세계화였다. 2001년 9월 11일 이후 미국의 조지 W 부시가 시작한 전쟁 몰이는 저항을 더욱 격화시켰다.

그러나 이런 운동의 염원을 가장 잘 표현할 수 있는 사상은 무엇인가 하는 질문에 대한 답은 아직 나오지 않았다. 2000년대 초에 운동에 가장 큰 영향력을 미치던 인물들은 운동의 출현과 분권화된 조직 방식을 찬양하는 안토니오 네그리, 나오미 클라인, 존 홀러웨이 같은 사람들이었다. 그러나 그들의 사상은 이렇다 할 방향을 제시하지 못하면서 어느 정도 사그라졌다. 놈 촘스키는 여전히 끊임없는 미국 제국주의 비판으로 대단히 존경받는 인물이지만, 운동에 대한 종합적 분석이나 전략적 방향 제시 비슷한 것은 결코 하지 않는다.

나는 새 사상가들을 찾는 것보다 옛 사상가인 카를 마르크스에게 돌아가는 것이 더 나을 것이라고 생각한다. 이 말에 코웃음 치는 사람들이 많을 것이다. 분명히 마르크스는 진부한 빅토리아시대 인물 아닌가? 그러나 마르크스는 진부하기는커녕 가장 현대적인 사회 이론가다. 그 이유는 간단하다. 아주 당연한 말이지만 우리가 역동적이고 세계화된 자본주의 시대에 살고 있기 때문이다.

마르크스가 주로 탐구한 주제가 자본주의였다. 그의 독창성을 보여 주는 것 가운데 하나는 기술혁신과 대량생산을 바탕으로 하는 산업자본주의가 영국에서 퍼져 나가 전 세계를 정복하고 변모시킬 것이라는 사실을 이미 1840년대에 간파했다는 것이다. 1848년에 출판된《공산당 선언》에서 마르크스가 간략하게 묘사한 자본주의의 확장 과정은 150년이 지난 뒤에야 만개했다.

이보다 더 중요한 점은 자본주의가 얼마나 취약한지를 마르크스가 파악했다는 것이다. 마르크스는 자신의 걸작인《자본론》에서 자본주의를 심각한 경제 위기로 몰아가는 경향이 있는 고유한 메커니즘을 규명하려 노력했다. 이것은 엄청나게 중요한 통찰이다. 오늘날의 세계화가 사회적으로 불공정하고 환경을 파괴한다는 비판은 많다. 그러나 자유 시장 자본주의가 얼마나 위기에 취약한지를 아는 사람은 드물다. 심지어 자유 시장 자본주의를 비판하는 사람들조차 그렇다. 신자유주의를 찬양하는 사람들은 말할 것도 없다. 세계경제가 꽤나 빠르게 성장한 지난 몇 년 동안 그들은 자본주의의 새로운 황금기가 시작됐다고 떠들어 댔다. 그러나 지금 우리는 체제의 심장부인 미국에서 시작된 금융 위기가 전 세계로 번져 나가며 심각한 경기하강을 일으키는 것을 목격하고 있다. 이제 신자유주의 옹호자들은 말을 바꾸기 시작했다. 그들은 전 미국 대통령 로널드 레이건이 말한 "시장의 마력"에 의존하지 않고 국가의 경제 개입에 의존하고 있다.

마르크스는 자본주의가 단순히 경제체제가 아니라, 근본적 적대 관계(노동자와 사장 사이의 계급 갈등)에 따라 분열된 권력체제이기도 하다고 봤다. 마르크스는 자본주의의 연료 구실을 하는 이윤의 원천이 노동자 착취라고 주장했다. 이 근본적 분열에 따라 사회가 둘로 쪼개지고, 그로 인한 착취자와 피착취자의 계급투쟁 결과가 세계의 모습을 좌우할 것이라고 마르크스는 주장했다. 마르크스의 사상 가운데서 진부하다고 가장 많이 비판받는 주장이 이것이다. 마르크스의 주장은 19세기에나 있었을 법한 부자와 빈민의 사회 양극화를 반영하고 있다는 것이다. 그러나 이런 식의 비판이야말로 점점 더 시대에 뒤떨어진 것으로 보인다.

먼저, 부자와 빈민의 양극화는 사라지지 않았다. 오히려 지금 식량 가격 인상으로 빈민이 쌀과 빵 같은 기본 식료품을 살 수 없게 되면서 전 세계에서 소요 사태가 빈발하고 있다.* 마르크스는 자본주의의 위기가 물자 부족에서 비롯하는 것이 아니라고 주장했다. 사람들이 굶주리는 것은 식량이 부족해서가 아니라 식량을 살 돈이 없기 때문이다. 식료품 가격 인상은 자본주의 체제의 혼돈을 보여 준다. 유엔 식량특별조사관인 장 지글러는 지난 주말에 다음과 같이 말했다. "마르크스가 말했듯이, 기아는 오랫동안 사라지지 않고

---

* 당시 몇 년 사이에 밀·옥수수·콩·쌀 등의 가격이 2배 이상으로 올라 전 세계에서 파업·시위·소요가 일어났고, 이것이 2011년 아랍 혁명의 배경이 됐다.

있다. 이것은 소리 없는 학살이다." 빈부 격차는 선진국에도 존재한다. 사실, 신자유주의 시대에 빈부 격차는 더 커졌다. 세계 최대 부국인 미국에서는 생활수준의 절대적 하락이 점차 문제가 되는 듯하다. 중위 가구 소득은 지난번 호황의 끝 무렵이었던 1999년보다 최근 호황의 끝 무렵이었던 2006년에 더 낮았다.

그러나 마르크스는 계급 문제를 사회학자처럼 다루지 않았다. 그는 소득분배 지도나 직업 분포도 따위를 그리려 애쓰지 않았다. 그가 계급 적대에 관심을 기울인 이유는 그것이 권력이 어디에 있는지 보여 주는 열쇠이기 때문이었다. 현 사회를 유지하는 권력과 변화시키는 권력 둘 다 있는 곳 말이다. 마르크스가 성이나 인종이나 종교를 무시했다고 비판하는 사람들이 틀린 이유가 이것이다. 마르크스는 갖가지 사회적 분열이 존재하고, 그런 분열을 이용해 한 집단이 다른 집단을 지배하고 체계적으로 차별할 수 있다는 것을 잘 알고 있었다. 그러나 고통이 반드시 힘의 원천인 것은 아니다.

노동계급이 중요한 이유는 그들의 노동이 자본가들에게 이윤을 제공하기 때문이다. 노동자들이 착취당한다는 사실 자체가 그들이 사용자들과 싸워 이길 수 있는 힘의 근원이다. 이 힘은 모든 파업에서 노동자들이 단체 행동으로 노동을 중단하고 그럼으로써 이윤의 흐름을 차단할 때 분명히 드러난다. 전략적 산업에 종사하는 일부 노동자들은 훨씬 더 큰 힘을 발휘할 수 있다. 왜냐하면 그들은 자신의 사용자들뿐 아니라 다른 사용자들의 이윤에도 타격을 가할 수 있기 때문이다. 지난해 늦여름에 런던 지하철 노동자 파업이 일으킨 혼란은 그런 힘을 잘 보여 준다.

마르크스의 노동계급 개념은 언론과 학계에서 주장하는 진부한 노동계급 개념과 달랐다는 점도 중요하다. 그들은 남성·생산직·공업 노동자만이 노동계급이라고 주장하고 우리가 그렇게 믿도록 만들려 한다. 그러나 마르크스는 착취자와 피착취자의 관계에 따라 계급을 규정했다. 이 관점에서 보면, 자신이 가진 자원만으로 먹고살 수 있을 만큼의 경제적 독립성을 가지지 못한 사람은 모두 노동자다. 먹고살기 위해 노동자는 자신의 노동력을 자본주의 기업에 팔아야 한다. 거래할 힘이 없기 때문에 노동자는 직장에서 착취당한다. 이런 의미의 노동자는 꼭 육체노동자나 공장노동자에 국한되지 않는다. 사무실·병원·학교에서 일하는 사람들도 노동자다. 물질적 재화가 아니라 서비스를 생산하는 사람도 노동자일 수 있다. 사기업이 아니라 국가에 고용된 사람도 노동자일 수 있다. 선진국에서는 이렇게 광범한 사회적 의미의 노동계급이 인구의 대다수다. 이런 의미의 노동계급은 세계적으로도 늘어나고 있다. 지난 20여 년 동안 중국 동부 연안의 공업화로 세계 노동계급의 규모와 힘이 엄청나게 증대했다.

그러나 마르크스는 노동계급이 존재한다는 것만으로는 충분하지 않다고 생각했다. 그는 '즉자적 계급'과 '대자적 계급'을 구분했다. '즉자적 계급'은 그냥 존재하는 계급이고, '대자적 계급'은 자신의 이익을 위해 투쟁하는 자의식적 정치 주체를 가리킨다. 마르크스는 그의 청년 시절에 일어난 투쟁들(특히 영국의 차티스트운동과 1848년 프랑스 혁명)에서 노동자들의 정치 운동이 시작되는 것을 봤고, 이런 정치 운동을 통해 노동자들이 '대자적' 계급이 된다고 생각했다. 그러나 그는 이것이 장기간의 고통스런 과정일 것이고, 그 과정에서 노동자들은 승리뿐 아니라 패배도 겪을 것이라는 점을 이해했다.

마르크스는 노동자들이 잠시 권력을 잡았지만 곧 지배계급에게 짓밟힌 1871년의 파리코뮌에서 중요한 교훈들을 끌어냈다. 파리코뮌은 노동자들이 투쟁 속에서 새로운 형태의 정치권력, 곧 노동자들이 직접 통제하고 자본주의 사회에서 상상할 수 있는 다른 어떤 권력보다 근본적으로 더 민주적인 권력을 만들어 낸다는 것을 보여 줬다. 마르크스는 자본주의의 대안인 사회주의가 바로 이런 과정에서 발전해 나올 것이라고 봤다. 그는 사회주의를 노동계급의 자력 해방이라고 불렀다. 노동자들은 오직 자기 자신의 조직과 투쟁을 통해서만 스스로 해방될 수 있다는 것이다. 어느 누구도, 어떤 엘리트도, 그들이 아무리 자비롭더라도, 노동자를 대신해서 노동자를 해방할 수 없다. 따라서 마르크스의 사회주의 개념은 소련·동유럽·중국을 마르크스의 이름으로 지배한 스탈린주의 체제와 근본적으로 다르다. 그런 사회들은 진정한 사회주의를 우스꽝스럽게 만들었을 뿐이다.

1980년대 말 스탈린주의 체제의 붕괴 이후 등장한 새로운 저항 운동들은 노동자들이 자의식적인 '대자적 계급'으로 등장하는 계기가 될 것이라고 마르크스가 기대한 바로 그 투쟁 과정이 다시 시작됐음을 나타낸다. 그러나 그런 운동들이 효과적일 수 있으려면 마르크스를 역사적으로만 의미 있는 한물간 인물로 취급해서는 안 된다. 오히려 악랄하게 착취하는 세계 자본주의에 맞선 우리의 새로운 투쟁에 마르크스를 꼭 필요한 동반자로 여길 때 그런 운동은 성공할 수 있을 것이다.

왜 민주적 계획경제가 필요한가?

———

2008년 각국 정부가 막대한 돈을 들여 부도 위기에 빠진 기업들을 구제하자 "부자들을 위한 사회주의"라는 말이 생겨났다. 2008년 10월 14일, 캘리니코스는 국가 통제 강화가 근본적 해결책이 될 수 없다며 자본주의라는 롤러코스터에서 다 같이 내려야 할 때라고 주장했다.

오늘날 경제 위기는 각국 정부가 사적 부문을 인수할 수밖에 없게 만들고 있다. 얼마 전만 해도 이것은 상상하기 힘든 일이었다. 은행에 자본을 대규모로 투입해 부분적으로 국유화하는 것(지난주 영국 신노동당 정부가 발표한 핵심 조처)은 미국과 유럽으로 확산되기 시작하는 듯하다.

그러나 이 조처는 많은 지배자들의 눈에도 아직 충분치 않다. 지난주 〈파이낸셜 타임스〉에 글을 쓴 벨기에 경제학자 파울 더흐라우어는 전체 은행 시스템에 대한 "일시적 국유화"를 주장했다. 이미 입은 손실과 앞으로 입을 손실에 대한 두려움으로 움츠러든 은행들이 장기 대출을 중지한 상황에서, 오직 국가만이 이를 책임질 자금과 의지를 갖고 있다는 것이다. 그러나 동시에 그는 이렇게 말한다. 일단 금융시장이 안정되고 "은행 시스템의 근본적 개혁"이 이뤄지면 "정부는 다시 은행 시스템을 민영화할 수 있을 것이다." 다시 말해,

국가는 시장 자본주의의 재활을 도우려는 일시적 조처로서만 개입하고 국유화할 수 있다는 것이다. 일단 이 조처가 성공하면 국가는 다시 뒤로 빠져야 한다.

이 전략은 명백한 문제를 안고 있다. 즉, 금융시장이 다시 똑같은 문제에 봉착하는 것을 어떻게 막을 것인가 하는 점이다. 그 답은 아마 규제가 될 것이다. 은행을 구제해 주는 대신 국가는 그들을 더 강력히 통제할 것이다. 문제는 이것이 이미 일어났던 일이라는 것이다. 1930년대 대공황에 대한 대응은 대개 국가가 경제 전반, 특히 은행 시스템을 훨씬 강력하게 통제하는 것이었다. 그러나 자본주의는 1950년대와 1960년대에 다시 살아나기 시작하자 곧 자신을 옥죄온 국가의 규제망을 해체하기 시작했다.

금융시장은 갈수록 효과적으로 국가 통제를 피했다. 결국, 1970년대 말과 1980년대에 다시 찾아온 경제 위기와 계급투쟁을 배경으로 영국의 마거릿 대처와 미국의 로널드 레이건은 금융시장에 대한 모든 규제를 없앴다.

지금이 이 롤러코스터에서 다 같이 내릴 기회인 듯하다. 더 또는 덜 규제된 시장 자본주의가 되풀이되는 굴레에서 벗어나 이것과 근본적으로 다른 경제적 협력을 다 같이 채택할 때다. 이것은 시장을 없애는 것을 뜻할 것이다. 물론 이것이 곧바로 이뤄지진 않을 것이다. 아마도 시간이 걸릴 것이다. 그 첫걸음은 자본주의를 이끄는 눈먼 경쟁을 계획경제로 바꾸는 것이 될 것이다.

계획은 두 가지 근본적 변화를 가져올 것이다. 첫째로 투자(미래 생산을 위한 자원을 확보하는 것)는 우리 사회가 나아갈 방향에 대한 집단적 토론을 통해 결정될 것이다. 기후변화가 좋은 예다. 오늘날 이산화탄소 배출량을 얼마까지 줄이겠다는 목표치는 있지만 실제 배출량은 계속 늘고 있다. 그것은 서로 경쟁하는 여러 기업·국가가 이 목표치를 달성하는 데 필요한 비용을 부담하길 꺼리기 때문이다. 계획경제는 체제 전체가 자원을 활용하는 데 탄소를 전혀 사용하지 않거나 소량의 탄소만 사용하도록 바꿀 수 있을 것이다.

둘째로 계획은, 그 결정으로 직접 영향을 받는 사람들 스스로 경제적 문제를 결정할 수 있게 할 것이다. 엄청난 연봉을 받는, 고작 수천 명에 불과한 은행가들의 멍청한 행동 때문에 이런 재앙적 사태가 발생했다는 데 분노하는 사람들이 엄청나게 많다. 계획경제 체제에서는 네트워크로 연결된 생산자와 소비자가 자신들의 욕구를 충족시키는 데 필요한 자원을 가장 효과적으로 사용하는 방법을 토론을 통해 결정할 것이다. 이 네트워크는 지역적·전국적·세계적 수준에서 운영될 것이다.

계획은 우리의 목표와 자원을 제자리로 돌려놓을 것이다. 또, 민주적일 것이다. 물론 지배자들은 '계획'이란 말만 들어도 집단적 경기驚氣를 일으킨다. 그러나 은행 국유화 조처도 [그들 말마따나] '빌어먹을' 계획의 일종이다. 정부는 돈을 빌려줄 기업들을 결정해 자원을 배분하는 일에 개입할 것이다. 차이가 있다면, 이런 결정에 평범한 시민의 목소리는 배제될 것이고 여전히 기업의 이윤이 핵심 고려 사항이 될 것이란 점이다. 따라서 우리에겐 이 믿지 못할 체제를 영구히 대체할 진정한 계획경제 체제가 필요하다.

자본주의 이후의 삶

―――

2011년은 혁명과 반란의 해였다. 아랍 혁명이 일어나고, 유럽에서 대규모 파업이 잇달아 일어나고, 미국에서 월가 점거 운동이 벌어졌다. 사회를 운영하는 더 나은 방법을 찾는 많은 사람들을 위해 11월 28일 캘리니코스가 '자본주의 이후의 삶'에 관해 인터뷰했다.

Q: 우리는 무엇을 어떻게 생산하고, 어떻게 분배할지를 시장이 결정하는 세계에 살고 있습니다. 시장이 아닌 다른 방식으로 생산과 분배를 결정하는 것이 가능할까요?

시장이 자원을 분배하고 물건의 가치를 매기는 방식은 문제가 많습니다. 자본주의에서는 사회의 생산적 자원을 극소수가 지배합니다. 이 악명 높은 '1퍼센트'가 대기업·은행·국가를 지배합니다. 자본주의 체제에서는 다양한 행위자들이 더 많은 이윤과 권력을 차지하려고 다툽니다. 생산과 분배의 우선순위는 이런 눈먼 경쟁을 통해 결정됩니다.

이 과정에서 엄청난 자원이 낭비됩니다. 예컨대, 현 경제 위기가 발생한 이후 얼마나 많은 것들이 낭비됐는지 생각해 보죠. 자본주의 경쟁 과정은 가격 변화에 영향을 받습니다. 그러나 이 과정은 진정한 사물의 가치와는 상관없는 황당한 결과를 낳습니다. 헤지펀드를 운영하는 사장 같은 쓸모없는 인간들은 간호사와 교사처럼 꼭 필요한 사람들보다 훨씬 많은 보수를 받습니다. 또, 자본주의 가격 체계는 산업자본주의가 초래한 환경 파괴와 같은 중요한 비용을 반영하지 않습니다.

민주적 계획경제에서 자원의 분배와 사용에 관한 결정은 이 결정에 직접적으로 영향을 받는 사람들이 토론과 투표를 통해 내릴 것입니다. 오늘날 경제는 한 줌의 '전문가'만이 아는 자연법칙으로 결정되는 것처럼 보입니다. 그러나 새로운 사회에서는 집단적이고 민주적인 토론이 경제를 결정할 것입니다.

Q: 현대 경제를 민주적으로 계획하는 것이 과연 가능할까요? 이 체제는 투표로 모든 것을 결정하기에는 너무 복잡하지 않을까요?

민주적 계획경제에서는 특정한 결정에 영향을 받는 사람들이 스스로 그 결정을 내릴 것입니다. 이를 위해서는 당연히 권력이 대대적으로 탈집중화돼야 합니다. 자본주의를 뒤엎는 혁명을 통해 그런 탈집중화를 이룰 수 있습니다. 자본주의 이후의 삶에서는 최대한 많은 결정이 지역 수준(작업장, 주민위원회, 혹은 위원회에서 선출된 대표자 회의 등)에서 내려져야 합니다. 좀 더 복잡하고 큰 결정을 내리려면 다른 방식이 필요할 것입니다. 자원을 더 거시적인 전략적 관점에서 분배하려면 시, 주, 전국, 심지어 전 세계적 수준에서 결정을 내려야 할 때도 있을 것입니다.

오늘날 주류 정치는 대다수 사람들이 수동적이고 중요한 문제에 관심이 없다고 전제합니다. 그러나 만약 사람들이 자기 일상을 통제할 수 있는 권력을 쟁취한다면 민주적 의사 결정 과정에 적극적으로 참가할 것입니다.

Q: 계획경제는 비효율적이지 않을까요? 그래서 동유럽이 망한 것 아닐까요?

자본주의에도 이미 많은 계획이 있습니다. 긴밀히 연관된 복잡한 경제체제는 서로 조율하고 미래를 내다보려는 노력 없이는 유지될 수 없기 때문입니다. 문제는 자본주의에서는 이런 계획이 매우 비민주적인 방식으로 진행된다는 것입니다. 자본주의에서 계획은 경쟁하는 여러 기업과 국가가 정한 우선순위를 반영할 수밖에 없습니다.

'사회주의'라고 잘못 불린 동유럽과 소련은 이 문제를 잘 보여 줬습니다. 1917년 러시아 혁명의 패배는 이 혁명을 일으킨 노동자 평의회의 쇠퇴라는 모습으로 나타났습니다. 일당 국가의 관료들이 권력을 가로챘습니다. 이 새로운 지배계급은 서방 제국주의 열강과 경쟁해야 했습니다. 그들은 서방과 대적할 수 있는 무기를 생산하려고 중공업을 건설하는 데 자원을 집중했습니다. 이것이 바로 소련의 '계획'이었습니다. 국가의 손에 권력이 엄청나게 집중됐습니다. 이 계획은 보통 사람의 필요가 아니라 군사 경쟁의 필요에 종속됐습니다. 따라서 소련의 사례는 민주적 계획이 불가능함을 보여 준 것이 아닙니다. 오히려 그것은 오래전에 카를 마르크스가 주장한 것을 입증했습니다. 즉 사회주의는 국제적 수준에서만 건설될 수 있다는 것 말입니다. 세계적 수준에서 자본주의가 유지되는 한, 일시적으로 자본주의에서 떨어져 나온 고립된 사회가 생기더라도 결국 자본주의의 경쟁과 축적 논리는 다시 강요될 것입니다.

Q: 자본주의의 구성물 중에서 새로운 사회에서도 여전히 유용한 것이 있을까요? 아니면 우리는 밑바닥부터 사회를 새로 건설해야 하나요?

마르크스는 자본주의가 인류의 생산력을 급격히 발달시켜 이른바 "문명화"하는 구실을 한다고 지적했습니다. 그러나 그는 자본주의가 매우 착취적이고 파괴적인 방식으로 그 구실을 한다는 전제 조건을 다는 것을 잊지 않았습니다. 사회주의 혁명의 구실은 이런 생산력, 간단히 말해 모든 사람의 능력을 자본주의의 족쇄에서 해방시키는 것입니다. 우리는 이 능력을 되찾아 집단적이고 민주적으로 이용할 수 있습니다. 따라서 사회주의 사회는 자본주의가 성취한 생산력의 바탕 위에 건설될 것입니다. 새로운 사회는 자본주의 사회의 기술 가운데 좋은 것을 취하고 나쁜 것을 버릴 것입니다. 게다가 자본주의 틀 내에서 발전된 기구들 중에는 인간의 필요를 우선시하라는 노동운동의 요구를 일부 반영한 것들도 있습니다. 공공 의료 서비스가 대표적 사례입니다. 우리는 국가보건서비스의 관료적 구조를 그대로 보존할 필요는 없습니다. 그러나 국가보건서비스에는 새로운 사회에서도 가치 있을 만한 요소가 꽤나 있습니다.

Q: 자본주의는 전 세계적으로 엄청난 불평등을 낳고 있습니다. 새로운 세계가 그것을 답습하지 않으려면 어떻게 해야 할까요?

사회주의 혁명은 전 세계적으로 확산돼야만 성공할 수 있습니다. 그 시작은 남반구일 수도 있습니다. 21세기 투쟁의 최선두에 서 있는 곳은 이집트와 볼리비아 같은 곳입니다. 남반구의 노동자, 농민과 빈민은 사회변혁에서 주도적 구실을 할 가능성이 높습니다. 그들이 주도적 구실을 하면 할수록 자본주의 사회의 불평등 구조가 재생산

될 위험이 낮아질 것입니다.

새로운 사회에서 우선적으로 처리할 것 중 하나는 저탄소 경제로 신속하게 전환하는 것입니다. 이것은 대혼란을 낳을 기후변화를 막기 위해서도 필요하지만, 끔찍한 고통을 받고 있는 수십억 명이 좋은 삶을 누리기 위해서도 필요합니다. 기후변화는 왜 계획이 필요한지 잘 보여 주는 쟁점입니다. 이번 남아공 더반에서 열리는 유엔 기후변화 회의에서 자본주의 강대국들은 이산화탄소 배출량을 줄이려는 진지한 조처를 도입하기를 거부할 것입니다. 탄소 배출량을 줄이려면 국제적 수준에서 자원이 분배돼야 하기 때문입니다. 그것은 자본주의 경쟁 체제의 법칙과 어긋나는 것입니다. 따라서 지구를 구하려면 민주적 계획이 필요합니다.

좀 더 거시적으로 보자면, 사회주의 사회는 인류의 보편적 필요에 바탕을 둔 사회일 것입니다. 이 사회가 어떤 수준의 물질적 복지를 성취하고자 노력하든 그 복지는 모든 사람을 위한 것일 겁니다.

8장

세계 급진 좌파의 현주소와 과제

경제 위기와 저항, 정치적 리더십

아랍 혁명을 필두로 한 2011년의 혁명과 반란이 교착 상태에 빠지자 좌파 일부가 다시 비관론에 빠져들었다. 2013년 9월, 캘리니코스는 반란의 주·객관적 요인을 살펴보며 이듬해 정세를 전망했다. 이 글은 그 일부를 번역한 것이다.

2008년의 '대불황'은 즉각 광범위한 대중 반란으로 이어지지는 않았다.

그런 점에서 2011년은 거대한 전환점이었다. 2011년 반란의 규모와 국제적 파장은 흡사 1848년, 1917~1923년, 1968년의 국제적 반란과 혁명을 재현하는 듯했다. 그리스에서 총파업이 반복됐고, 스페인에서 '분노한 사람들' 운동이 광장을 점거했고, 미국에서 월가 점거 운동이 벌어졌고, 무엇보다 아랍 혁명이 일어나 튀니지와 이집트에서 독재자를 차례로 무너뜨린 후 리비아·시리아·바레인·예멘으로 확산됐다. 영국도 이런 분위기와 무관하지 않았다. 2010년에 대규모 학생 반란이 일어난 뒤 [2011년] 노동조합이 이끄는 대규모 시위와 반란이 여러 도시에서 벌어졌고 11월에는 공공 부문 노동자 250만 명이 파업을 벌였다.

그러나 2년 남짓 지난 지금, 2011년의 반란이 고무한 희망은 마치

그릇된 것이었던 양 여겨진다. 유로존과 영국에서 긴축정책이 계속되고, 중동에서는 반혁명이 자신감을 회복하고 있다. 이 때문에 "새로운 비관론"이 좌파 일부에서 생겨났고 영국 사회주의노동자당 내부에서도 비슷한 목소리가 등장했다. 그러나 오늘날 세계적으로 급진화와 저항이 후퇴기에 접어들었다고 결론짓는 것은 엄청난 실수를 저지르는 것이다.

경제 위기와 저항의 관계는 단순하거나 직접적이지 않다. 우리가 목도하는 정치 상황은 각종 모순과 불안정, 급격한 전환이 특징이다. 우리 편이 줄곧 잇달아 승리만 거두거나, 반대로 끝없이 패배만 겪는 식으로 진행되지 않는다. 1928년에 트로츠키는 제1차세계대전 이전 시기와 이후 시기를 다음과 같이 대조했다. 전쟁 전에는 "모순이 유기적으로 축적되고 있었다. [그런데] 적어도 유럽 내 계급 관계는 대부분 합법 투쟁의 틀을 넘어서지 않았다." 반면에 전쟁 이후의 시기는 "폭발력이 그 특징"이었고, "정치의 밀물과 썰물이 순식간에 바뀌었"으며 "돌발적 계급투쟁이 끊이지 않았고", "정치 상황이 좌우로 미친 듯이 요동쳤다."

오늘날, 트로츠키가 지목한 둘째 시기의 특징들을 일부 찾을 수 있다. 당시 트로츠키가 이끌어 낸 핵심 결론은 그처럼 빠르게 정세와 국면이 바뀌는 상황일수록 정치적 리더십과 혁명적 사회주의 단체의 구실이 중요해진다는 것이다.

세계경제의 더딘 회복

정치적 휘발성이 커지고 투쟁과 급진화를 일으킬 잠재적 요인들이 끊임없이 새로 나타나는 핵심 이유는 바로 세계경제가 여전히 위기에 빠져 있기 때문이다.

이는 분명한 사실이다. 비록 선진국 경제가 (아무리 미미할지라도) 성장한다는 징후 때문에 최근 경제 회복에 대한 논의가 많아졌지만 말이다. 심지어 미국의 중앙은행인 연준은 매달 850억 달러어치의 채권 구입 프로그램[양적 완화]을 서서히 거둘 수 있다고까지 말했다[이후 2013년 말 실제로 양적 완화를 감축하기 시작했다]. 그렇지만 미국, 일본, 유로존에서 경제가 지속적으로 회복될 것이라는 말은 아직은 틀린 것이다.

비록 미국 경제는 성장하고 있지만, 과거 어떤 경기후퇴 때보다도 느리게 회복되고 있다. 8월에 실업률이 7.3퍼센트로 살짝 떨어졌는데 핵심적으로 30만 명 이상이 구직을 포기하고 노동시장에서 이탈했기 때문이다. [미국 워싱턴에 있는] 경제정책연구소EPI는 2008년 대불황 때문에 노동인구에서 이탈했거나 노동인구로 유입되지 못한 "누락된 노동자"가 380만 명에 달한다고 추산한다.

2013년 중반에 유로존은 2011년 말부터 시작된 18개월 동안의 긴 경기후퇴에서 벗어났다. 그러나 회복은 여전히 불균등하고 취약하다. 단적으로 7월에 유로존 제조업 생산량이 줄었고, 남유럽은 여전히 깊은 위기를 겪고 있다. 특히 그리스와 스페인은 깊은 침체 상황이다.

그리스는 5년째 경기후퇴를 겪고 있는데, GDP가 2008년보다 20퍼센트 이상 줄었고 실업률이 28퍼센트에 달한다(충격적이게도 15~24세 인구 3분의 2가 교육을 받지 못하고 있다). 그렇다고 해서 그리스의 파괴적인 "내적 평가절하"로 공공 부문 부채가 줄어든 것도 아니다. 공공 부문 부채는 트로이카[유럽연합 집행위원회, 유럽중앙은행, IMF]가 그리스에 긴축을 강요하기 전보다 더 커졌다. 독일 재무부 장관 볼프강 쇼이블레는 그리스에 3차 구제금융을 제공할 수 있다면서 그 대가로 더 많은 긴축을 요구했다. 스페인에서는 전체 인구 4700만 명 중에 600만 명이 실업 상태다. 유로존에서 셋째로 경제 규모가 큰 이탈리아는 비록 경제 수축 속도는 줄었지만 2년 넘게 여전히 경기후퇴에서 빠져나오지 못하고 있다. 공공 부문 부채 수준도 유로존에서 그리스 다음으로 높다.

2012년 유럽중앙은행 총재 마리오 드라기가 유로존을 유지하기 위해 "할 수 있는 일은 다 하겠다"고 나서면서[스페인과 이탈리아의 국채를 사들이겠다는 약속으로 여겨졌다] 돈을 빌리는 것이 불가능한 지경에 이르던 남유럽 정부들은 더 싼 비용으로 돈을 빌릴 수 있게 됐다. 그러나 유럽 은행들은 여전히 만성적으로 취약하고, 막대한 악성 부채에 눌려 있다. 경제학자 배리 아이컨그린이 말했듯 "유로존 붕괴를 간신히 막는 것과 지속적 성장을 위한 발판을 마련하는 것은 별개의 일이다."

세계 2위 경제 대국인 중국은 미국, 유로존, 일본이 꿈조차 꾸지 못할 정도의 속도로 경제가 성장하고 있다. 중국은 세계적 위기 와중에 결정적 성장 엔진 구실을 해 왔지만, 지금 그 엔진은 서서히 식고 있다. 중국 국가는 위기에 대처하려고 2008~2009년에 대규모

---

* 　내적 평가절하 유로존에 속해 통화가치를 평가절하할 수 없는 상황에서 노동력 비용(임금)을 낮춰 산업 경쟁력을 회복하려는 정책.

경기 부양책을 썼고 그 결과 사회 기반 시설, 부동산, 공장에 투자 붐이 일었다. 그 덕분에 성장세를 계속 뒷받침할 수 있었지만 그 대가로 자산 거품 형태로 심각한 문제를 누적해 왔다. 조선소부터 태양광 제조업에 이르기까지 여러 산업에서 막대한 과잉투자가 발생했고, 악성 부채가 늘어 금융 시스템을 압박했다.

지난 몇 달 동안 인도, 인도네시아, 한국, 브라질, 터키, 우크라이나 등지의 환율과 주식 시장에서 혼란이 벌어졌다. 이 나라들이 적어도 부분적으로는, 서구 중앙은행들이 만들어 낸 신용(상당 부분 신흥 시장에 투기 거품으로 흘러 들어간)에 의존해 경제를 성장시켜 왔기 때문이다. IMF는 인도나 브라질 같은 나라가, 2007~2008년 서구를 강타한 '신용 경색'과 비슷한 사태를 맞이할 수 있다는 두려움을 나타냈다.

마르크스는 경제 위기의 원인이 자본주의의 본질에 내재해 있다고 주장했다. 그러나 그렇다고 해서 불황이 영원히 계속된다고 보지는 않았다. 자본주의는 위기 해결 수단도 갖고 있는데, 가장 중요한 수단은 위기 자체 때문에 실업률이 치솟고, 임금이 삭감되고, 원자재 가격이 떨어지고, 취약하고 수익성 낮은 자본들이 파산하는 것이다. 이런 일들은 일부 진행됐는데, 특히 긴축과 임금 압박으로 위기의 대가를 노동자들이 치렀다. 그러나 적어도 지금까지는 [수익성 낮은] 자본이 파산한 규모가, 체제의 중심부에서 건실한 회복과 안정적 축적 재개를 위한 토대가 마련되기에는 한참 부족하다. 그 때문에 수익성과 유동성 위기를 겪고 심지어 사실상 파산 상태인데도 파산하지 않는 "좀비" 은행과 회사에 대한 말들이 많은 것이다.

마르크스주의 경제학자 마이클 로버츠는 세계경제가 "느리게 기어가는" 시기를 맞이했다고 묘사하면서 1932~1937년 대공황이나 1880년대 장기 불황 때 있었던, 첨예한 공황과 공황 사이의 저성장 시기와 유사하다고 지적한다. 이것이 의미하는 바는 노동계급 생활 조건과 각종 "사회적 임금"[복지 등 공공 부문에서 받는 혜택]에 대한 공격 은 계속되고, 이 때문에 과거 수십 년에 걸쳐 형성된 사회·정치 구 조가 엄청난 압력을 받게 될 것이라는 점이다. 긴축과 그에 맞선 폭 발적 대응 둘 다 보게 될 것이다.

휘발성, 반란 그리고 정치

갑자기 대중 반란과 격동이 분출하는 양상이 나타나는 것은 이 때문이다. 두 가지 최근 사례가 두드러진다. 터키에서는 이스탄불 게 지 공원 개발을 둘러싼 초여름의 투쟁이 에르도안 총리의 이슬람주 의 정부에 반대하는 투쟁으로 변했다. 77개 도시에서 100만 명 정 도가 거리에 나선 것으로 추정된다. 거의 동시에 브라질에서도 버스 와 기차 요금 인상에 항의하는 시위가 열악한 대중교통과 갈수록 심화하는 불평등에 항의하는 대중 반란으로 나아갔다. 터키와 브라 질은 둘 다 지난 10년간 경제성장으로 성공한 사례로 꼽히던 나라 들이었고, 경제성장 덕분에 사회가 비교적 평온했다. 그런데 그처럼 대규모로 시위가 터져 나온 것은, 외관상 차분하고 정치적으로 안정 됐어도 기저에는 쓰라린 감정이 깊게 누적됐다는 것을 보여 준다.

그러나 브라질과 터키에서 일어난 일들은 대중 반란이 정치, 지 도, 조직의 문제를 가볍게 제치지 못한다는 것을 분명하게 보여 줬 다. 두 곳 모두 다양한 세력(터키에서 [1990년대까지 장기 집권한 세속적 민족주의자들인] 케말주의자, 브라질에서는 이전까지 사기 저하됐던 우파 등)이 개입해 운동을 자신들 뜻대로 이끌려 했다. 〈가디언〉의 셰이머스 밀른은 이를 다음과 같이 잘 표현했다. "신자유주의 시대를 거치면서 지배 엘리트들이 민주주의를 속 빈 강정으로 만들고 누구를 선출하든 결과는 같을 것이라는 인식을 확고히 심어 놓은 상황에서, 정치적으로 미숙한 운동이 번창하는 것은 자연스럽다고 할 수 있다. 그런 운동들은 큰 힘을 갖고 있어서 분위기를 바꾸고, 정책을 폐기시키고, 정부를 무너뜨릴 수도 있다. 그러나 사회에 깊이 뿌리내린 조직이나 분명한 정치 강령 없이는 활활 타오른 뒤 사그라들거나, 더 강력하고 뿌리내린 세력에게 쉽사리 장악되거나 엉뚱한 방향으로 악용될 수 있다."

정치 문제는 아랍 혁명에서도 날카롭게 전면에 등장했는데, 특히 이집트에서 그렇다. 군부가 무슬림형제단 지지자들을 대규모로 살해한 것은 반혁명이 위험스럽게 성큼 전진했음을 보여 준다. 반혁명 세력이 그럴 수 있었던 것은 개혁주의 정치가 이중으로 실패했기 때문이다. 우선, 집권한 무슬림형제단은 혁명의 염원을 현실화하지 못했다. 오히려 무슬림형제단은 신자유주의 정책, 권위주의적 대응, 군부 특권 수호에 나섰다. 그러나 군부가 무슬림형제단에 대한 점증하는 불만을 악용할 수 있었던 데에는 구국전선을 중심으로 한 자유주의-좌파 야권의 구실이 중요했다. 이들은 군부의 행동을 정치적으로 정당화해 주는 구실을 했다.

아직 혁명이 끝난 것은 아니다. 무수히 많은 사람이 집단적 힘을 맛봤고, 혁명이 요구한 "빵, 자유, 사회정의"는 하나도 성취되지 않았고 쉽사리 성취될 것도 아니다. 특히, 노동자 운동이 지난 18개월 동안 크게 전진했고, 이집트 노동자들은 세계에서 가장 많은 수준의 쟁의행위에 참가했다. 군부가 정부를 장악한 뒤에 쟁의행위 수는 급감했지만 이는 오래 지속되지 않을 수 있다. 그러나 무슬림형제단뿐 아니라 갈수록 파업 노동자와 혁명가도 겨냥하는 군부의 탄압이 거세지는 것은 실질적 위험을 보여 준다. 이는 혁명이 굴곡 없이 전진하지 않는다는 것과, 심각한 후퇴와 좌절을 겪지 않으려면 중대한 정치적 도전을 이겨 내야 한다는 사실을 보여 준다.

유럽의 양극화

유럽 정치는 계속 양극화돼 왔다. 한편으로는 급진 좌파 세력이 성장했는데 그리스의 시리자뿐 아니라 프랑스의 좌파전선이 그랬고, 네덜란드 사회당과 덴마크의 적록동맹도 지지 기반이 넓어졌다. 동시에 극우도 성장했는데 이들은 프랑스 국민전선처럼 '유로파시스트'의 탈을 쓰기도 하고, 그리스 황금새벽당처럼 노골적으로 나치를 표방하기도 한다.

유럽 노동자 투쟁은 24시간 대중 파업(종종 48시간)이 간간이 벌어지는 가운데, 가끔씩 일부 노동자들이 전투성을 발휘하는 경우가 갈수록 늘어나고 있다. 예컨대 포르투갈의 양대 주요 노총은 6월 말 24시간 총파업을 벌였고, 같은 달 스페인에서는 대규모 교육 노동자 파업이 있었고, 그리스는 9월 중순에 48시간 총파업을 진행할 예정이다[이 총파업은 반파시즘 활동가 살해 항의 시위와 결합돼 황금새벽당을 심각한 정치적 위기에 빠뜨렸다]. 덴마크에서도 지난 봄 교사들이 파업에 나서 학교가 폐쇄됐다.

비록 노동자들의 전투성이 아직 본격적 상승 국면에 들어섰다고 보기는 어렵지만, 그럼에도 새로운 "투쟁의 시대"로 나아갈 가능성이 있다. 노조 지도자들이 파업을 선언해야 한다는 압박을 [아래로부터] 꾸준히 받는 가운데, 지도부의 공식적 투쟁 선언을 현장조합원들의 능동성과 결합시키면 노동계급의 자신감을 높이고 현장조합원 조직을 재건할 가능성이 있다(특히 그리스에서 이 과정이 가장 많이 진척됐다).

급진 좌파의 성장과 모순

2014년 6월 26일, 유럽의 급진 좌파들이 겪고 있는 위기의 원인을 규명하기 위해 쓴 "Thunder on the left", *International Socialism* 143를 편역한 것이다.

현재 상황은 역설적이다. 자본이 약하지만 급진 좌파는 훨씬 더 약하다. 더 구체적으로 말해, 자본은 경제적으로는 약하지만 정치적으로는 훨씬 더 강하다. 체제에 대한 대중의 이데올로기적 확신이 강해서 그러는 것이 아니다. 신뢰할 만한 반자본주의적 대안이 약해서다.

2008~2009년 대불황 이후 경제의 회복이 지지부진한 것을 보면 자본이 경제적으로 약하다는 것을 알 수 있다. 심지어 지배계급의 일부도 경제가 "100년에 한 번 올 부진"에 빠질지 모른다고 걱정한다. 경제 위기가 대중의 급진화나 혁명을 자동으로 낳는 것은 아니다. 그렇지만 자본주의가 위기에 빠진 지금은 반자본주의 좌파가 대안적 관점을 내놓기에 좋은 시기가 될 수 있다. 그러나 현재 급진 좌파의 상태는 그렇지 못하다.

지난 15년 급진 좌파의 궤적

1989~1991년 스탈린 체제들이 몰락하며 신자유주의가 득세했다. 그러나 1999년 11월 미국 시애틀에서 WTO 회담을 봉쇄한 대규모 시위가 일어났다. '시애틀 전투'라고도 불린 이 운동은 이른바 대안 세계화 운동의 시작을 알렸다. 9·11 사태와 조지 W 부시 정부의 국제적 비상사태 선포는 저항이 경제 문제에서 정치 문제로 확장되도록 자극했다. 반신자유주의 운동이 반전운동으로 이어졌다. 2003년 2월 15일 미국의 이라크 공격에 반대해 전 세계적으로 1000만 명이 거리로 나오는 대규모 운동이 일어났다.

1990년대 말~2000년대 초의 시기에는 운동이 폭발적으로 성장하며 단결 정서가 광범했다. 그래서 정치적 차이를 경시하거나 스리슬쩍 넘어가는 경향이 있었다. 물론 중요한 논쟁도 있었다. 신자유주의와 전쟁의 관계, 정당과 운동의 관계를 둘러싼 논쟁이 그것이다.

이 시기에 반전·반신자유주의 운동과는 독립적이었지만 상호작용하면서 좌파 정당들의 새 결집체들이 나타났다. 이 결집체들은 사회자유주의(신자유주의를 수용한 사회민주주의)를 거부했다. 이 결집체들은 사회민주주의 왼쪽에서 새로운 정치적 공간이 열리는 것을 보여 주는 듯했다. 그 예로는 이탈리아의 재건공산당, 독일의 좌파당, 그리스의 시리자, 포르투갈의 좌파블록, 스코틀랜드의 스코틀랜드사회당, 덴마크의 적록동맹, 영국의 리스펙트 등이 있었다. 급진 좌파는 부르주아 정치에 파열구를 내기 시작했다. 가장 극명한 사례는 프랑스의 극좌파인 혁명적공산주의자동맹과 사회당 좌파가 2005년 5월 유럽헌법 반대 운동을 성공적으로 이끈 것이다. 라틴아메리카에서도 변화가 있었다. 베네수엘라에서 우고 차베스가, 볼리비아에서 에보 모랄레스가 집권했다.

그러나 2005년 5월 이후 상황은 반전됐다. 급진 좌파들은 분열하거나(2006년 스코틀랜드사회당, 2007년 영국 리스펙트), 선거에서 지지율이 대폭 하락했다(2011년 포르투갈 좌파블록). 두 가지 현상이 다 나타난 경우도 있었다(이탈리아 재건공산당). 이처럼, 2008~2009년의 경제 위기가 닥치기 전에 급진 좌파들은 혼란을 겪었다. 급진 좌파의 약화는 경제 위기 와중에도 계속됐다.

물론 프랑스에서는 사태 전개가 조금 달랐다. 프랑스에서는 새로운 정치 결집체가 비교적 늦게 결성됐다. 2008년 사회당에서 분열해 나온 사람들이 좌파당을 결성했다. 2009년 초 혁명적공산주의자동맹은 반자본주의신당을 결성했다. 이 두 정당은 국제적으로도 영향력이 있었다. 그러나 반자본주의신당은 선거에서 좌파당과 그 동맹인 좌파전선(공산당이 주도한다)에 뒤지면서 2011~2012년에 고통스러운 내부 위기를 겪었다. 그 결과 2012년 7월 혁명적공산주의자동맹 출신의 걸출한 활동가도 많이 포함된 수백 명이 반자본주의신당에서 이탈해 좌파전선으로 갔다. 그들은 좌파전선 안에서 '반자본주의 좌파'를 결성했다.

한편, 사회주의노동자당은 적어도 네 번의 분열을 겪었다. 2010년 리스펙트의 위기를 배경으로 한 분열, 2011년 주로 글래스고의 청년 당원들을 중심으로 한 분열, 2012~2013년 서로 관련 있는 두 번의 분열. 2012~2013년의 분열로 700여 명이 탈당해 세 개의 극좌파 조직을 결성했다.

이에 더해 옛 시절의 악습(예를 들어 스탈린주의)도 급진 좌파를 계속 괴롭히고 있는 듯하다. 9·11 사태 이후 영국 국내뿐 아니라 국제적으로도 반전운동의 성장에 주도적 구실을 했던 영국 전쟁저지연합이 그것을 잘 보여 준다. 2000년대 후반 반전운동이 쇠퇴한 뒤로 영국 전쟁저지연합 안에서 스탈린주의 정치가 득세했다. 예를 들어, 전쟁저지연합의 주도적 활동가들은 서방의 시리아 개입을 반대하면서도 알아사드 정권의 만행에 대해서는 침묵했다. 우크라이나 위기 때는 나토와 유럽연합을 비난하면서도, 크림반도를 장악한 러시아는 비판하지 않는 진영 논리에 빠졌다.

정치의 중요성

위기에 빠진 것은 정당이지 운동은 아니라는 주장이 있다. 아랍 혁명과 아랍 혁명에 고무돼 새로 시작된 저항 물결을 보라는 것이다. 스페인의 5월 15일 운동['분노한 사람들' 운동], 미국의 '점거하라' 운동이 그것이다. 2010년 영국 학생들의 폭발적 운동, 2013년 브라질과 터키의 대중 시위도 있다. 일각에서는 이런 운동들을 자본을 전복하는 동시에 옛 좌파의 허를 찌르는 집중적이지 않고 수평적인 투쟁들이라고 부른다.

그러나 문제는 국가와 정당이 사회의 근본적 결정 요인으로 작용한다는 점이다. 가장 중요한 사례는 이집트 혁명이다. 이집트에서는 한 정당(무슬림형제단)의 오류, 다른 정당들(자유주의, 스탈린주의, 좌파 민족주의)의 배신이 군부의 반혁명 공세에 문을 열어 줬다. 2013년 터키에서도 게지 공원 점거 시위는 공원 자체는 구했지만, 정치는 여전히 총리 에르도안이 장악하고 있다. 미국의 '점거하라'

운동이 정치적 의제를 크게 바꿨다는 점에는 의심의 여지가 없지만, 여전히 민주당이 득세하고 있다.

그래서 일반적으로 말해, 새로운 형태의 좌파 정치가 떠오르고 있다는 증거는 실재한다기보다는 외관적이다. 그리스 노동계급의 강력한 저항으로 시리자가 그리스 정치의 중심으로 떠오른 것은 예외일 수 있다. 그러나 2012년 총선에서 큰 성공을 거둔 이후 2년 동안 시리자는 확실히 중도로 옮겨 갔다. 스스로 정부를 운영할 수 있는 책임성 있는 정당으로 보이게 하기 위해서다. 그 과정에서 시리자 내 좌파는 주변화됐다. 유럽연합 집행위원장으로 중도 우파이자 긴축론자인 장클로드 융커를 치프라스가 지지한 것은 시리자의 우경화를 아주 잘 보여 준다. 좌파 개혁주의라는 말이 아까울 정도다.

유럽 전역에서 경제 위기와 긴축이 낳은 환멸은 주로 우파 포퓰리즘과 파시즘으로 표현되고 있다. 그리스의 황금새벽당, 프랑스의 국민전선, 영국의 영국독립당이 대표 사례다. 2014년 5월 유럽의회 선거는 그 추세를 확실히 보여 줬다. 물론 지중해 연안국들에서는 이와 상반되는 현상이 나타났다. 그리스에서 시리자가 1위를 했고, 스페인에서 5월 15일 운동의 산물인 포데모스가 성공을 거뒀다.

이런 사태들이 결합되며 "반反정치" 얘기가 많아졌다. 그런데 '반정치' 담론들은 정치를 '자본주의적 정치'와 동일시하고 '공산주의'를 반정치의 한 유형으로 보는 근본적 오류를 범한다. 국가를 둘러싼 투쟁이 모두 부르주아 정치의 한 유형인 것은 아니다. 자본주의 생산관계를 유지하는 데서 국가가 여전히 중요한 구실을 하고 있으므로 부르주아 사회의 모순은 모두 국가와 융합되고, 그래서 국가를 둘러싼 투쟁은 단지 자본가의 지배를 영속시키는 것이 아니라 그것을 위협하기도 한다.

'반정치' 담론은 권력을 잡지 않고도 세계를 바꿀 수 있다는 자율주의의 신화와 타협하고, 그럼으로써 전략을 포기한다. 2011~2012년 이집트의 젊은 혁명가들은 거리 운동만으로도 충분하다고 보는 착각에 빠졌다. 그래서 선거 정치를 회피했다. 그럼으로써 선거 정치 영역을 기회주의적 정치인들에게 내맡겨 버렸다. 그 기회주의적 정치인들은 압둘팟타흐 시시가 이끄는 군부 통치로 가는 길을 열었다.

'반정치' 담론은 현실을 실제보다 더 낙관적으로 본다. 그람시가 말한 "국가의 일반적 위기" 상황이라는 듯이 말이다. 그람시는 다음과 같이 말했다.

> 지배계급 헤게모니의 위기는 지배계급이 대중의 동의를 요구하거나 강요했던 주요 정치적 과업에서 잘못을 저지르거나, 또는 많은 대중이 정치적 수동성 상태로부터 확실한 활동 상태로 갑자기 나아가면서 … 생긴다. '권위의 위기'가 표출된다. 이것은 정확하게 헤게모니의 위기이고, 국가의 일반적 위기다. … 이런 위기가 발생하면 당장의 상황은 유동적이 되고 위험해진다. 폭력적 해법, '운명의 카리스마적 인간'으로 대표되는 새로운 세력이 활동할 공간이 생기기 때문이다.

그러나 선진 자본주의 사회의 현 상태를 "국가의 일반적 위기"로 묘사하는 것은 부적절하다. 오늘날의 상황은 모든 주요 정당들에 대한 대중의 지지가 대체로 하락하고 있는 것이다. 이런 상황에서는 대중이 거듭거듭 수동적 상태로 돌아가는 특징이 있다. 항의성 투표가 간간이 벌어지고, 이따금 폭발적으로 대중운동이 일어나지만, 지금까지 그런 운동이 지속되지는 못했다.

주류 정당들에 대한 지지 하락은 두 가지 과정이 낳은 결과다. 하나는 장기적인 것이고, 다른 하나는 좀 더 단기적인 것이다.

장기적인 것은 파편화와 개인주의화로 나아가는 경향이 선진 자본주의 사회에 있다는 것이다. 그래서 많은 대중조직의 기반이 약화된다. 그 대중조직에는 정당뿐 아니라 주류 교회 같은 기관도 포함된다. 이런 경향은 전후 장기 호황기에도 있었다. 당시에는 대중이 "풍족"해서 "무관심" 병에 걸렸다는 말이 있었다. 그러나 그때는 개인주의화 경향이 비교적 약했다. 토니 클리프는 당시에 이렇게 주장했다. "개인적으로 개혁할 수 있는 길이 좁아지거나 닫히는 특정한 상황에서 무관심은 반대의 것으로, 즉 급격한 대중행동으로 바뀔 수 있다." 1960년대 말과 1970년대 초 대중적 노동자 투쟁이 분출한 것이 그런 결과였다.

단기적인 것은 신자유주의가 파편화와 개인주의적 경향을 강화하고 노동계급 조직을 약화시켰다는 것이다. 신자유주의는 대중적 노동자 투쟁의 분출에 대한 지배계급의 대응 방식이었다. 그러나 신자유주의는 부르주아 정치도 바꿨다. 주류 정당들이 모두 신자유주의를 받아들인 것이다. 그 결과 선거 정치에서 진정한 선택이 불가능해졌다. 여기에 신자유주의와 경제 위기가 가하는 물질적 영향이 결합되면서 "정치적 계급"(주류 정치인들을 표현하는 말)이 유권자 대중으로부터 멀어졌다. '정치적 계급'이 시민들과 구조적으로 단절되고 부유한 세계로 통합되면서 모든 정당에 대한 대중의 거부 정서가 강해졌다. 이 정서는 "모두 물러나라"는 구호로 집약된다. 이 구호는 2001~2002년 아르헨티나 항쟁에서 나온 구호다. 모든 정당에 대한 거부 정서는 '반정치'라고 부를 만한데, 이것은 경제 위기, 긴축, 부패 추문 같은 요소 탓에 더 강해질 수 있다. 그러나 이런 정서를 가장 잘 이용하고 있는 것은 우파 포퓰리스트들이다. 그들 자신은 대체로 '반정치'를 자처하지 않는다. 그 대신 '아웃사이더'를 자처한다. 그들의 진정한 목표는 자신들 특유의 프로젝트가 주도권을 쥐게 해서 부르주아 정치를 재편하는 것이다.

문제의 핵심

왜 우파 포퓰리즘이 경제 위기 속에서 주류 정치와 대중의 괴리를 가장 효과적으로 표현하는가? 여러 요인이 있을 수 있지만 경제 위기의 초입에 급진 좌파들이 약한 상태에 있었다는 것이 중요하다.

물론 시리자라는 예외가 있다. 그러나 시리자가 크게 성공한 것은 지난 몇 년 동안 그리스의 계급투쟁이 격렬하게 일어난 덕분이다. 그나마도 최근에는 노동자들이 시리자의 집권을 기다리면서 계급투쟁 수위가 하락하는 효과가 나고 있다. 사실, 그리스는 다른 곳에서 빠진 요소를 잘 보여 준다. 바로 지난 15년 동안 반자본주의적 급진화 물결이 있었지만 노동계급의 투쟁이 지속적으로 분출하는 것과 만나지 못했다는 것이다. 역사를 보면, 좌파가 전진한 시기는 1860년대와 1880년대, 제1차세계대전과 러시아 혁명을 둘러싼 시기, 1930년대, 1967~1976년이다. 그때는 하나같이 노동운동이 눈에 띄게 전진했다. 그러나 1990년대 후반 이후 시기에는 이 연결 고리가 빠져 있다.

그렇다고 해서 그동안 중요한 투쟁이 하나도 없었다고 말하는 것은 아니다. 2010년 프랑스의 대규모 파업, 2011년 영국 공공 부문 파업, 2012년 미국 시카고 교사 파업은 모두 노동계급의 잠재력을 보여 줬다. 그러나 지금 경제적 계급투쟁이 지속적으로, 충분한 규모로 일어나는 곳은 없다. 그동안 노동운동이 겪은 패배를 역전시킬 만큼 공세적으로 투쟁이 일어나는 곳도 없다. 왜 그런지를 설명하는 것이 오늘날 혁명적 마르크스주의자들의 가장 중요한 과제다.

몇 가지 이론적 쟁점

(1) 오늘날 경제적 계급투쟁은 왜 수세적이고 분산적인가?

이것에 대해 세 가지 설명이 있다. 첫째, 신자유주의가 사회를 심대하게 바꿔서 집단적 행동 가능성이 크게 훼손됐다는 설명이다. 신자유주의가 "새로운 세계적 합리성"으로 "인간 존재의 모든 측면을 통합해 세계를 자신의 형상대로 만들었다"는 것이다. 신자유주의가 경제뿐 아니라 사회관계의 모든 측면을 경쟁 논리에 종속시켰다는 점을 강조한다는 점에서는 이 주장은 옳다. 그러나 신자유주의가 사람들을 위로부터 개조해 모두 똑같이 만들었고 그 임무를 완수했다고 보는 점에서는 중요한 결함이 있다. 이런 견해를 뒷받침하는 증거는 거의 없다. 사람들이 모두 하나같이 기업인처럼 바뀌었다면 어떻게 저항이 계속 일어나고 급진화가 실제로 지속될 수 있었는가? 그람시가 주장했듯이, 연대와 집단행동의 토대는 여전히 강력하다. 그람시는 대중이 생산과정을 함께 경험하고 과거 노동운동의 유산을 공유하므로 연대하고 집단으로 행동할 수 있다고 지적했다.

둘째, 신자유주의하에서 경제의 구조조정이 일어나 노동자들이 집단행동을 할 능력이 약해졌다는 설명이다. 셋째, 노동자들의 자신감을 떨어뜨리고 노조 관료들을 강화하는 배신과 패배의 악순환을 강조하는 설명이다. 계급투쟁이 강력했던 마지막 시기와 지금의 시간적 격차를 볼 때, 둘째 설명과 셋째 설명을 조합하면 가장 적절한 대답이 될 듯 보인다. 그러나 경제적 구조조정이 필연적으로 노동자의 능력을 약화시키는 것은 아님을 이해해야 한다. 노동계급의 구성이 바뀌는 것(예를 들어, 여성이 노동시장에 진출하는 것과 이주 노동자가 계속 유입되는 것)은 착취에 맞서는 저항과 차별에 맞서는 저항을 융합해 새로운 급진화의 자극을 줄 수도 있다.

(2) 정치조직, 특히 레닌주의 조직은 끝났는가?

'반정치' 현상은 정당이 더는 쓸모없는 것이 됐음을 뜻하는가? 특히 레닌주의 정당은 이제 끝났는가? 내가 레닌주의 정당이 끝났다는 주장에 부정적으로 답하자 여기저기서 공격이 들어왔다. 그러나 마르크스주의적 좌파에서는 레닌주의에 대한 재평가가 매우 광범하게 일어나고 있다. 적어도 영어권에서는 그렇다. 대표 사례가 라스 리의 기념비적 저술이다. 리는 레닌의 1902년작 《무엇을 할 것인가?》가 음모적이고 엘리트적인 조직을 만들자고 주장했다는 신화를 교정하려 했다. 리는 레닌이 독일 사민당과 다른 독특한 정당을 만들려 한 것이 전혀 아니었다고 주장했다.

리의 노력은 레닌을 전체주의의 화신으로 그리는 부르주아적 관점을 교정했다는 점에서 환영할 만하다. 그러나 레닌을 리처럼 이해하는 것에도 문제는 있다. 이에 관해서는 Paul Blackledge, "The great schism: socialism and war in 1914", *International*

Socialism 143를 참고하라. 시리자는 성공하고 반자본주의신당과 사회주의노동자당은 위기를 겪는 지금 시기에 "범좌파 정당"에 대한 급진 좌파의 환상은 매우 강하다. 이런 상황에서 리의 저술은 독립적인 혁명적 마르크스주의 조직을 건설하려는 프로젝트의 정당성을 부인하는 데 이용될 수 있다(그 자신의 의도와는 무관하게 말이다). 물론 볼셰비키와 최근 극좌파들의 정당 건설 경험에 대해서는 냉정하고 진지한 분석이 필요하다. 그러나 무엇보다 운동이 맞닥뜨린 정치적 문제를 해결할 답을 운동이 스스로 찾을 수 있다는 낭만적인 생각을 버리는 것이 매우 중요하다.

(3) 사회주의 페미니즘의 부활과 마르크스주의

페미니즘의 부활은 국제적 현상이다. 그리고 페미니즘의 부활은 더 넓은 반자본주의적 급진화의 일부라는 점을 꼭 봐야 한다. 페미니즘이 다시 떠오르는 맥락에는 세 가지가 관련 있어 보인다. 첫째, 급진화 자체의 제한성이다. 즉, 급진화가 수동적 성격을 띠고 노동계급의 저항이 충분한 힘을 제공하지 못한다는 것이다. 둘째, 자본주의 사회는 여전히 매우 성차별적인데도, 1960~1970년대의 여성해방운동이 가져온 한 가지 효과로 말로만 페미니즘 운운하는 것이 국가와 기업 세계에 제도화됐다. 이것은 "임파워먼트(개인 역량 강화)"라는 말로 매개됐다. 셋째, 1960~1970년대에 발전한 이론적으로 다양한 버전의 페미니즘이 인문·사회과학계에 확고히 자리 잡았다. 특히 영어권 대학에서 그렇다. 그리고 여기서 다양한 버전의 페미니즘은 포스트식민주의와 퀴어 이론과 만났다. 그 과정에서 주디스 버틀러와 낸시 프레이저 같은 중요한 인물들이 새롭게 이론적 변형을 발전시켰다.

이런 사상들은 특히 학생들과 대학을 졸업한 지 얼마 안 되는 청년들에게 강력한 영향을 끼쳤다. 이 청년들은 현재의 급진화에서 매우 중요한 요소다. 그들은 신자유주의적 자본주의가 내놓은 평등과 임파워먼트 약속이 거짓이라는 것을 알게 됐고, 언론이 말하는 것과 여성 등의 피차별자들이 실제로 겪는 고통이 매우 다르다는 것을 알게 됐다. 그러나 그들이 보기에 해방을 가져올 능력이 있는 강력한 세력은 없는 듯하다. 그들에게 조직 좌파의 정치적 언사와 조직 방식은 흔히 너무 낯설다. 이런 이유로 그들이 정치에 접근할 때 도덕적 비판이 우위를 차지하게 되는 것은 그리 놀라운 일이 아니다.

도덕적 비판 자체에 문제가 있다는 것은 아니다. 여성이 계속해서 물질적·정신적으로 굴욕적인 상황을 감내해야 하는 조건에서는 말이다. 그러나 분석·전략과 만나지 않는다면 도덕적 비판만으로는 효과가 없다. 결국 도덕적 비판은 자유주의적 자본주의 이데올로기와 많은 것을 공유하는 담론이 되거나 위선적 담론이 되기 십상이다. 최근 급진적 진영 안에서 영향을 끼치는 이론적 개념들의 일부, 특히 특권 이론과 교차성 이론은 차별받는 집단들 내부의 차이점을 발굴하는 데 치중하는 것을 정당화한다. '교차성'은 착취와 차별의 여러 형태가 서로 융합되는 현실을 묘사하는 개념으로는 유용하다. 그러나 '교차성'은 내가 거의 20년 전에 정체성 정치를 비판하면서 쓴 "자기 차별 내세우기"를 정당화할 수도 있다. 이것의 한계는 개인 체험을 물신화하는 극단적 주관주의로 이어진다는 것이다. 개인 체험이 압도하면 비판적 분석과 정치적 논의가 불가능해진다.

새롭게 급진화하는 세대가 자기들이 쉽게 접하는 이론에 이끌리는 것은 놀라운 일도 아니고 사실 어느 정도는 불가피한 일이다. 그런데 그 이론들은 대부분 자본주의에 대해서는 별로 말하지 않는다. 그러나 시애틀 이후 일어난 급진화의 가장 중요한 특징은 체제 자체를 겨냥한다는 점이다. 여기서 자본주의와 여성 차별의 관계를 어떻게 이해할 것인지가 문제가 된다. 여성해방운동이 일어난 1960~1970년대에 마르크스주의와 페미니즘 사이에서 벌어진 논쟁에 유용한 정보가 많다. 1980년대에 전반적으로 우경화가 일어나며 마르크스주의에 대한 학계의 관심이 크게 줄어든 덕분에, 여성 차별을 논의하는 데서 급진 페미니즘과 여러 버전의 포스트모더니즘, 나중에는 포스트식민주의가 득세하게 됐고, 여기서 계급과 여성 차별의 관계는 거의 보이지 않게 됐다.

현 상황에서 여성 차별에 맞선 저항과 자본주의 비판을 연관시키고자 하는 사람들에게 사회주의 페미니즘이 매력적으로 보일 수 있다. 사회주의 페미니즘은 1970년대의 논쟁 동안 마르크스주의와 페미니즘을 통합하려 한 노력의 산물이었다. 핵심 인물은 하이디 하트먼이다. 하트먼은 자본주의가 가부장제와 "협력 관계"를 이룬다며, 가부장제란 "여성을 지배하기 위해 남성들 사이의 상호 의존과 연대를 구축하고 창출하는 … 남성들 사이의 일련의 사회관계"라고 주장했다. 최근 미국 마르크스주의자인 섀런 스미스가 사회주의 페미니즘을 되살리려 하면서 바로 이 문제, 즉 노동계급 남성이 여성 차별에서 득을 보는가 아닌가 하는 문제로 곧장 나아갔다. 스미스는 국제사회주의경향이 발전시킨 여성 차별 이론을 공격하는 맥락에서 그렇게 했다. 스미스는 국제사회주의경향이 '환원론'으로 가는 경향이 있다고 비판했다. "[국제사회주의경향의 이론은] 가장 순수한 형태에서는 ⋯ 계급투쟁이 저절로 여성 차별을 해결할 거라는 생각이다."

스미스의 주장은 중상모략이다. 사회주의노동자당이 낙태권 옹호 운동에서 한 일을 아는 사람이라면 그 말이 완전한 어불성설임을 알 것이다. 우리는 여성 차별의 기원과 극복 방안을 놓고 페미니스트들과 차이가 있다. 그러나 우리는 여성 해방을 위해 헌신해야 하고 여성 해방을 위해서는 눈앞의 문제에 맞서 싸워야 한다고 본다는 점에서는 페미니스트들과 생각이 같다. 레닌의 《무엇을 할 것인가?》를 따라 국제사회주의경향의 창립자 토니 클리프는 모든 형태의 차별에 맞서 싸워야 한다고, 그 피해자가 노동자든 아니든 상관이 없다고, 차별에 맞서 싸우는 것은 "인간 해방"을 위한 투쟁의 핵심적 일부라고 강력하게 주장했다.

그럼에도 국제사회주의경향이 사회주의 페미니즘의 부활에 걸림돌이 된다는 스미스의 말은 꽤나 옳다. 1970년대 말과 1980년대 초에 일어난 논쟁에서 린지 저먼과 크리스 하먼은 스미스 등이 되살리려고 하는 많은 가정들에 이의를 제기했다. 즉, 저먼과 하먼은 가부장제 이론을 허물어뜨렸다. 그 이론이 공상적이고 초역사적이라는 점을 드러내며 그랬다.

하먼은 "마르크스주의의 관점은 모든 것을 계급 문제로 환원해 여성 차별의 현실에 사실상 눈감는다"는 비난에 답변을 내놓았는데* 이는 스미스에 대한 답변이 될 수도 있다.

---

* 국역: "여성해방과 계급투쟁", 《크리스 하먼 선집》, 책갈피, 2016.

우리는 여성 차별 문제를 계급 문제로 '환원'하지 않는다. 모든 계급의 여성이 차별받는다. 어떤 사회에서 소수 인종이 계급을 가리지 않고 차별받는 것과 꼭 마찬가지로 말이다. 그러나 우리의 주장은 계급사회에 뿌리내린 차별의 근원에 도전하지 않고서는 차별을 없애지 못한다는 것이다. 계급사회에 반대하는 투쟁과 '가부장제'에 반대하는 투쟁, 두 투쟁이 따로 있는 것이 아니다. 모든 형태의 착취와 차별의 원인에 반대하는 하나의 투쟁이 있을 뿐이다.

특히, 마르크스주의자들은 여성 차별을 낳는 물질적 결정 요인들을 강조해 왔다. 그런데 현재 임금노동에서 여성이 차지하는 비중이 계속 커지고 있다(선진 경제에서 비농업 부문에 종사하는 임금노동자 가운데 거의 50퍼센트가 여성이다). 이런 경향은 여성 노동자들이 노동계급 내에서 주도적 구실을 할 능력을 갖고 있음을 뜻한다. 착취와 차별의 체제 전체를 묻어 버릴 수 있는 노동계급 내에서 말이다. 혁명적 사회주의 조직은 노동운동이 이런 획기적 상황 변화를 반영할 수 있게끔 해야 한다.

'혁명적 인내심'이 필요하다

급진 좌파가 현재 겪는 어려움을 균형 감각 있게 보는 것이 중요하다. 경제 위기는 마르크스주의적 자본주의 비판의 정당성을 확인해 줬다. 토마 피케티의 《21세기 자본》은 마르크스에 대한 칭찬을 돌려서 말하고 있는 셈이라고 볼 수 있다. 경제 위기가 이데올로기에 미치는 영향에 대해 저명한 소설가인 어느 마르크스주의자는 이렇게 말했다. "마르크스주의적 사상과 문화가 정말로 부흥하고 있다. 자본주의가 30살 이하 사람들의 지지를 많이 잃어버렸다는 것이 십중팔구 가장 결정적인 요인일 것이다."

그런데 지난 수십 년 동안 산업 자본주의가 남반구로 확장되며 노동계급이 국제적으로 확대됐다. 또한 신자유주의적 구조조정으로 선진 자본주의 사회에서는 프롤레타리아화가 더 촉진됐다. 문제는 방대한 구조조정으로 노동운동의 기존 구조가 파괴됐고, 위기가 급습하고 자본가들이 계속 공격해서 새로운 구조를 만드는 일이 녹록지 않다는 것이다. 현재의 급진 좌파 위기는 이런 배경에 비춰 이해해야 한다.

신자유주의 시대가 막 시작한 약 35년 전 크리스 하먼은 두고두고 볼 만한 분석을 《인터내셔널 소셜리즘》에 기고했다. 그 논문은 당시 유럽의 혁명적 좌파들이 겪고 있던 위기에 관해 쓴 것이다. 당시 혁명적 좌파들이 겪은 위기는 지금보다 훨씬 더 혹독하고 집중적이었다. 1960년대 말과 1970년대 초에 일어난 위대한 노동자 투쟁 속에서 떠오른 중요한 극좌파 조직들이 아주 짧은 기간에 와해됐기 때문이다. 현재의 위기는 당시보다 훨씬 더 분산적이지만 어떤 면에서는 더 위험하다. 지금의 혁명적 좌파가 당시보다 훨씬 더 약하기 때문이다. 그래서 사회주의노동자당이나 반자본주의신당 같은 조직을 분열시키거나 파괴하려는 행동은 너무나 무책임한 행동이다. 하먼은 다음과 같은 말로 앞에서 언급한 논문의 결론을 썼다.

혁명적 인내심은 오늘날 꼭 필요한 덕목이다. 혁명적 인내심은 말로는 '전환기'를 얘기하지만 실천에서는 노동계급의 자력 해방이 아닌 개혁주의적 땜질로 체제의 위기를 해결할 수 있다는 주장의 유일한 대안이다. 혁명적 인내심은 수명이 짧은 '새 운동'을 좇아 이리저리 뛰어다니는 것의 유일한 대안이기도 하다. 그러나 혁명적 인내심을 종파적 수동성과 혼동하면 안 된다. 혁명적 인내심은 투쟁에 개입할 수 있는 기회를 모두 포착해 조직을 시험하고, 최상의 새 활동가들을 가입시키고, 노동계급 내에서 조직의 영향력을 키우고, 필수불가결한 정당으로 천천히 나아간다는 뜻이다.

다니엘 벤사이드도 자서전에서 비슷한 주장을 했다. 그는 "느린 조바심"을 말했다. "느린 조바심"은 "능동적 기다림, 긴박한 인내심, 참을성, 끈기로서 수동적으로 기적을 기다리는 것과는 매우 다르다." 그것은 세력균형이 우리 편에 유리해졌을 때 혁명가들이 역사를 만드는 좋은 위치에 서 있게 되기 위해, 현재에 개입해 중요한 영향을 미치려는 단호하고 완강한 노력이다.

오늘날의 국제 계급투쟁

2014년 8월 7~10일, 캘리니코스는 한국의 혁명적 좌파 단체 노동자연대가 주최한 '맑시즘 2014'에 참가해 강연했다. 이 글은 8월 10일 강연을 녹취한 것이다.

올해로 2007년 8월 세계경제 위기가 발생한 지 정확히 7년이 됩니다. 2008~2009년에 일어난 대불황 국면은 비교적 짧았지만, 그 뒤로 위기는 계속되고 있습니다. 영국 마르크스주의자 마이클 로버츠는 이것을 "장기 불황"이라고 불렀습니다. 다시 말해, 오랫동안 경제성장률이 예전 추세보다 낮은 수준으로 정체하고 있습니다. 세계 자본주의 경제의 많은 부분에서 이런 현상이 관측됩니다. 이렇게 오래 끄는 위기 속에서 전 세계 계급투쟁은 어떤 양상을 보이고 있을까요? 이것이 이번 강연에서 다룰 주제입니다.

이번 위기의 근본 원인은 이윤율이 낮다는 것입니다. 지배계급은 그동안 아주 치열하고 악랄하게 계급투쟁을 벌여 왔습니다. 전 세계의 지배계급은 신자유주의를 더 철저하게 추진해서 이 문제를 극복하려 합니다. 유럽에서 기승을 부리고 있는 긴축정책, 즉 공공 지출을 급격히 줄이려는 움직임은 이런 노력의 일환입니다. 공공 부문을 더욱 민영화하려는 것도 이에 해당합니다. 이 정책들의 목표는 모두 착취율을 끌어올려서, 즉 노동자들에게서 잉여가치를 더 많이 뽑아내서 이윤율을 끌어올리는 것입니다. 다시 말해, 지배계급은 이번 위기에 대응해서 [그들 편에서의] 계급투쟁을 더 강화했습니다.

국제 계급투쟁의 최고점, 2011년 아랍 혁명

노동자들의 대응은 어떤가요? 노동계급 쪽에서는 양상이 더 복잡합니다. 지금까지 국제적 저항 운동의 최고점은 2011년이었습니다. 2011년 초, 아랍 혁명이 일어났습니다. 그 포문을 연 것은 튀니지와 이집트의 혁명이었습니다. 그 혁명으로 두 나라의 독재자들이 타도됐습니다. 여기서 중요하게 봐야 할 것은 두 나라의 혁명이 독재 정권뿐 아니라 그 정권들이 시행하던 신자유주의에도 반대해 일어났다는 점입니다. 개발도상국에서 신자유주의는 빈부 격차를 더욱 키웠습니다. 부자는 더 부유해졌고 대중은 더 가난해졌습니다. 어떤 나라에서는 빈곤이 대규모로 확산됐습니다. 신자유주의를 가장 앞장서서 추진한 곳이 벤 알리 치하의 튀니지와 무바라크 치하의 이집트였습니다. 이런 빈부 격차 증대에서 가장 크게 득을 본 자들은 부자이기도 했고 정권과의 유착도 끈끈했습니다. IMF와 세계은행은 이 두 정권을 굉장히 좋아했습니다. 정실 자본주의의 표본인 정권들을 말입니다. 이집트와 튀니지, 더 나아가 시리아 등지에서 일어난 반란의 주요 요인 하나는 빈곤과 실업이었습니다. 특히 대졸자 청년의 빈곤과 실업이 심각했습니다.

바로 이 때문에 경제 위기에 맞서 싸우는 다른 지역 사람들이 아랍 혁명, 그중에서도 이집트 혁명을 보며 영감을 얻었던 것입니다. 특히 2011년 1~2월의 타흐리르 광장 점거 운동은 집단적 자력 해방이 무엇인지를 생생하게 보여 줬습니다. 혁명이 실제로 어떤 모습일지를 알기 위해 프랑스 혁명이나 러시아 혁명을 다룬 책을 읽을 필요가 이제는 없어졌습니다. 타흐리르 광장을 보면 됐기 때문입니다. 그 결과, 선진국에서도 타흐리르 광장 점거 운동을 모방한 운동들이 등장했습니다. 2011년 5월 15일 스페인 마드리드 등지에서 '광장 운동'이 일어났습니다. 엄청나게 많은 사람이 스페인의 주요 도시들에서 광장을 점거했습니다.

또, 그해 가을에는 미국에서 '점거하라' 운동이 시작됐죠. '점거하라' 운동은 [뉴욕] 맨해튼의 주코티 공원에서 시작됐습니다. '점거하라' 운동은 투쟁이 얼마나 빨리 국제적으로 확산될 수 있는지를 보여 준 매우 흥미로운 사례였습니다. 세계 자본주의의 심장이라고 할 수 있는 곳에서 청년들이 투쟁에 나섰습니다. 뉴욕은 시온주의의 영향력이 매우 강한 도시이기도 합니다. 이런 도시의 사람들이 아랍 세계의 가장 큰 도시에서 일어난 운동을 모방했습니다. 그 뒤, '점거하라' 운동은 세계 각지로 퍼져 나갔습니다. 그해 가을 저는 미국에 있었습니다. 큰 행운이었죠. 주코티 공원에서 연설도 했습니다. 그뿐 아니라 필라델피아 '점거하라' 운동의 행진에도 참가해 1960년대 미국 운동의 영웅이었던 앤절라 데이비스가 총파업을 호소하는 연설을 직접 들었습니다. '총파업'은 [필라델피아가 아니라] 캘리포니아주 오클랜드에서 일어났고, 그조차 상징적 의미의 파업이었습니다. 또, '점거하라' 운동은 일반으로 말해 수명이 매우 짧았습니다. 그럼에도 '점거하라' 운동은 미국의 정치 지형을 바꾸는 데 일조했습니다. 그

전까지는 티파티의 우파 광신도들이 미국의 정치 담론을 주도하다 시피 했죠. 그런데 '1퍼센트에 맞서는 99퍼센트'라는 '점거하라' 운동의 구호가 미국과 세계 각지에서 사람들의 상상력을 사로잡았습니다. 이 구호는 (우파들의 주장과 달리 정부보다는) 극소수인 기업주들이 문제의 핵심이라는 인식을 매우 분명하게 표출했습니다. 불평등에 관해 광범하게 연구한 피케티의 책이 특히 미국에서 큰 반향을 불러일으킨 데에는 이런 맥락이 있었습니다.

이처럼 2011년의 운동은 정치적·이데올로기적 급진화가 얼마나 심화했는지를 보여 줬습니다. 그리고 이 급진화에서 자본주의가 문제의 근원으로 지목됐습니다.

이데올로기 급진화와 수세적 계급투쟁 사이의 간극

조직 노동계급의 투쟁은 어땠을까요? 물론 조직 노동자들도 존재감이 상당했습니다. 가장 중요한 사례는 이집트에서 일어난 일련의 대중 파업 물결이었습니다. 이 대중 파업의 첫 물결에 직면한 이집트 군부는 2011년 무바라크를 쫓아낼 수밖에 없었습니다. 노동자들의 파업 물결은 지금도 이어지고 있습니다. 그리스에서도 총파업이 여러 차례 일어났습니다. 영국에서는 자본주의가 확립된 이후 200년 동안 총파업이 2~4번밖에 안 일어났는데 그리스에서는 총파업이 여섯 달에 한 번꼴로 일어났습니다. 2012년 11월 흥미로운 사태 전개가 있었습니다. 남유럽 전역에서 공동 하루 파업이 일어난 것입니다. 유로존에서 긴축 공세의 타격을 가장 크게 받은 나라들인 그리스·이탈리아·스페인·포르투갈에서 공동 파업이 일어났습니다. 그 밖의 다른 나라들에서도 대규모 노동자 투쟁이 일어났습니다. 2010년 프랑스에서 연금 개악 반대 파업이 대규모로 일어났습니다. 2011년 영국에서도 연금 문제를 둘러싸고 두 차례에 걸쳐 대규모 공공 부문 파업이 일어났습니다. 2011년 11월 30일 파업은 1926년 총파업 이래 규모가 가장 큰 파업이었습니다.

그럼에도 반자본주의적 이데올로기 급진화와 노동계급 투쟁의 수준 사이에는 간극이 있습니다. 방금 말씀드린 투쟁들은 규모가 엄청나게 컸지만, 모두 수세적인 투쟁이었습니다. 그리고 모두 노동조합 관료들의 주도력이 매우 강했습니다. 이집트에서는 노동조합 관료가 매우 빠르게 주도력을 확립했습니다. 무바라크 퇴진 뒤 결성된 신생 민주 노조들에서 노조 관료층이 매우 빠르게 형성됐습니다. 급기야 지난해에는 민주 노조 운동의 지도자가 군부 쿠데타 이후 집권한 정부의 노동부 장관까지 됐습니다.

이런 패턴은 지난번의 대규모 경제 위기, 즉 1930년대 대공황 때 나타난 패턴과는 상당히 다릅니다. 1934~1936년 미국에서는 봉기에 가까운 대중 파업들이 일어나고 주요 산업에서 노조가 조직됐습니다. 예를 들어, 1934년 미니애폴리스에서는 트로츠키주의자들이 주도해서 트럭 운전사 노동자들의 파업이 시작됐고, 이 파업을 계기로 운수업이라는 매우 중요한 산업에서 노조 조직화가 본격적으로 시작됐습니다. 1935~1936년에는 자동차 공장 점거 파업이 여러 차례 일어났고, 이 투쟁은 자동차 산업에서 노조가 뿌리내리는 계기가 됐습니다. 1934년 프랑스에서는 파시즘의 집권 가능성에 직면해 대중 시위가 거대하게 일어났습니다. 이 운동을 발판으로 1936년에는 거대한 대중 파업과 공장 점거 운동이 일어났고, 이를 통해서 노동자들의 요구를 어느 정도 들어주는 정부가 들어섰습니다. 이런 투쟁들은 공세적 투쟁이었습니다. 그리고 현장조합원들이 상당한 주도력을 발휘했습니다.

반면에 최근의 노동자 투쟁에서는, 적어도 유럽에서는 노조 관료의 주도력이 더 강합니다. 그래서 2010년 프랑스와 2011년 영국에서 노조 지도부가 연금 개악 반대 파업을 배신할 수 있었습니다. 그 결과는 정치적으로 매우 부정적인 영향을 끼쳤습니다. 전 세계 노동계급 중에서 가장 앞서 나가고 있는 이집트에서도 마찬가지입니다. 이집트에서는 대중 파업이 여러 차례 있었지만, 여전히 거리에서의 운동이 작업장에서의 운동을 압도합니다. 이 때문에 많은 좌파가 심각한 실수를 저질렀습니다. 2011~2012년 매우 용감하지만 경험은 적고 미숙한 많은 젊은 활동가들이 선거 보이콧을 하자고 주장했습니다. 그 덕에 선거에서 무슬림형제단이 혁명을 대변하는 세력인 양행세할 수 있었습니다. 무슬림형제단은 집권 뒤 소수 종교를 차별하는 종파적 행태를 보이고, 신자유주의 정책을 추진했습니다. 그래서 엉뚱하게도 압둘팟타흐 시시가 이끄는 군부가 무슬림형제단에 반대하는 저항을 주도할 수 있었습니다. 만약 혁명운동이 거리 운동보다 작업장 투쟁을 더 중요한 중심으로 일어났었더라면 군부가 그런 식으로 대중 정서를 이용하기 어려웠을 것입니다.

좌파의 성장에 가하는 제약

노동자 투쟁이 수세적이고 [그 수위가] 제한적인 것은 좌파가 성장하는 데에도 부정적 영향을 끼쳤습니다. 로자 룩셈부르크는《대중 파업》이라는 유명한 소책자에서 이런 지적을 했습니다. 대중 파업이 경제적 요구를 내걸고 일어날지라도 정치적으로 큰 효과를 낼 수 있다고 말입니다. 대중 파업에 참가하는 노동자들은 자신들에게 힘이 있음을 자각하고 자신감을 얻게 됩니다. 이를 통해 노동자들은 자체 조직들을 더 강화할 수 있습니다. 또, 그 과정에서 노동자들의 정치의식도 더 명확해지고 더 발전합니다. 그런 환경에서 좌파가 크게 약진할 수 있는 공간이 열립니다. 대중 파업이 일어나면, 그 전 몇십 년 동안 지지부진하게 벌어지던 정치적 논쟁들의 의미가 갑자기 명확해집니다.

반대로 현재 유럽에서 좌파들은 지난 몇 년간 오히려 파편화되고 약해졌습니다. 2000년대 초에 일어난 반자본주의적 급진화의 첫 물결에서 커다란 수혜를 입은 주요 정당으로 이탈리아의 재건공산당이 있습니다. 그러나 재건공산당은 [2007년] 경제 위기의 초반에 자충수를 너무 많이 뒀고, 그래서 이제는 정치적으로 거의 의미가 없는 세력이 됐습니다. 이런 위기와 파편화는 불행히도 혁명적 좌파에도 영향을 끼쳤습니다. 지난 몇 년 사이 프랑스의 반자본주의신당과 제가 속한 영국 사회주의노동자당도 여러 차례 분열과 위기를 겪었습니다.

이렇게 급진 좌파가 약해진 덕분에 유럽에서는 급진 우파가 위기를 이용해 활개치기가 더 쉬워졌습니다. 물론 각국 정부가 이민자에 대한 인종차별을 강화하고 있는 것도 급진 우파의 성장에 한몫했습니다. 급진 우파들은 점점 더 인기가 떨어지는 유럽연합에 반대하는 선동과 이주민에 대한 인종차별 선동을 결합하면서 성장할 수 있었습니다. 2014년 5월에 치러진 유럽의회 선거 결과, 프랑스와 영국에서 극우파가 1위를 했습니다. 프랑스에서는 파시스트인 국민전선이 1위를 했습니다. 영국에서는 영국독립당이라는 매우 이상한 이름(영국은 100년 넘게 세계 최강의 제국주의 국가였으므로 독립 운운하는 것은 참 웃깁니다)을 가진 정당이 1위를 했습니다. 영국독립당은 파시스트 정당은 아니지만 매우 우파적인 정당으로, 특히 유럽의 다른 곳으로부터 오는 이민에 반대하며 성장했습니다.

물론 이것과 상반된 흐름도 있습니다. 특히 남유럽에서 그렇습니다. 똑같은 유럽의회 선거였지만, 그리스에서는 급진 좌파인 시리자가 1위를 했습니다. 스페인에서는 '광장 운동'에서 생겨난 신생 급진 좌파 정당[포데모스]이 마치 혜성처럼 등장해 8퍼센트를 득표했습니다. 이런 차이는 그리스와 스페인 같은 곳의 투쟁 수준이 더 높은 상황을 반영하는 듯합니다. 그리스에서는 지난 몇 년 동안뿐 아니라, 지난 30년 동안 계급투쟁이 치열하게 벌어져 왔습니다. 그 덕에 유럽 전체에서 급진 좌파의 상대적 규모가 가장 큽니다. 스페인에서도 큼직한 거리 운동들이 계속 일어났습니다. 2011년뿐 아니라 그 뒤로도, 주택 가압류와 강제 퇴거에 반대하는 운동이나 천대받는 집단들에 대한 연대 운동이 계속 일어났습니다.

공세적 노동운동이 일어나고 있는 남아공

유럽이 아닌 곳으로 눈을 돌리면 다른 그림을 볼 수 있습니다. 남아프리카공화국이 가장 중요한 사례입니다. 이번 달[2014년 8월]은 남아공 서북부의 마리카나에서 파업을 벌이던 광원들이 학살당한 지 2년이 되는 달입니다. 마리카나 학살은 남아공 정치에서 핵폭탄급 영향을 끼친 사건이었습니다.

아파르트헤이트 체제의 종식 이후 남아공 노동자들은 아프리카민족회의ANC 정부를 강력하게 지지했습니다. 그러나 아프리카민족회의 정부는 (부자들에게 유리한) 신자유주의 정책을 시행했습니다. 그 과정에서 노동운동의 일부가 매우 부패하게 됐습니다. 특히, 남아공에서 여전히 가장 중요한 산업인 광산업에서 그랬습니다. 전국광원노조NUM의 지도자들은 기업들에 사실상 매수당했습니다. 노조 지도자들만 그런 것이 아닙니다. 현장과 더 가까운 현장위원들도 일반 노동자 임금의 3배에 달하는 보수를 받습니다. 이에 반발한 현장 조합원들이 전국광원노조에서 떨어져 나와 광원건설노조연합AMCU을 결성했습니다. 최근에 광원건설노조연합은 백금 광산에서 5달 동안 파업을 벌여 승리했습니다.

또 한 가지 중요한 사태 전개가 남아공노총COSATU 내 최대 노조인 금속노조NUMSA에서 일어났습니다. 2013년 12월 금속노조는 아프리카민족회의 정부와의 동맹을 파기하고 새 노동자 정당을 건설하기 시작했습니다. 최근 남아공에서는 금속 노동자들이 큰 투쟁을 벌여 왔습니다. 바로 지금 이 순간에도 금속노조는 남아공에서 새 좌파 정당을 건설하는 문제를 놓고 국제적 세미나를 열고 있습니다.*

그 밖의 다른 나라에서도 노동운동이 부활하고 있습니다. 한국에서도 [2013년] 철도파업이 전환점이었던 듯합니다. 물론 한국 동지의 강연을 들어 보니 한국에서도 노조 관료 문제가 심각하다는 것을

---

* 금속노조는 2014년 11월 남아공노총에서 제명됐고, 2019년 3월 사회주의혁명노동자당(SRWP)을 출범시켰다.

알 수 있었지만 말입니다.

오늘날 계급투쟁에서 나타나는 악순환

유럽에서는 왜 노동계급 투쟁의 부활이 그리 힘든 것일까요? 한 가지 원인은 유럽의 노조 관료가 다른 지역보다 역사가 더 오래됐고 노동계급 조직들에 더 깊게 뿌리내리고 있다는 것입니다. 한국 민주노총 관료의 역사는 20~25년밖에 안 될 것입니다. 그러나 영국 노조 관료의 역사는 150년이나 됩니다. 때로는 노조 지도자들의 생물학적 나이가 150살이나 되는 듯 보이기도 합니다. 또 다른 요인은 신자유주의가 30년 동안 지속된 뒤에 경제 위기가 왔다는 것입니다. 이 점은 미국에도 해당합니다. 신자유주의는 전 세계에서 조직 노동계급을 상당히 약화시켰습니다.

영국에서 우리 동지들은 1984~1985년에 일어난 위대한 광원 파업의 30주년을 기념하고 있습니다. 광원 파업은 1년 동안 지속된 매우 크고 영웅적인 투쟁이었습니다. 그러나 결국 마거릿 대처 정부에 패배하고 말았습니다.(지난해 대처가 죽었을 때, 영국 각지의 광산촌 주민들은 환호성을 질렀습니다. 한국에서도 박근혜가 쫓겨난다면 그런 축제 분위기가 재현되지 않을까 싶습니다.) 광원 파업이 패배한 뒤에 영국에서는 일종의 악순환이 반복되기 시작했습니다. 이 악순환은 다른 선진국들에서도 비슷하게 반복됐습니다. 그 악순환은 이렇습니다. 투쟁이 패배한 결과로 노동조합 자체가 파괴되지는 않았지만 현장조합원보다 노조 관료의 힘이 더 강해집니다. 그리고 노조 관료가 강해질수록 그들이 투쟁을 배신하기 더 쉬워집니다.

노조 관료가 배신해 투쟁이 패배하면 현장조합원들의 사기가 떨어지고, 그 결과 노조 관료의 힘이 더 강해집니다.

그러나 역사는 정해져 있는 것이 아닙니다. 저는 이 악순환에서 벗어날 수 있는 길이 있다고 생각합니다. 2011년 영국에서 일어난 연금 개악 반대 공공 부문 파업도 그런 희망을 보여 줬습니다. 그 파업을 처음에 추동한 것은 사회주의노동자당이 상당한 영향력을 가지고 있던 좌파 노동조합들이었습니다. 그러나 불행히도 우리가 너무 성공적이었던 것이 문제로 작용했습니다. 우리가 영향력을 미치던 작은 노조들을 행동에 나서게 함으로써 더 큰 노조들도 행동으로 딸려 오도록 영향력을 미칠 수 있었는데, 이렇게 대형 노조들이 행동에 나서니까 파업에서 그 노조들의 힘이 커진 것입니다. 대형 노조의 지도자들이 파업을 접으려 할 때 우리에게는 그것을 막을 힘이 부족했습니다. 그러나 이런 악순환에서 벗어날 수 있는 기회가 계속 새로 생기고 있습니다. 지난달에 영국 공공 부문 노동자 100만 명 이상이 임금 인상 파업을 벌였습니다. 다가올 10월에도 그런 파업이 일어날 예정입니다. 우리는 이런 기회를 활용해 악순환의 고리를 깨도록 분투해야 합니다.

또한 더 넓게 봤을 때, 전 사회적으로 이데올로기 급진화가 계속되고 있습니다. 제가 이 자리에서 자랑스럽게 말씀드릴 수 있는 사실이 있습니다. 어제 런던에서 15만 명이 팔레스타인 연대 시위를 벌였습니다. 팔레스타인 민중의 투쟁에 일체감을 갖게 되는 것은, 체제가 진정한 문제임을 깨닫는 의식 발전 과정의 일부입니다. 이 점을 이해하는 것은 중요합니다.

혁명적 사회주의 조직을 건설해야 한다

투쟁이 가다 서다를 반복하고 계속 부침을 겪는 것은 혁명적 조직이 매우 중요함을 보여 줍니다. 혁명적 사회주의 조직은 마르크스주의를 실천으로 구현하는 조직입니다. 마르크스주의를 실천에서 떼어 내 단지 책에서만 존재하는 이론으로 만든다면, 그 마르크스주의는 아무짝에 쓸모없는 것이 될 겁니다. 혁명적 사회주의 조직은 이론과 실천을 통합할 수 있게 해 줍니다. 혁명적 사회주의 조직은 마르크스주의 이론을 기초로 하므로 가다 서다를 반복하는 투쟁의 상태와 모순을 엄밀하게 분석할 수 있는 도구가 있습니다. 혁명적 사회주의 조직은 일상의 투쟁과 운동에 체계적으로 개입하고 이데올로기적으로 단련된 핵심 활동가를 조직합니다. 혁명적 사회주의자들은 노동계급 내 활동가들의 네트워크를 만들고 발전시키기 위해 노력해야 합니다. 노동계급 투쟁의 전진을 가로막는 요인이 노조 관료의 주도력이라면, 그것에 도전할 수 있는 현장조합원 운동을 건설해야 합니다. 그러려면 혁명적 사회주의자들은 노동계급 내 여러 활동가와 투사를 설득하고 조직해야 합니다.

혁명적 사회주의 조직들이 작고 약하다는 사실이 현재의 계급투쟁 상황에 영향을 미치는 요인입니다. 오늘날의 계급투쟁에서 최선두를 달리던 이집트 혁명은 지난해 7월 군부 쿠데타로 커다란 후퇴를 겪었습니다. 이 후퇴는 무엇보다 이집트의 좌파가 취약하다는 사실의 영향을 크게 받았습니다. 이집트 전통적 좌파의 핵심을 차지하는 스탈린주의자들은 이슬람주의보다는 그래도 군부가 낫다고 봅니다. 지난해 스탈린주의자들은 자유주의자·민족주의자와 함께 압둘팟타흐 시시의 군부 쿠데타를 지지했습니다. 매우 수치스러운 일입니다. 한국의 노동자연대, 영국의 사회주의노동자당과 정치사상이 같은 이집트의 혁명적 사회주의자단체RS는 이집트 혁명에서 큰 활약을 했지만, 규모가 훨씬 더 크고 기반이 더 넓은 다른 좌파들의 영향력을 상쇄할 만큼 강력하지는 못했습니다.

따라서 우리는 앞으로 다가올 투쟁들에 결정적 영향을 미칠 수 있는 혁명적 사회주의 조직을 건설하기 위해 더욱더 노력해야 합니다.

정리 발언

제가 한국 역사를 잘 모르는 것 같다고 한 분이 말씀하셨는데, 그 말은 사실입니다. 그렇지만 저는 오랫동안 세계 자본주의뿐 아니라 세계 노동운동에서 한국이 얼마나 중요한지를 염두에 두고 있습니다. 1970년대 말 저는 여러 개발도상국 중에서 자본주의가 급속히 발전하면서 노동운동이 새로 떠오를 유력한 지역으로 한국을 지목했습니다. 그래서 저는 1987년 한국에서 민주화 운동과 노동자 대투쟁이 벌어졌을 때 매우 기뻤습니다. 그리고 한국의 노동자연대 동지들을 처음 만났을 때, 더욱 기뻤습니다.

어떤 분은 모든 조직이 어쩔 수 없이 부패한다는 말씀을 했습니다. 개인들 사이에 해소할 수 없는 차이가 있는 것을 그 이유로 말씀하신 듯합니다. 물론 개인들의 관심사가 다른 것은 사실입니다. 마르크스는 공산주의란 개인의 개성이 자유롭게 꽃피는 사회일 것이라고 말했습니다. 다시 말해, 사람이 모두 똑같아지는 것은 공산주의와 아무 관계가 없습니다. 사람들 사이에는 수많은 차이가 있고, 이런 차이는 공산주의 사회가 돼도 결코 사라지지 않을 것입니다. 그러나 저는 공산주의 사회, 달리 말해 진정으로 민주적인 사회에서는 개인들의 차이가 조화롭게 공존할 수 있으리라고 봅니다. 어떤 사람은 축구를 매우 좋아하겠지만, 저는 축구가 매우 지루합니다. 여러분 중에는 운동을 잘하는 분도 있을 텐데, 저는 정말 못합니다. 즉, 사람들의 관심사와 취향은 다양합니다. 진정으로 민주적인 사회, 즉 어떤 개인도 다른 개인보다 권력을 더 많이 갖지 않는 사회에서 개인들의 차이는 쉽게 공존할 수 있을 것입니다. 그런데 자본주의 사회에는 개인들 사이의 관심사 차이뿐 아니라, 계급 간 적대도 있습니다. 즉, 사람들 사이에 체계적으로 대립하는 이해관계가 있습니다. 이런 이해관계 대립은 소수가 나머지 압도 다수를 체계적으로 착취하는 권력을 가졌다는 사실에서 비롯합니다. 또, 어떤 분이 지적했듯이 자본주의가 지배하는 곳에서는 그나마 존재하는 민주주의가 왜곡되고 제약을 받습니다. 예를 들어, 노동조합은 일반으로 말해 자본주의 사회에서 가장 민주적인 조직입니다. 그러나 노조 관료의 득세는 노동조합 민주주의를 크게 제약합니다. 그렇지만 상황이 꼭 그래야 할 필요는 없습니다. 인간 본성에 자본가적 속성이 있는 것은 결코 아닙니다.

물론 그렇다고 해서 노동운동의 문제가 모두 노조 관료 때문이라고 말하는 것은 아닙니다. 1930년대에 트로츠키가 매우 흥미로운 말을 했습니다. 서인도제도 출신 마르크스주의자인 CLR 제임스와 나눈 여러 대담 중에 한 말입니다. CLR 제임스가 이런 식으로 말했습니다. "스탈린주의 지도자들이 노동자들을 배신하며 그들의 본질이 드러나고 있습니다. 노동자들은 결국 우리 쪽(트로츠키주의)으로 올 것입니다." 트로츠키는 "저는 상황을 그렇게 낙관적으로 보지 않습니다" 하고 대답했습니다. 그러면서 트로츠키는 이렇게 말했습니다. "왜냐하면 지도자들의 배신으로 패배를 겪으면 노동자들의 사기와 자신감이 떨어져 결국 기존의 조직과 지도자에게 더 매달리게 되기 때문입니다." 오늘날의 문제점은 단지 노조 관료들이 노동자들을 배신하는 것만이 아닙니다. 더 큰 문제는 이런 배신으로 운동이 패배하면 노동자들이 위축돼 기존 지도자들에게 더 의존하게 된다는 것입니다. 그렇지만 이런 패턴도 미리 정해진 것은 아닙니다. 어떤 계기로 노동자 투쟁이 크게 일어나고, 혁명적 사회주의 조직이 그 투쟁에 효과적으로 개입하면 이런 악순환을 끊을 수 있습니다.

지배계급에 매수될 유혹을 느낀 적이 있었느냐고 한 분이 질문했습니다. 그런 유혹을 느낀 적은 없습니다. 그러나 솔직히 말해, 그럴 유혹을 느낄 만한 진정한 시험을 거치지 않은 것도 사실입니다. 예컨대 이집트 군부에 의해 수감된 이집트 혁명가 엘 마스리가 겪은 것 같은 혹독한 시험을 저는 치르지 않았습니다. 마스리는 결코 무릎 꿇지 않았는데, 저라면 어떨지 모르죠. 이런 어려운 시련을 겪을 때 사람이 어떻게 행동할지는 아무도 예측할 수 없습니다. 그러나 저는 노동자연대의 여러 동지들을 비롯해 그런 시련을 겪은 사람들을 많이 알고 있습니다. 그런 시험대에 오른 사람들은 결국 혁명적 사회주의 정치와 그 정치를 실천하는 조직이 있을 때 버틸 수 있습니다. 누구든지 겁을 먹거나 사기가 떨어질 수 있습니다. 그러나 그때 가장 중요한 물음은 "과연 그 사람이 혼자인가" 하는 것입니다. 혁명적 사회주의자라면 혼자가 아닐 것입니다. 투사들의 공동체의 일원일 것입니다. 그리고 우리는 단지 한 나라의 공동체가 아니라 국제적 공동체입니다. 이번 워크숍에서도 영국과 태국의 동지들이 발언하는 것을 보셨을 겁니다. 이 세 나라뿐 아니라 다른 나라에도 많이 있습니다. 그리스와 터키에도 있고, 남아공과 나이지리아 등지에도 있습니다. 이 혁명적 투사들의 공동체에 동참하시고 세상을 바꾸는 데 힘을 보태시길 바랍니다.

몰락의 전설: 장기 불황, 양극화와 극우의 성장

2018년 10월 11일, 리먼브러더스 파산 10주년을 맞아 10년간의 '장기 불황'을 설명하고 그와 연결된 서구 정치의 양극화와 극우의 성장을 다룬 "Legends of the fall", *International Socialism* 160를 편역한 것이다. 전문 번역은 《마르크스21》 28호에 실렸다.

2018년 9월 15일에 10주년을 맞은 월가 투자은행 리먼브러더스 파산은 언론의 큰 관심을 끌었다. 언론이 초점을 맞춘 것은 리먼브러더스의 파산으로 절정에 이른 금융 위기와 2008~2009년 세계경제를 휩쓴 대불황의 관계였다.

[자유주의 경제사학자] 애덤 투즈는 이 위기에 관한 방대한 비판적 역사서 《붕괴》에서 이 주제를 체계적으로 다룬다. 투즈는 주요국 중앙은행들이 은행들에 구제금융을 제공하고 양적 완화를 시행한 덕분에 위기가 해소됐다는 통념에 이의를 제기한다. "우리는 2012~2013년의 상식과는 달리 위기가 사실은 끝나지 않았음을 알아야 한다. … 2007~2012년의 금융·경제 위기는 2013~2017년에 탈냉전 질서 전반의 정치적·지정학적 위기로 변모했다. 그리고 그것의 명백한 정치적 함의를 제쳐 놓아서는 안 된다. … 2012년 이후에 일어난 사건들은 중도적 자유주의의 승리도 사실이 아니었음을 시사한다." 그래

서 "포퓰리즘"의 성장은 [2008년의] 위기와 대불황과 유기적으로 연결 돼 있다는 것이다. 그러나 그 연결 고리를 바르게 이해해야 한다.

먼저 경제 위기를 살펴보자. 투즈가 보기에, 이 위기는 "달러를 기반으로 한 대서양 양안 시스템"의 위기다. 투즈는 1970년대 초 이래, 특히 신자유주의 시대에 미국과 유럽이 하나의 "금융 순환계" 속에 묶이게 됐다고 주장한다. 미국과 유럽의 은행들은 미국에서 또는 1950년대 이후로 영국 금융가에서 발전한 역외 달러 시장에서* 돈을 빌려서는, 주로 수익성이 좋은 미국 시장에서 대출을 해 줬다. 유럽 은행들은 1999년 유로화 도입에 뒤따른 신용 호황 때 이 모델을 차용하면서 유럽 대륙 전역에서도 자산 거품을 일으켰다.

이런 관점에서 볼 때, 미국 부동산 거품의 붕괴와 관련해 위험했던 것은 서브프라임 모기지가 불량 채권으로 바뀌면서 은행들이 서로 돈을 빌리고 빌려줄 때 이용한 시장의 기능이 2007년 8월에 멈췄다는 것이다. 대서양 양안의 "순환계"를 먹여 살리던 달러의 흐름이 중단된 것이다. 이는 은행뿐 아니라, 달러 시장에서 자금을 조달하던 공업·상업 기업들도 위협했다.

투즈에 따르면, 리먼브러더스의 파산은 그 과정을 가속했지만 촉발한 것은 아니었다. 그래도 그 여파로 자금 시장은 완전히 얼어붙었다. 사태를 뒤집은 결정적 조처는 미국 중앙은행이 취한 단호한 노력이었다. "미국 연준은 정말로 극적인 혁신을 이뤘다. 연준은 세계 은행권이 기댈 수 있는 최후의 유동성 공급자로 자리 잡았다. 연준은 뉴욕으로 오는 모든 은행에 달러를 공급했다. 그 은행이 미국

---

* 역외 시장 국내시장과 분리돼 규제가 적은 금융시장.

계냐 아니냐를 따지지 않았다. 연준은 이른바 통화 스와프를 통해 몇몇 주요 나라 중앙은행들에게 수시로 달러를 발행해 줬다. … 이 통화 스와프를 통해 유럽중앙은행 등은 유럽 은행들에 수조 달러를 투입했다." 투즈는 이렇게도 지적한다. "위기 이전에 대서양 양안의 역외 달러 시스템은 명확한 지도적 중심이 결여돼 있었다. … [그러나] 2008년 이후에 그 시스템은 연준과 연준의 유동성 공급을 중심으로 공공연히 조직됐다."

이런 주장은 2007~2008년에 미국 헤게모니의 종말이 시작됐다는 주장에 이의를 제기하는 것이다. 미국 연준과 재무부가 주요 자본주의 국가들을 데리고 위기 관리를 조율했고, 이것이 미국 헤게모니의 결정적 측면이라는 얘기이기 때문이다.

투즈의 분석의 강점은 대서양 양안의 금융 시스템에 집중하고 그 시스템이 국제 정치 질서(특히 미국과 유럽의 정치 질서)와 어떻게 상호작용하는지에 집중한다는 것이다. 그 덕분에 투즈는 위기가 남긴 매우 중요한 유산을 포착할 수 있다. 그것은 미국 국가에 의해 구원받은 그 시스템이 계속해서 새로운 잠재적 위기를 창출한다는 점이다. 예를 들어, 미국 연준은 금리를 매우 낮게 유지하고 양적 완화 정책을 실시해 막대한 달러를 세계시장에 풀었고, 그 덕분에 '신흥 시장' 경제들이 [2008년] 대불황을 비교적 쉽게 극복할 자금을 얻을 수 있었다. 그런데 연준이 양적 완화를 줄이고 금리를 올리며 달러를 매우 싸게 공급하는 일을 중단하자 문제가 생겼다. 올해 여름, 특히 미국의 금리 인상 때문에 터키 리라화의 가치가 급격히 떨어지고 아르헨티나 페소화가 거의 붕괴했다. 아르헨티나는 특히나 흥미로운 사례다. 현재의 우파 대통령 마우리시오 마크리가 전임 대통령들의 온건한 케인스주의 정책을 뒤집어 정설 신자유주의로 회귀했다고 크게 칭송받고 있던 터에 그런 일이 터졌기 때문이다.

《붕괴》의 약점은 그 장점과 동전의 앞뒷면 관계다. 바로 정치적 리더십의 구실을 과장하는 경향이 있다는 것이다. 투즈는 미국의 위기 대처에서 핵심적이었던 인물들은 두드러지게 긍정적으로 그리는 반면, 유럽연합 지도자들은 힐난한다. 독일 총리 앙겔라 메르켈, 유럽중앙은행 총재를 역임한 장클로드 트리셰와 마리오 드라기 등 '브뤼셀 패거리'가 보인 서투름과 냉담함은 확실히 비난받을 만하다. 그러나 "정치적 선택, 이데올로기, 행위"에 몰두하다 보면, 안토니오 그람시가 중대한 위기 때 드러나는 "치유 불가능한 구조적 모순"이라고 부른 것을 간과할 위험이 있다. 예를 들어, 투즈는 왜 대서양 양안의 달러 시스템이 20세기 말과 21세기 초에 세계 자본주의에서 그토록 중요했는지 결코 묻지 않는다. 그 질문에 대한 중요한 답변은 마르크스주의 정치경제학자들이 내놨다. 바로 생산자본의 이윤율이 최근 수십 년 동안 비교적 낮았고, 그래서 투자자들이 금융시장처럼 수익을 빠르게 회수할 수 있는 곳으로 향했다는 것이다. 반면에, 투즈의 분석에서 생산은 전혀 중시되지 않는다.

그러나 지난 수십 년 동안 자본주의가 씨름한 장기적 이윤율 문제의 뿌리는 생산에 있다. 즉, 노동력에 대한 투자보다 생산수단에 대한 투자가 더 빠르게 증가하는 현상(마르크스의 표현으로 자본의 유기적 구성의 상승)과 이와 관련된 자본의 집적·집중 과정에 있다. 소수 대기업이 경제를 좌지우지하는 것은 "자본의 파괴"로 경제가 회복되는 과정에 중대한 걸림돌이다. 은행에 구제금융을 제공한 탓에 여전히 소수의 (전보다 더 커지기도 한) 대형 은행들이 금융권을 지배하고 있는 것이 좋은 사례다. 따라서 리먼브러더스 파산 이후 10년이 지난 지금도 세계 자본주의는 치유되지 않았고 "장기 불황"(그람시가 말한 "구조적 모순"을 반영하는 장기적 저성장의 시기)에 사로잡혀 있다.

전진 태세의 극우

자본주의 생산양식의 기초 자체에서 위기의 뿌리를 찾는 것은 장기 불황의 정치학을 올바로 이해하는 데서도 사활적으로 중요하다. 최근에 투즈는 다음과 같이 썼다. "대중민주주의의 비이성적 열정에 맞서 기술관료 정부를 옹호할 이유가 충분하다." 이렇게 투즈는 "대중민주주의의 비이성적 열정"을 가볍게 내치면서, 위험하게도 신자유주의적인 극단적 중도파의 오만함에 다가선다.

그러나 최근 몇 년 동안 "포퓰리즘"의 반란을 낳은 일차적 요인은 신자유주의를 지속하기로 한, 아니 더 극으로 밀어붙이기로 한 서구 지배계급의 고집이었다. 게다가 그 격변이 끝나 간다는 징후는 전혀 없다. 사실 현재 서구 정치의 가장 유력한 특징은 인종차별적 우파 포퓰리즘이 대서양 양쪽 모두에서 큰 영향을 끼치고 있는 것이다. 트럼프의 집권은 그런 일이 일회성 사건이 아님을 입증했다. 트럼프는 국제적으로 두 가지 커다란 영향을 끼쳤다. 첫째, 그의 자국 우선 경제 노선과 관계된 것으로, 중국과의 전면적 무역 전쟁을 개시한 것이다. 둘째, 유럽 극단적 중도파의 아성, 특히 독일의 메르켈을 겨냥해 여러 쟁점(무역, 나토, 이민)으로 공격하는 것이다.

메르켈은 지난해 총선 결과로 이미 약해진 상태였다. 가까스로 구성된 연립정부의 정통성은 약했다. 정부에 포함된 정당들의 총득표가 급격히 줄었기 때문이다(최근 여론조사 결과로는 지지율을 합해도 50퍼센트가 채 안 된다). 또, 극우 정당인 '독일을 위한 대안'이 총선에서 3위를 해 창당 이래 처음으로 국회에 입성했다. '독일을 위한 대안'이 훨씬 더 성장할 수 있다는 두려움을 느낀 메르켈은 자기 정당 내 우파들을 비판하면서도 이민자에 대한 혹독한 단속을 개시했다.

이런 이민자 탄압은 트럼프의 유럽 동맹자들도 촉구하는 것이다. 이탈리아 부총리 마테오 살비니, 헝가리 총리 빅토르 오르반, 오스트리아 총리 제바스티안 쿠르츠가 그들이다(헝가리와 오스트리아 정부에는 파시스트들도 있다). 올해 3월 이탈리아 총선의 결과로 오성운동과 동맹당의 연립정부가 들어선 것은 유럽의 극우가 크게 강해졌음을 보여 주는 일이다. 올해 6월 말 열린 유럽이사회(유럽연합 최고 의사 결정 기구)에서 극단적 중도파는 이민자 문제를 두고 극우에게 굴복했다. 유럽이사회는 이민자에 대한 인신매매·납치·강간이 성행하기로 악명 높은 리비아에 이민자 억류 시설을 설치하기로 했고, 지중해에서 활동하는 NGO [난민] 구조선을 단속하기로 했다. 유럽연합의 국경 수비대 프론텍스는 증강되고 있다. 그러는 동안 극우는 계속 전진하고 있다. 올해 9월 스웨덴 총선에서 [파시스트들이 창당한 극우 정당인] 스웨덴민주당은 득표율을 세 곱절 이상으로 끌어올렸다(4.6퍼센트에서 17.5퍼센트로).

요즘의 극우는 정치적으로 여러 조류가 섞여 있다. 그중 유력한 경향은 이민자 배척과 인종차별, 이슬람 혐오, 유럽 통합 회의론을 기초로 부르주아 정치를 재편하고자 한다. 경제정책을 두고는, 특히 신자유주의와 신자유주의가 촉진한 세계화 과정으로부터 얼마나 거리를 둘 것이냐를 두고는 의견이 갈린다. 그러나 주된 메시지는 같다. 국가 주권을 훼손하고 이민자들이 물밀듯 유입되는 것을 허용해 온 자유주의 엘리트들에게 국민이 배신당했다는 것이다. 인종차별적 우파 포퓰리스트들의 성장은 진정한 파시스트 세력에 유리한 환경을 제공한다. 예를 들어, '독일을 위한 대안'은 "국민적·보수적" 분파와 "국민적·혁명적" 분파로 나뉘어 있는데, "국민적·혁명적" 분파는 당내에서 성장하고 있는 파시스트 세력을 대표한다. 곳곳에서 극우가 성장하고 있다.

"헤게모니의 위기"와 좌파

신자유주의 프로젝트가 궁지에 몰리고 기성 정치권이 대중으로부터 거부당하며 서구 자본주의는 곤란한 지경에 빠졌다. 그람시가 "헤게모니의 위기"라고 부른 현상이다. "헤게모니의 위기" 상황에서 지배계급은 인구의 상당 부분을 설득하지 못한다. "헤게모니의 위기"는 인종차별적 우파 포퓰리즘이 성장할 기회를 열어 주고, 그들은 그 기회를 잘 살리고 있다. 중요한 질문은 "무엇을 해야 하는가?" 이다. 더 구체적으로 말해, 어떻게 하면 급진 좌파와 혁명적 좌파가 광범한 노동계급 대중(적어도 일부는 최근 극우로 이끌리고 있는 대중)에게 대안을 제공할 수 있을까?

그러기 위한 필수적 조건 하나는 진정한 대안을 내놓는 것이다. 그래서 아우프슈테헨(독일어로 "일어서라"라는 뜻) — 독일 좌파당의 지도적 인물인 자라 바겐크네히트와 오스카 라퐁텐이 사민당과 녹색당 지지자들을 좌파당 쪽으로 끌어당기려는 목적으로 올해 여름에 시작한 운동 — 은 적격이 아니다. 이민 규제를 강화하자는 우파의 요구를 수용하기 때문이다. 이 문제는 매우 중요하다. 영국 노동자 운동 안에도, '축구 사나이 연맹'과 [파시스트인] 토미 로빈슨 등의 이슬람 혐오적 언행 일부를 좌파가 수용해야 한다는 주장이 있기 때문이다.

제러미 코빈이 이끄는 영국 노동당은 인종차별에 훨씬 더 잘 대응해 왔다. 게다가 코빈과 그의 예비내각 재무부 장관 존 맥도널은 신자유주의와 단절하는 경제정책을 내놓았다(비록 케인스주의와 선별적 재국유화를 합친 것 정도지만 말이다). 9월 말 당대회에서 맥도널은 다음과 같이 말했다. "우리가 물려받은 쓰레기가 클수록 우리는 더 급진적으로 행동해야 합니다. 변화의 필요성이 클수록 우리가 그런 변화를 창조할 기회가 더 커집니다."

그러나 코빈의 처지는 진정한 대안을 제시할 때 뒤따르는 위험도 보여 준다. 올여름 코빈에 대한 공격이 재개됐다. 그가 유대인을 혐오한다는 공격이었다. 노동당 우파, 친이스라엘 유대인 단체, 기업 언론이 개시한 이 비방 운동은 진정으로 유대인 혐오에 맞서는 것과는 아무런 상관이 없다. 만약 그랬다면, 그 운동의 과녁은 유대인 혐오를 존중할 만한 것으로 만들고 있는 극우였어야 한다. 예를 들어, 헝가리 총리 빅토르 오르반은 올봄 총선에서 [유대인] 조지 소로스를 선거운동 내내 공격했다. 코빈 비방 운동의 목적은 두 가지다. 첫째, 인종차별 반대 활동가로서 코빈의 신인도를 떨어뜨려서 그의 지도력을 약화시키고 가능하면 파괴하는 것이다. 둘째, 노동운동 안에서 이스라엘 비판의 정당성을 떨어뜨리는 것이다.

그중 둘째 목표는 유력 유대인 신문들이 7월에 발표한 공동 사설에서 분명하게 드러났다. 그 글은 노동당 중앙집행위원회가 국제홀로코스트추모동맹의 일관성 없고 선별적인 유대인 혐오 규정을 온전히 받아들이지 않았다고 비난했다. 그 주장의 핵심인즉, 유대인에 대한 편견이나 체계적 차별과는 아무 관계 없이 그저 이스라엘 국가가 인종차별을 기반으로 해서 세워졌고 여전히 그렇다는 명징한 역사적 진실을 받아들이는 것만으로도 유대인 혐오라는 것이다. 9월 초 노동당 중앙집행위원회는 이 압력에 굴복해 국제홀로코스트추모동맹의 규정을 온전히 받아들이기로 했다. 이는 이스라엘과 그 지지자들의 중대한 승리였다. 이 때문에 노동당 안에서 팔레스타인 연대 운동을 조직하는 것은 훨씬 더 어려워질 것이다. 이런 후퇴는 더 큰 패턴의 일부다. 그리고 이제 코빈은 브렉시트 문제를 놓고 테리사 메이 정부가 겪고 있는 곤경에 어떻게 대처할 것이냐는, 훨씬 더 까다로운 문제를 다뤄야 한다.

메이는 영국이 유럽연합에서 탈퇴한 뒤로도 유럽단일시장에는 남기 위해 유럽연합의 여러 규제를 준수한다는 구상을 내놨다. 영국이 유럽연합에서 완전히 이탈하기를 바라는 보수당 내 강경파의 압력, 영국이 유럽연합을 탈퇴하더라도 경제적으로는 되도록 변화가 없기를 바라는 영국 대기업들의 요구 사이의 줄타기에서 나온 구상이었다. 메이는 자기 구상대로 해야만 유럽연합과 합의할 수 있다고 주장하며 보수당 강경파의 목소리가 누그러지기를 소망했다. 그런데 유럽연합이 메이의 제안을 단칼에 거부해 버렸다. 메이가 겪은 수모를 보면, 그가 어떤 협상 결과를 들고 오더라도 그것이 의회를 통과하지 못하리라고 예상할 수 있다. 이것은 한편으로는 코빈에게 희소

식이다. 총선이 앞당겨질 수 있기 때문이다. 그러나 메이 정부의 실패가 낳을 더 가능성 높은 결과는 영국과 유럽연합의 관계를 둘러싼 국민투표를 재실시하자는 운동의 추진력이 커질 수 있다는 것이다. '민중 투표'라는 조직이 선봉에 서 있고, 그 안에서 자민당과 노동당 우파가 매우 유력하다. 코빈은 국민투표를 다시 하자는 주장에 저항해 왔다. 영국이 계속 유럽단일시장에 남아 있으면 자신이 총리가 된 뒤에 시행할 경제정책들이 제약을 받을 것이기 때문이다. 또, 2016년 6월 국민투표에서 탈퇴에 투표한 노동당 지지자들이 소외감을 느낄 것이기 때문이다.

그러나 노동당 내에서 아직도 영향력이 상당한 노동당 우파는 물론이고 코빈을 지지하는 [당내 의견 그룹] 모멘텀도 국민투표 재실시를 지지하라고 코빈을 압박한다. 영국 노총은 9월 초에 '민중 투표'를 지지하며 악역을 자처했다. 결국 노동당 당대회에서 코빈과 맥도널은 총선 실시 요구를 우선하지만 국민투표 재실시를 전보다 더 강조한 결의안을 수용할 수밖에 없었다.

[유럽연합과 합의된] 브렉시트의 조건을 국민투표에 부쳐야 한다는 생각은 얼핏 보면 그럴듯하다. 그러나 이 주장은 사실, 2016년 6월 실시한 국민투표를 다시 하자는 것이다. 유럽연합이 바라는 답이 나올 때까지 국민투표를 다시 하자는 것인데, 이는 추악한 역사가 있는 일이다.

'민중 투표'의 진정한 문제는 정치적인 것이다. 2016년 6월 국민투표 결과는 영국 사회에서 유럽연합을 보는 태도가 양극으로 쫙 갈려 있음을 드러냈다. 가난하고 교육 수준이 낮을수록 탈퇴에 투표했을 가능성이 높다. 국민투표 재실시는 당시 탈퇴에 투표한 유권자의 상당수가 느낄 사회적·정치적 소외감을 강화할 것이다.

그 결과가 어떻든, 국민투표 재실시는 보수당 내 유럽 통합 회의론자들과 극우에게 좋은 선물이 될 것이다. 그들은 2016년 6월 국민투표 결과를 무시하려는 "엘리트"에 대한 대중의 배신감을 체계적으로 이용하며 이민자 배척과 인종차별을 더 부추길 것이다. 그런 환경은 파시스트 조직의 성장에 유리하다. 브렉시트 국민투표의 결과로 영국 사회가 우경화할 것이라던 예측은 꽤나 틀린 것으로 판명됐지만, 국민투표 재실시는 그런 효과를 낼 가능성이 매우 높다.

국민투표 재실시는 2016년에 잔류냐 탈퇴냐를 놓고 분열했던 좌파를 더욱 분열시키고 코빈을 고립무원의 상태에 빠뜨릴 것이다. 모멘텀은 국제홀로코스트추모동맹의 유대인 차별 규정을 지지하고 인종차별 반대 운동에서 철수하는 경향을 보였던 것과 마찬가지로 '민중 투표'도 지지했다. 이는 코빈을 지지·지원한다는 모멘텀의 존재 이유와 크게 모순을 일으킨다. 극우가 제기하고 있는 위험은 좌파가 인종차별과 파시즘에 맞서 단결할 필요성을 극명히 보여 준다.

지금은 담대함이 필요한 때다. 전 세계에서 신자유주의적 자본주의의 정당성이 위기를 겪고 있다. 영국 국가는 폭풍우 치는 바다로 향하고 있는지도 모른다. '노 딜 브렉시트' 전망이 강해지고 있기 때문이다.

보수당의 우왕좌왕에 대응해서 코빈과 맥도널이 대기업들에 대한 도전 수위를 올리는 것은 아주 옳은 일이다. 그래야 영국의 유럽연합 탈퇴를 기회 삼아, 금융권의 이윤 벌이를 촉진할 금융 거품 일으키기에 의존하지 않는 경제 모델을 개발할 수 있다(그 모델을 실현하려면 만만찮은 투쟁이 필요할 테지만 말이다). 장기 불황과 그것이 낮은 헤게모니 위기에 효과적으로 대처하려면 경제적 대안을 제시할 뿐 아니라 인종차별적 우파와 그 안의 나치에 맞선 반대를 최대한 강력하게 결집해야 한다.